Ausführliche Informationen über
unsere Autoren und Bücher
finden Sie auf unserer Website
www.dtv.de

EVA C. SCHWEITZER

TEA PARTY
Die weiße Wut

Was Amerikas Neue Rechte
so gefährlich macht

Mit 24 Schwarzweißabbildungen

Deutscher Taschenbuch Verlag

MIX
Papier aus verantwor-
tungsvollen Quellen
FSC® C013736

Originalausgabe 2012
© Deutscher Taschenbuch Verlag GmbH & Co. KG,
München
Das Werk ist urheberrechtlich geschützt.
Sämtliche, auch auszugsweise Verwertungen bleiben vorbehalten.
Umschlagkonzept: Balk & Brumshagen
Satz: Olaf Benzinger, Verlagsbüro Lektyre, Germering
Gesetzt aus der Concorde 9,25/11,75 pt und der Franklin Gothic
Druck und Bindung: Kösel, Krugzell
Gedruckt auf säurefreiem, chlorfrei gebleichtem Papier
Printed in Germany · ISBN 978-3-423-24904-1

Inhalt

Vorwort

Als vor drei Jahren der erste schwarze Präsident Amerikas gewählt wurde, ein liberaler, intellektueller Demokrat überdies, war das nicht nur für die Vereinigten Staaten, sondern für die ganze Welt ein Jahrhundertereignis. Es schien ein Durchbruch zu sein für ein Land, das nicht nur eine lange Geschichte von Sklaverei und Rassentrennung hat, sondern auch in Kriege im Mittleren Osten verstrickt ist und nach Guantanamo und Abu Ghraib nicht mehr den allerbesten Ruf genießt.

Aber Barack Obama trat ein hartes Erbe an: Eine Bankenkrise hatte gerade die Welt erschüttert und eine Rezession ausgelöst, die noch heute anhält. Und er sollte sich praktisch sofort mit einem Ausmaß an Widerstand konfrontiert sehen, wie ihn noch nie zuvor ein gewählter Präsident erlebt hatte. Wenige Wochen nach seiner Inauguration hatte sich eine lautstarke Anti-Obama-Initiative gebildet, die Demonstrationen vor dem Weißen Haus und vor Rathäusern, State Capitols und Marktplätzen im ganzen Land veranstaltete. Die Bewegung nannte sich »Tea Party«. Der Name war der »Boston Tea Party« entliehen, bei der Kolonisten, als Indianer verkleidet, Kisten mit Tee in den Hafen von Boston warfen, um gegen die britische Teesteuer zu protestieren, stellvertretend für alle Steuern einer als fremd empfundenen Besatzungsmacht.

Die Boston Tea Party war der Startschuss zum Unabhängigkeitskrieg, heute will die neue Tea Party die Macht in Washington übernehmen. Bereits 2010, bei der Wahl zum Senat und Repräsentantenhaus, haben die Neuen Rechten die demokratische Mehrheit gebrochen, seitdem blockieren sie Obamas Politik. Aber nun wollen sie mehr. Sie wollen ihr Land zurückerobern und den nächsten Präsidenten stellen.

Wer der Lieblingskandidat der Tea Party ist, ist zum gegenwärtigen Zeitpunkt (Oktober 2011) noch nicht ausgemacht. Vielleicht ist es Rick Perry oder auch Michele Bachmann, Rick Santorum oder Ron Paul, vielleicht sogar Newt Gingrich, der eigentlich Washingtoner Urgestein ist, oder Herman Cain, der frühere Pizzakönig. Der Kampf um die Nominierung für die Republikaner fängt im Januar 2012 an. Womöglich wird den auch gar kein Tea Partier gewinnen, sondern ein von der Tea Party ungeliebtes »RINO«, ein »Republican In Name Only«, Mitt Romney oder Jon Huntsman.

Die Tea Party ist keine eingetragene Partei, sondern ein loser Verband, dessen Protagonisten zwar auch um Demokraten werben, aber deren eigentliches Ziel es ist, die Republikaner zu unterwandern. Es ist eine Revolution von rechts. Die meisten Anhänger sind weiß, nicht mehr ganz jung, konservativ und verdienen überdurchschnittlich. Und sie sind nicht auf die Banker sauer, die Billionen von Dollar veruntreut haben, sondern auf die Rettungsversuche der Regierung, die staatliche Hilfen an Hauseigentümer gibt; auf Immigranten, von denen sie glauben, dass sie nur Geld kosten; auf Arme, die nicht genug Steuern zahlen; auf die Moslems, die ihrer Meinung nach an den teuren Kriegen im Mittleren Osten schuld sind; auf alles, was irgendwie fremd, ausländisch und unamerikanisch ist.

Und vor allem sind sie wütend auf den Präsidenten, den sie »Barack Hussein Hitler« nennen und den sie für einen Gangster, einen Muslim und einen Kenianer halten, für einen Verräter, einen Faschisten, einen Kommunisten und einen afrikanischen Hexendoktor. Tea Partier sind Leute, die bei den Vorwahldebatten der Republikaner einen amerikanischen Soldaten ausbuhen, weil er schwul ist, die rufen, »Let him die«, lasst ihn sterben, als über einen Mann im Koma ohne Krankenversicherung diskutiert wird, und die klatschen, weil einer ihrer Kandidaten, Rick Perry aus Texas, fast 240 Menschen hat exekutieren lassen.

Die Tea Party redete anfangs viel vom schlanken Staat, aber ihr eigentliches Ziel ist heute, die Macht in Washington zu übernehmen, die Gewerkschaften auszuhebeln, Frauen- und Minderheitenrechte zu beschneiden, die neue Krankenversicherung »ObamaCare« abzuschaffen, die Schwulenehe zu verbieten, den Superreichen Sondersteuern zu ersparen und eine »Berliner

Mauer« an der Grenze zu Mexiko zu bauen. Denn bei der Tea Party hat es inzwischen Umwälzungen gegeben: Die originären Libertären sind kaltgestellt, und die Reagan-Republikaner und ihre einflussreichen Washingtoner Lobbys versuchen, die Tea Party zu instrumentalisieren. Und auch die Religiösen Rechten, an denen in Amerika keiner vorbeikommt, spielen inzwischen in der Bewegung eine gewichtige Rolle.

Die Tea Party ist trotz ihres gelegentlich weinerlichen Tons nicht so machtlos, wie sie gerne tut. Sie hat Börsenmakler, konservative TV-Moderatoren, Blogger und Think-Tanks auf ihrer Seite und bekommt viel Geld aus der Pharma-, Chemie- und Öl-industrie, vor allem von den Koch-Brüdern, den viert- und fünftreichsten Männern der USA. Und trotz eines theoretischen Gerüsts, das auf Intellektuelle wie Ayn Rand und Friedrich von Hayek zurückgeht, ist ihre stärkste Strömung anti-intellektuell und anti-elitär. Es ist ein solider Wählerstamm von Rednecks, die es nicht verwinden können, dass Amerika immer bunter wird. Deshalb fühlen sie sich den Populisten Europas, von Geert Wilders bis Marine Le Pen verbunden.

Dieses Buch erklärt, wo die Tea Party herkommt und wo sie hinwill, was ihre Ziele und wer ihre Geldgeber sind und wie diese mit ihren Aktivisten und ihren Medien vernetzt sind. Es erläutert die historischen Wurzeln der Bewegung, die von den Demokraten, die mit Andrew Jacksons Präsidentschaft im frühen 19. Jahrhundert hochkamen, bis zu den nativistischen »Know Nothings« reichen, die in den Republikanern aufgingen; von den Cowboys des Wilden Westens und den Texanern, die ihr Land den Mexikanern entrissen haben, weil sie ihre Sklaven behalten wollten, bis zu den Dixiecrats des Südens, die die Flagge der Konföderierten auf ihren Pick-ups wehen lassen; von Puritanern und bibeltreuen Christen bis zu *New-World-Order*-Verschwörungstheoretikern der John-Birch-Society. Die Tea Party beruft sich gerne auf George Washington und Ronald Reagan, aber eigentlich sind ihre Anhänger stramm rechte Politiker des Südens und Südwestens, wie George Wallace und Barry Goldwater, auf die sie zurückgeht.

Das Buch führt den Leser auf eine Reise durch Amerika, durch das konservative Amerika, das »Heartland«; von den Wüsten Arizonas zu den Bordellen von New Orleans, von den Sozialisten in Wisconsin zu den Amish in Iowa, von den Medientürmen und Prachthochhäusern in New York und Chicago zu den Slums von Detroit, von Kleinstädten in Tennessee zu Luxussiedlungen in Kalifornien.

Für die Recherche habe ich mehr als 12 000 Meilen zurückgelegt, mit dem Flugzeug, der Bahn, dem Greyhound und mit Mietwagen. Ich habe in einer Villa mit Pool in Hollywood übernachtet, in einer Jugendherberge in Madison, auf der Couch von Freunden in Texas, im alten Kinderzimmer einer Kollegin in Iowa City, deren – republikanische – Eltern sich rührend um mich sorgten und mir alle Michele-Bachmann-Artikel aus dem Des-Moines-Register ausschnitten; auf einem Mississippidampfer in Chattanooga und im Cadillac Hotel in Detroit.

Ich habe *Conventions* der Tea Party besucht und Parteitage der Republikaner, Bürgerkriegsspiele im Süden und Massendemonstrationen im Norden. Ich habe Sarah Palin die Hand geschüttelt, Michele Bachmann Fragen gestellt, ein Bier mit Ron Paul getrunken, Herman Cains Vergleichen von Politik und Pizza zugehört, mir von Newt Gingrich erklären lassen, wie es zu seinem Fernsehauftritt in der Serie ›Murphy Brown‹ kam, Rick Perrys erste Schritte auf die nationale Bühne beobachtet und Donald Trump beim Pizzaessen zugeschaut. Und wer weiß, vielleicht wird einer dieser Leute der nächste amerikanische Präsident. Klar ist nur: Der Kampf um die Zukunft Amerikas wird in diesem Jahr entschieden.

Die Königin der Tea Party:
Der Aufstieg von Michele Bachmann

Iowa liegt mitten in Amerika. Es ist ungefähr so groß wie Süddeutschland, und die Landschaft erinnert auch an schwäbische Hügel, bayerische Wiesen und Pfälzer Landstraßen. Hier leben Pietisten, die aus Hessen kommen, Lutheraner aus Schwaben und Mennoniten aus der Schweiz, auch Immigranten aus Irland, England und Norwegen. Drei Millionen Einwohner hat Iowa, davon sind 95 Prozent weiß. Selbst die Hauptstadt Des Moines hat nur 200 000 Einwohner. Iowa ist malerisch. Durch grüne Auen mäandert der Iowa River. Ein paar Dutzend Städtchen gibt es hier, mit Kirchen und Freilufttheater im Park, Cafés, *diners*, Imbissstuben und Lädchen für Prager Christbaumkugeln, holländische Fliesen und deutsches Bier. Dazwischen erstrecken sich Felder über Felder. Mais wird hier angebaut, auch Kartoffeln und Sojabohnen, Schweine werden gezüchtet und auf den satten Wiesen stehen Kühe wie in einem deutschen Heimatfilm aus den fünfziger Jahren.

Im Westen von Iowa, am Missouri, liegt Sioux City; hier fangen die Great Prairies an, die Prärien. Dubuque, ein Fort aus der Zeit, als Iowa noch französisches Territorium war, liegt im Osten, am Mississippi. Eine Bahnlinie durchquert das Land und zwei Interstates; die I-35 verläuft vom Lake Superior, einem der Großen Seen, bis nach San Antonio, Texas. Die I-80 kommt von New York und Chicago, kreuzt Iowa City und die I-35 in Des Moines und endet in San Francisco. Deshalb hat man in Iowa das Gefühl, mitten in Amerika zu sein, auch wenn das geographisch nicht so ganz stimmt.

Von Iowa City führt ein Highway nach Südwesten, vorbei an einer VW-Niederlassung und einer Aldi-Filiale, ins Land der Amish, die noch den Lebensstil der alten Heimat pflegen. Sie fahren in Pferdekutschen gleich neben dem Highway, hängen ihre Wäsche im Hof auf die Leine, statt sie in den Trockner zu packen, die Frauen und auch die kleinen Mädchen tragen Hauben. Sie verkaufen Erdbeeren, Pfirsiche, Kohlrabi, Rhabarber und Eier direkt von der Farm, ganz frisch und bio. Ein Körblein Erdbeeren kostet fünf Dollar. Es gibt auch die Beachy Amish, die eher wie »klassische« Amerikaner leben, das heißt, sie fahren Autos und tragen Jeans. Generell scheint sich der Traktor aber auch bei den Amish durchgesetzt zu haben, die nicht so *beachy* sind.

Nördlich von Amish Country wohnen die Amana in Dörfchen mit roten Ziegelhäuschen. Ihre Vorfahren waren bibeltreue deutsche Pietisten. Bis zur Großen Depression stellten sie alles selbst her, was sie brauchten, von der Wolldecke bis zur Wachskerze. Heute verkaufen sie Kühlschränke und Mikrowellengeräte. In Middle Amana gibt es eine deutsche Bäckerei, die aber hat ausgerechnet an dem Tag geschlossen, als ich die Landstraße entlangrolle. Ich fahre einen Toyota Prius, ein Hybridauto, das mit Ethanol betankbar ist. Ethanol, das aus Mais hergestellt wird, ist eines der wichtigsten Produkte aus Iowa. Die Bundesregierung in Washington bezuschusst Ethanol, und obwohl Iowa von den Republikanern regiert wird, die eigentlich gegen Subventionen sind, finden die meisten Iowans das richtig.

Das All American Girl

Ich bin auf dem Weg nach Waterloo, im Nordosten des Staates. Hier wird an diesem Abend Michele Bachmann erklären, dass sie Präsidentin der Vereinigten Staaten werden will. Sie spricht im Electric Park Ballroom, einer Festhalle auf dem Gelände des National Cattle Congress, des Viehzüchterverbandes. Sollte sie im Sommer 2012 nominiert werden, wäre sie die erste Frau, die für die Republikaner antritt. Bachmann ist der Superstar der Tea Party, einer rechtskonservativen Bewegung, die mit der Wahl von Barack Obama entstanden ist, dem ersten schwarzen Präsidenten der USA, und die erst die Republikaner und mit der Kongresswahl von 2010 das ganze Land aufgemischt hat.

Iowa ist ein kleiner, aber wichtiger Staat, denn hier findet, bislang im Februar, nun aber im Januar, traditionell der »Iowa Caucus« statt: die ersten Vorwahlen für die kommende Präsidentschaftswahl, zu denen sich Iowans im bitterkalten Winter, Schnee und Eis trotzend, in Schulen und Turnhallen treffen und in stundenlangen Debatten Delegierte auswählen. Diese fahren dann zu den nationalen Parteiversammlungen und stimmen für einen Kandidaten. Der Iowa Caucus bekommt viel Presse, deshalb geben sich alle Politiker Mühe, einen guten Eindruck zu hinterlassen. Schon Monate vor dem Caucus reisen sie hierher, schütteln Hände, halten Reden und lauschen den Sorgen ihrer potenziellen Wähler.

So auch Bachmann. Die 55-jährige Kongressabgeordnete vertritt St. Cloud, Minnesota, einen ländlichen Distrikt nordwestlich von Minneapolis; sie lebt dort in der Kleinstadt Stillwater. Früher war ihr Distrikt von Feldern und Bauernhöfen geprägt, heute haben sich die wohlhabenden Suburbs von Minneapolis bis nach St. Cloud ausgebreitet. Auch hier leben mehr als 95 Prozent Weiße. Rund die Hälfte davon sind deutschstämmig, die zweitgrößte Gruppe sind Einwanderer aus Norwegen und Schweden, ähnlich wie im benachbarten Iowa. Bachmann stammt von Norwegern ab, während ihr Mann Marcus der Sohn eines Schweizer Paares ist, das auf seiner Hochzeitsreise beschloss, in Amerika zu bleiben. Aber Bachmann beginnt ihren Wahlkampf nicht in ihrem eigenen Wahlkreis, denn Iowa ist wichtiger für die Medienpräsenz. Immerhin kann Bachmann anführen, dass sie in Iowa geboren ist, sogar hier in Waterloo.

Der Electric Park Ballroom ist geschmückt wie für ein patriotisches Dorffest. Rot-weiß-blaue heliumgefüllte Luftballons schweben in Reih und Glied, an Tischen werden rot-weiß-blaue Aufkleber und Anstecker mit Bachmanns Gesicht darauf verkauft. Mollige Frauen servieren Cola und »Sloppy Joe's«, Brötchen mit Hackfleischsauce und Käse, auf Papptellern. Ein paar Hundert Menschen warten, Journalisten und Bachmann-Anhänger. Sie sind gut zu unterscheiden; die Bachmann-Fans sind weiß, manche tragen T-Shirts mit der amerikanischen Flagge und Aufdrucken wie »Strong America«. Die Medienvertreter sehen ein bisschen städtischer aus, auch sind sie jünger und schlanker, und ein knappes Drittel von ihnen ist schwarz. Wann kommt sie denn? »Woher soll ich das wissen, ich bin doch bloß ein Reporter von den lamestream media«, sagt ein genervter Brillenträger vom Sender CBS und spielt damit auf Sarah Palins Verballhornung der *mainstream media* an.

Zwei Bühnen hat der Electric Park Ballroom, eine kleine in der Mitte, für Bachmann, und eine größere im Hintergrund, darauf drapieren die örtlichen Republikaner ein paar Kinder, weil das im Fernsehen gut aussieht. Ein »Anheizer«, der sagt, er sei ein Freund von Bachmann, erinnert uns alle an die Werte des Mittleren Westens, mit denen wir aufgewachsen seien: Redefreiheit, wenig Regierungsmacht, harte Arbeit. Er nennt Bachmann *comrade in arms*, Kampfgenossin. Und da kommt sie endlich, zu den Klängen von ›She's an American Girl‹, läuft am Spalier der Fans vorbei, schüttelt Hände, wird fotografiert, tätschelt Kindern den Kopf, umarmt Frauen, lächelt, redet mit allen ein paar Worte. Sie ist sehr schlank und sehr klein – »so ist das, wenn norwegische Frauen älter werden«, wird sie nachher sagen, kaum zu sehen zwischen den vielen Menschen, dabei strahlt sie eine unermüdliche Energie aus. Marcus Bachmann, ihr grauhaariger, hochgewachsener, stämmiger Mann, der hinter ihr herläuft wie eine schwankende Eiche, bugsiert sie zur Bühne.

Dort steht sie nun und lächelt. »Entspannt euch, wir sind doch eine Familie«, sagt sie. Morgen werde sie ankündigen, dass sie als Präsidentin der Vereinigten Staaten kandidiere. Vor der Presse. Dieser Abend aber sei nur für uns, für Familie, Freunde, Nachbarn. Nun erzählt Bachmann von ihrer eigenen Familie, die aus Iowa stammt, in der siebten Generation. Die habe zu den Pionieren gehört, die 1850 gekommen seien, um Bäume zu fällen (und die Black Hawk und Sioux zu vertreiben). »Alles, was ich gelernt habe, habe ich in Iowa gelernt«, sagt sie. »Meine Wurzeln und mein Glaube an Gott stammen von hier.« Auch sie gehöre zu dem gottesfürchtigen Volk, das sich mehr um die Kinder und die Enkelkinder sorge als um sich selbst. Aber leider fehle die Stimme der Familie in Washington. »Wir brauchen mehr Waterloo, mehr Familie, mehr Iowa, mehr Liebe.« Vor allem bräuchten wir die alten amerikanischen Werte. »Aber es ist nicht zu spät, wir können wieder zu ihnen zurückkehren!«

Bachmann ist eine von hier. Als Kind, erzählt sie, habe sie die Lutherische Kirche in Waterloo besucht und die »Dairy Queen«, einen Eisladen, der heute noch aussieht wie in den fünfziger Jahren und den es überall im Mittleren Westen gibt. Und natürlich sei sie, Höhepunkt des Jahres, bei der Viehschau in ebendiesem Electric Park Ballroom gewesen, wo sie heute oder offiziell erst morgen ihre Kandidatur erklärt. Die Familie zog nach Minnesota, als sie noch ein Kind war. »Da habe ich lange geweint.« Das werden die Leute in ihrem Wahlkreis aber gar nicht gerne lesen.

Dann bittet sie ihre Familie auf die Bühne, zwei ihrer drei Brüder, einige ihrer fünf Kinder, bald ist die kleine Bühne mit Bachmann-Verwandten überfüllt. Keines ihrer 23 Pflegekinder ist hier, dafür aber zwei Stiefbrüder. Bachmanns Mutter hat nach ihrer Scheidung wieder geheiratet, einen Mann mit fünf Kindern, Michele war damals zwölf Jahre alt. Nicht anwesend ist ihre Stiefschwester Helen LaFave, die offen lesbisch lebt – und darüber hinaus Demokratin ist; sie war bei der Inaugurationsfeier von Barack Obama in Washington, zusammen mit ihrer Partnerin. Michael LaFave, ein gleichfalls nicht anwesender Stiefbruder, nimmt es Bachmann übel, dass sie den Kampf gegen die Schwulenehe anführt und sogar gesagt hat, Schwulsein bedeute »persönliche Unfreiheit«, »persönliche Verzweiflung« und »persönliche Versklavung«, und die Verhinderung der Schwulenehe sei das »Wichtigste, was das Schicksal unserer Nation in den nächsten dreißig Jahren bestimmen wird«. LaFave findet das abstoßend. »Michele redet so viel über Familienwerte, aber sie ist nicht ehrlich, was ihre eigene Familie angeht«, sagte er zu ›City Pages‹, einer Stadtzeitung in Minneapolis.

Auch manche Parteifreunde kaufen ihr die warmherzige Familienmutter nicht ab. »Sie ist eine eiskalte, kalkulierende Person«, meint Gary Laidig, der Republikaner, dem sie im Jahr 2000 den Sitz im Senat von Minnesota abnahm, indem sie den Veteran als »republikanisch nur dem Namen nach« denunzierte. Laidig wurde von seiner Niederlage, wie so viele ihrer innerparteilichen Gegner, kalt überrascht. »Ihre Wahlkampagnen sind immer gleich: Keiner weiß so genau, wer sie ist; sie wirkt wie eine zierliche, attraktive soccer mom«, meint Laidig. »Aber in Wirklichkeit gehört sie zu einer Gruppe, die absolut entschlossen ist, die Republikaner zu übernehmen. Die machen professionell Wahlkampf, das fängt damit an, Delegierte zu gewinnen, bis hin zum Abtelefonieren der Wähler.« Sie sagte damals, Gott habe ihr befohlen zu kandidieren, sie habe das nie geplant.

Heute gilt Bachmann als die Königin der Tea Party, während es bald klar wurde, dass sich Sarah Palin doch eher für Manolo-Blahnik-Schuhe und ihre neue Fernsehshow interessiert als für Politik. »Während Palin klar gelangweilt ist von den langwierigen, arbeitsintensiven Aspekten des Wahlkampfes und viel mehr daran interessiert, die Vorteile ihrer Reality-Show-Berühmtheit auszunutzen, ist Bachmann nachgerade skrupellos zielorientiert, eine nimmermüde Arbeitsbiene, die zudem auch über genug Energie verfügt, ihre Botschaft immer und zu allen Zeiten zu verbreiten«, schreibt Matt Taibbi in einem Bachmann-Porträt im Magazin ›Rolling Stone‹. Sie selbst sagt von sich, sie habe ein Rückgrat aus Titan.

Bachmann hat den »Tea Party Caucus« des Repräsentantenhauses und des Senats gegründet, den sie auch leitet, und sie hat sich damit an die Spitze der Tea Party in Washington gesetzt. Die Idee kam von Rand Paul, dem republikanischen Senator von Kentucky und Sohn von Ron Paul; Letzterer gilt als geistiger Vater der Tea Party. Der Caucus hat sich nach eigenen Angaben zum Ziel gesetzt, dafür zu sorgen, dass alle neuen Gesetze der originalen amerikanischen Verfassung von 1787 entsprechen. Vor allem im 19. Jahrhundert wurden Verfassungszusätze verabschiedet, und einige davon möchten manche Tea Partier gerne abschaffen, allen voran das 14. Amendment, das jedem in Amerika geborenen Baby die Staatsbürgerschaft gibt, das 16. Amendment, das es Washington erlaubt, Einkommenssteuer zu erheben, und das 17. Amendment, das es erlaubt, dass Senatoren von der Bevölkerung gewählt werden statt von den staatlichen Legislatoren, weil das die Rechte der Staaten beschneidet. Außerdem sollen künftige Gesetze natürlich der Tea-Party-Linie folgen: schlanke Verwaltung, sparsame Haushaltsführung, keine neuen Steuern. Der Caucus wird von Spenden aus der Pharma-, Öl- und Gas- sowie der Immobilienindustrie finanziert.

Die Kandidatin ist eine Konservative wie aus dem Bilderbuch. Mit 16 Jahren hatte sie »Jesus gefunden« und kurz darauf auf dem College in Minnesota ihren Ehemann – wie sie ein »wiedergeborener Christ«. Sie habe – so erzählte sie später ihren christlichen Wählerinnen – von Gott den Auftrag bekommen, ihn zu heiraten, und er habe den gleichen Auftrag erhalten, Hunderte von Meilen entfernt. Nach dem College gingen beide auf eine private, christliche Universität in Oklahoma, die Oral Roberts University, benannt nach einem Evangelikalen. Hier studierte Bachmann Jura. Die juristische Falkultät von Oral Roberts ging in der Regent University School of Law auf, die der TV-Evangelist Pat Robertson gegründet hatte. Regent ist bekannt, weil George W. Bush hier viele seiner Justizbeamten rekrutierte.

Bachmanns Mentor, so schreibt Taibbi, war John Eidsmoe, ein Regent-Dozent, christlicher Extremist und Autor der rechtsradikalen John Birch Society. Er hatte in einem seiner Bücher vorgeschlagen, Blasphemie unter Strafe zu stellen. Er vertritt auch die Ansicht, Amerika sei als eine christliche Theokratie gegründet worden und solle dies wieder werden. Das glaubt auch Bachmann. Die Kandidatin gehört heute – so schreibt Michelle Goldberg in ihrem Buch ›Kingdom Coming: The Rise of Christian Nationalism‹ – einer christlichen Bewegung namens Dominionism an. Deren Standpunkt sei, dass Christen die »Verpflichtung, das Mandat, den Auftrag, eine heilige Verantwortung haben, das Land für Jesus Christus wiederzugewinnen und die Oberherrschaft über die zivilen Strukturen zu gewinnen«. Goldberg führt diese Lehre auf den calvinistischen Theologen R. J. Rushdoony zurück.

Ursprünglich war Bachmann Demokratin. Als Studentin hat sie für Jimmy Carter Wahlkampf gemacht. Davon kam sie aber ab; über die Gründe kursieren mehrere Versionen. Es heißt, dass sie fand, bei den Demokraten gebe es zu viele antiamerikanische Atheisten, aber auch, sie habe sich über ein Buch von Gore Vidal geärgert, ein Verwandter des demokratischen Präsidentschaftskandidaten Al Gore, der darin die Gründungsväter beleidigt habe. Auf jeden Fall wechselten sie und ihr Mann Marcus schon bald zu den Republikanern.

Nach der Universität ging sie nach Minnesota zurück. Dort, in Stillwater, begann ihre politische Karriere, als sie sich in die Elternvertretung der örtlichen Schule wählen ließ (das war übrigens auch Sarah Palins erster Schritt in die Politik). Mit einer staatlichen Schule kam sie nur deshalb in Berührung, weil sie sich bei der Staatsregierung als Pflegemutter hatte registrieren lassen. Das hieß, sie durfte drei Pflegekinder gleichzeitig betreuen, die ein paar Wochen bei ihr blieben, manche auch ein paar Jahre. Aber sie mussten nach den Gesetzen von Minnesota in staatliche Schulen gehen, während Bachmanns eigene Kinder in ihren ersten Jahren zu Hause unterrichtet wurden und danach christliche Privatschulen besuchten.

So erfuhr Bachmann, was in staatlichen Schulen gelehrt wird, und sie war entsetzt. Sie versuchte, »biblische Prinzipien« im Curriculum festzuschreiben. Und sie setzte durch, dass der Disney-Film ›Aladdin‹ an der Schule nicht gezeigt werden durfte, weil er Hexerei glorifiziere. Das ist in den USA nichts Ungewöhnliches; konservative Eltern haben auch gegen die Harry-Potter-Bücher protestiert. Aber irgendwann wurde Bachmann den anderen Eltern unheimlich. Sie wurde abgewählt. Daraufhin schloss sie sich der Maple River Education Coalition an, der die Website EdWatch.org gehört. Die will durchsetzen, dass das Christentum an den Schulen und Colleges als eine Religion dargestellt wird, die allen anderen überlegen ist. Bachmann ist zudem der Meinung, Intelligent Design, eine Schöpfungslehre, die Gott als den »Designer« der Welt betrachtet, sollte gleichberechtigt mit der Evolutionstheorie an den Schulen gelehrt werden, zumal es »Aberhunderte von Wissenschaftlern, viele davon Nobelpreisträger« gebe, die an Intelligent Design glaubten.

Bachmann ist gegen Abtreibung und gegen Scheidung und hat den *pledge*, das Gelöbnis eines konservativen Familienverbandes, unterzeichnet, das sich für eheliche Treue und gegen Pornographie ausspricht (und selbstverständlich gegen die Schwulenehe). In dem Gelöbnis hieß es ursprünglich sogar, schwarzen Kindern sei es während der Sklaverei besser gegangen als unter Obama, weil sich ihre Eltern seltener trennten. Tatsächlich durften schwarze Sklaven gar nicht legal heiraten, und ein Paar blieb lediglich so lange zusammen, wie es der Plantagenbesitzer für richtig hielt. Darüber hinaus ist sie eine stramme Verfechterin der US-Militärmacht in der ganzen Welt; sie hat für mehr Truppen im Irak gestimmt, hat kein Problem damit, Atombomben auf den Iran zu werfen und die Militärhilfe für Israel beizubehalten.

Christliche Zionisten und bewaffnete Verschwörungstheoretiker

Dass Michele Bachmann der Liebling der Religiösen Rechten ist, verwundert nicht, aber wie konnte ausgerechnet Bachmann zum Star der Tea Party aufsteigen? Die Tea Party startete keineswegs als Verein von Ultrareligiösen. Sie war ein Bündnis von Libertären und Konservativen, die gegen einen zu starken Staat protestierten, gegen die Gängelung durch zu viele Gesetze, die zurück zu den freiheitlichen Ursprüngen der amerikanischen Verfassung wollten – freie Religionsausübung, freie Rede, Waffenbesitz –, die sich darüber empörten, dass die Wall Street und die Immobilienversicherungen mit Unsummen von Steuergeldern gerettet wurden, und die nicht Abermilliarden für die Kriege im Irak und in Afghanistan ausgeben wollten. Wie ist daraus eine Bewegung von Washingtoner Insidern, Berufspolitikern und Lobbyisten geworden, zu deren Zielen es gehört, in amerikanischen Betten zu schnüffeln, den Militärhaushalt aufzuplustern und Zäune gegen Immigranten zu bauen?

Die Tea Party ist keine formale Partei, für die sich Wähler registrieren lassen können, was in den meisten Bundesstaaten notwendig ist, um wählen zu dürfen. Sie hat keine Parteistrukturen, keinen Vorstand und keine Delegierten. Sie ist ein loser Zusammenschluss regierungskritischer Gruppen, die den Republikanern nahestehen, zu denen aber auch politikverdrossene Demokraten gehören. Sie beruft sich auf die Gründungsväter der USA wie George Washington, Thomas Jefferson, Benjamin Franklin, Alexander Hamilton; ihren Namen hat sie von der legendären »Boston Tea Party«, als verärgerte Noch-nicht-Amerikaner, teilweise als Mohawk-Indianer verkleidet, in der Nacht vom 16. zum 17. Dezember 1773 insgesamt 342 Kisten mit Tee in den Hafen von Boston warfen. Das war der Startschuss zur Revolution gegen die britische Krone. Die Aufständischen protestierten gegen die Steuern auf britischen Tee. Aber eigentlich hatten sie grundsätzlich etwas dagegen, Steuern an die britische Kolonialmacht zu zahlen, obwohl die ihnen keinen Sitz im Parlament von London einräumte. Auch die Tea Party ist gegen Steuern, erst recht aber ist sie gegen einen Wohlfahrtsstaat, von dem, so glauben ihre Anhänger, vor allem Afroamerikaner und hispanische Immigranten profitieren. Und obwohl sich die Tea Party gegen einen starken Staat ausspricht, wollen ihre Anhänger trotzdem ein starkes Militär, eine allseits präsente Polizei und effizientere Kontrollen an der Grenze zu Mexiko.

Die allerersten Anfänge der Tea Party werden auf das Jahr 2007 zurückgeführt, zumindest von Anhängern des libertären Abgeordneten Ron Paul aus Texas. Damals liefen sich die potenziellen Nachfolger von George W. Bush warm. Paul war einer davon, und seine Fans veranstalteten am Jahrestag der Boston Tea Party eine große Spendenaktion. Der Texaner war schon immer dafür, den Einfluss von Washington einzudämmen, die Rechte der Bundesstaaten zu stärken und Steuern zu senken. Paul setzte sich aber bei der Nominierung nicht durch; stattdessen machte John McCain das Rennen als Kandidat, mit Sarah Palin, die eine ganz andere Richtung innerhalb der Tea Party vertritt.

Zum eigentlichen Startschuss für die Tea Party kam es aber erst nach der Wahl von Obama mit einem spektakulären Zornausbruch des Finanzjournalisten Rick Santelli im Februar 2009. Der echauffierte sich live im Sender CNBC auf dem Parkett der Chicagoer Börse darüber, dass Obama die Steuern der fleißigen Amerikaner verschwende, um Leute zu retten, die sich beim Hauskauf übernommen hatten. »Die Gründungsväter würden in ihren Gräbern rotieren!«, rief er. Die Tiraden machten auf einer Vielzahl konservativer Websites die Runde, angefangen mit dem ›Drudge Report‹, und wurden ein Hit auf YouTube. Binnen weniger Tage wurden in vielen Staaten Tea Partys gegründet, Tausende von Amerikanern gingen auf Demonstrationen, mit Hüten, an die sie Teebeutel getackert hatten. Republikaner verloren keine Zeit, auf diesen Zug aufzuspringen. Der Erste, der sich bei einer Demonstration in New York an die Tea Party richtete, war Newt Gingrich. Er ist ein erfahrener Politiker, in der Clinton-Ära war er Fraktionschef der Republikaner im Repräsentantenhaus, und er will ebenfalls Präsidentschaftskandidat werden.

Rasch wurde klar, dass es sich bei den Tea-Party-Demonstranten nicht um studentische Revoluzzer handelte. Die frühen Tea-Party-Demos in Washington, wo der erste schwarze Präsident der USA gerade ins Weiße Haus gezogen war, wirkten eher wie Treffen von Bewohnern eines weißen Altersheims, die sich darüber aufregen, dass die schwarzen Kinder aus dem Sozialprojekt nebenan zu laut Fußball spielen. Letztlich handelt es sich um erboste weiße Kleinbürger in einem Land, das schneller bunt und multikulturell wird, als es ihnen lieb ist. Ihr Motto ist: »Wir holen uns unser Land zurück.«

Natürlich besteht die Tea Party nicht ausschließlich und noch nicht einmal mehrheitlich aus Ku-Klux-Klan-Hauben tragenden Rechtsradikalen. Und viele ihrer Anliegen – die Kritik an den Milliardengeschenken für die Wall Street, an der unverändert hohen Arbeitslosenrate, an den Kosten und der fehlenden militärischen Fortüne bei den Kriegen in Afghanistan und im Irak sowie an einer Bundesregierung, die den Überwachungsstaat ausbaut und mehr Geld ausgibt, als sie hat – sind durchaus berechtigt und wohl sogar mehrheitsfähig. Aber der Rechten geht es, trotz ständiger Lippenbekenntnisse, nicht wirklich darum, den starken Staat abzuschaffen, sonst hätte sie sich schon zu Zeiten von George W. Bush artikuliert. Sie möchte selbst an der Macht sein.

Nach den neuesten Umfragen sind etwa zwanzig Prozent der Amerikaner Anhänger der Tea Party. Der überwiegende Teil davon ist weiß; sie sind deutlich älter, gebildeter und wohlhabender als der Durchschnittsamerikaner. Das ist nicht verwunderlich, denn die geistigen Paten der unzufriedenen Konservativen sind nicht unbedingt die *Founding Fathers*, die Gründungsväter in Washington, D.C. Es ist ein Konglomerat verschiedenster konservativer Gruppen, die einander manchmal spinnefeind sind oder die sogar gegensätzliche Ziele vertreten und die ihre Wurzeln in allen Teilen der amerikanischen Gesellschaft haben.

Die stärkste Strömung innerhalb der Tea Party ist heute die Dreieinigkeit von Evangelikalen, Neokonservativen und christlichen Zionisten. Dabei hatten die Gründungsväter, auf die sie sich berufen, mit Religion nicht viel am Hut, anders als die Pilgrim Fathers der Mayflower, die anderthalb Jahrhunderte vorher aus religiösen Gründen kamen. Evangelikale, zu denen die Southern Baptists gehören, sind »wiedergeborene« Christen, die durch ein Erweckungserlebnis zu Gott gekommen sind, in den Südstaaten sind sie eine quasi weiße Kirche. Ihre Wurzeln liegen im deutschen Pietismus und in englischen Freikirchen des 19. Jahrhunderts. Viele von ihnen sind bibeltreue Christen oder sie glauben (wie Bachmann) an Intelligent Design. Die Evangelikalen haben prominente TV-Prediger in ihren Reihen, die Millionen von Zuschauern auf eigenen Kanälen haben, die bekanntesten davon sind Billy Graham, Pat Robertson und der inzwischen verstorbene Jerry Falwell. Manche Evangelikale sind christliche Zionisten, die Israel unterstützen, das »Heilige Land«, wo, wie sie glauben, einmal das *Armageddon*, der Entscheidungskampf des »Jüngsten Gerichts«, stattfinden wird, mit der Wiederkehr Christi und der Überwindung des Weltreichs des Satans. Die Neokonservativen wiederum sind eher im intellektuellen Milieu angesiedelt und generell muslimfeindlich; sie waren schon unter Bush einflussreich.

Die Tea Party hat aber auch noch andere Wurzeln. Da gibt es vor allem die Anhänger der Konföderierten in den Südstaaten (von denen viele wiederum Southern Baptists sind), die erst im 19. Jahrhundert den Bürgerkrieg verloren haben und die sich dann, in den sechziger Jahren, der Bürgerrechtsbewegung beugen mussten, die die Rassentrennung beseitigte. Aber auch die libertären Cowboys und *lone rangers* aus dem Wilden Westen zählen dazu, deren Großväter gegen die Mexikaner und Indianer gekämpft haben. Heute kämpfen sie gegen illegale Einwanderung und sie haben Angst, dass »Multikulti-Großstädter« ihnen ihre Waffen wegnehmen wollen. Dann gibt es die militanten, ebenfalls bewaffneten Rassisten des pazifischen Nordwestens, die ein Amerika nur für Weiße wollen, und Verschwörungstheoretiker, die auf Politsekten wie die ultrakonservative John Birch Society zurückgehen. Sie warnen vor Ostküstenzirkeln wie den »Bilderbergern«, einem informellen Zusammenschluss von Politikern und Industrieführern; einige glauben gar, dass Washington zusammen mit den Vereinten Nationen geheime Lager für Regierungsgegner errichtet. Und sie lehnen die moderaten, transatlantischen Rockefeller-Republikaner ab; sie nennen solche Politiker RINOs, *Republicans In Name Only*. Es waren die Rockefellers, die die Vereinten Nationen nach New York geholt haben, die aus Sicht mancher Tea Partier die Verkörperung der »Neuen Weltordnung« sind. Innerhalb der Tea Party finden sich aber auch Klimaskeptiker, die meinen, die globale Erwärmung sei eine Erfindung liberaler Wissenschaftler, um den Amerikanern das Autofahren zu vermiesen, und *Birther*, die behaupten, Obama habe seine Geburtsurkunde gefälscht, tatsächlich sei er ein marxistischer Moslem arabischer Herkunft aus Kenia. Aber trotz aller Unterschiede verbindet die Tea Partier dreierlei: Sie wollen keinen Präsidenten, den sie für unamerikanisch und linksradikal halten. Sie mögen generell nichts, das fremd ist. Und sie sind – fast – alle weiß.

Bundesgelder und Subventionen: Seid verschlungen, Millionen

Nachdem Bachmann ihre Kandidatur erklärt hatte, nicht nur einmal, sondern gleich mehrfach – im Fernsehen, bei einer Debatte der Republikaner in New Hampshire, bei einem Parteitag der Republikaner in New Orleans und eben in Waterloo, Iowa –, schossen sich Demokraten und Linke auf sie ein. Und die Kandidatin bot mehr als genug Angriffsfläche: Sie erzählte Reportern in Waterloo, dass sie sich mit dem großen Sohn der Stadt identifiziere, John Wayne, dem Hollywood-Cowboy. Dieser wurde jedoch in Winterset, Iowa, geboren, während John Wayne Gacy, der tatsächlich in Waterloo gelebt hatte, ein pädophiler Massenmörder war, der als der verrückte »Killer-Clown« in die Annalen der Stadt einging. (Ohnehin verwechselte Bachmann den Schauspieler John Wayne, einen geschiedenen, kettenrauchenden, trinkenden Schürzenjäger, mit den Cowboys, die er in seinen Filmen darstellte.)

Sie begrüßte die Wähler in New Hampshire als die »Freiheitskämpfer von Lexington und Concord« (wo die ersten Schüsse im amerikanischen Unabhängigkeitskampf fielen) – Lexington und Concord liegen in Massachusetts. Sie verwechselte Elvis' Geburtstag mit Elvis' Todestag. Sie meinte, die Verfassungsväter hätten unermüdlich daran gearbeitet, die Sklaverei zu beseitigen, dabei besaßen Washington und Jefferson selbst Sklaven. Demokraten und die Medien, die ihnen nahestehen, drucken diese *gaffes*, Versprecher, oft und gerne nach, was Bachmanns Fans umso mehr dazu bringt, sich um die Abgeordnete zu scharen, die sie als Opfer einer elitären liberalen Verschwörung sehen. Matt Taibbi nannte sie im ›Rolling Stone Magazine‹ »verrückt«: »Allerdings nicht verrückt im Sinne einer Frau, die in der U-Bahn mit sich selbst spricht, sondern eher furchteinflößend verrückt, so wie Kim-Jong-Il im letzten Stadium.«

Ist sie das wirklich? Bachmann kann, wenn es um ihre Karriere geht, erstaunlich rasch ihre Prinzipien über Bord werfen. Als Zeitungen mutmaßten, die Salem Lutheran Church in Stillwater, die sie zehn Jahre lang besucht hatte, hänge der Doktrin an, dass der Papst der Antichrist sei, verließen sie und ihr Mann die Gemeinde von einem Tag auf den anderen. Ohne die hispanischen, italienischen und irischen Katholiken ist heutzutage in den USA kein Wahlsieg mehr möglich.

Auch ihre Sprüche haben Kalkül: Es geht immer darum, die Demokraten zu attackieren. Bei der Wahl von 2008 hatte Bachmann gefordert, die Medien sollten Kongressmitglieder und Senatoren auf antiamerikanische Ansichten hin überprüfen; sie meinte natürlich demokratische Senatoren. Nachdem sie ins Repräsentantenhaus gewählt worden war – auch dazu hatte Gott sie angeblich berufen –, behauptete sie, Obamas Dienstreise nach Indien koste den Steuerzahler 200 Millionen Dollar am Tag. Als in Obamas Amtszeit die Schweinegrippe ausbrach, bemerkte sie, das letzte Mal sei dies ebenfalls unter einem Demokraten geschehen, unter Carter. Als unter Obama die (anonymisierte) Volkszählung anstand, warnte sie davor mitzumachen, denn so seien die japanischstämmigen Amerikaner 1942 im Konzentrationslager gelandet. Immer wurde sie widerlegt, aber irgendetwas, so hofft sie, bleibt beim Wähler hängen. Manchmal geht sie zu weit: Als sie sagte, der Hurrikan Irene sei die Strafe Gottes für die Nettoneuverschuldung der USA, musste sie zurückrudern; sie behauptete nun, das sei ein Scherz gewesen.

Das wichtigste Ziel von Bachmann ist: Sie will Obama ablösen und Präsidentin werden. Aber zu Republikanern kann sie genauso bissig sein wie zu Obama: Sie beschuldigte Tim Pawlenty, den früheren Gouverneur von Minnesota, der ebenfalls kandidieren wollte, ein Marxist zu sein, der »staatliche Kontrolle« wolle. Rick Perry stellte sie als korrupten Kinderquäler dar, weil der Schulmädchen impfen ließ. Und sie legte genau auf den Tag, an dem Mitt Romney seine Bewerbung ankündigte, ihren Auftritt in New Hampshire.

Bachmann kann Menschen begeistern und elektrisieren, auch wenn das, was sie sagt, beim genaueren Nachdenken nicht so sehr viel Sinn ergibt. Bei einer Parteiversammlung der Republikaner in New Orleans im Sommer 2011 reißt sie die Delegierten zu minutenlangen Beifallsstürmen hin. »Ich liebe New Orleans!«, ruft sie. »Ihr habt Katrina überlebt und auch Obamas Ölmoratorium« – das kurzzeitig in Kraft war, als die Ölplattform Deepwater Horizon ein Loch in den Meeresgrund riss, sodass Milliarden von Litern Öl ausliefen. »Ihr könnt alles überleben.« Ein Statement, das Chuzpe beweist, sind doch mehr als 2000 Leute während des Hurrikans Katrina ertrunken, nicht zuletzt deshalb, weil die Bush-Regierung zu spät Hilfe sandte.

Aber Bachmann legt noch nach. »Ich werde Jobs schaffen, Obama vernichtet Jobs!«, ruft sie. Denn der Präsident habe 500 Milliarden Dollar aus Medicare, der Krankenkasse für Rentner und Frührentner, in seine Gesundheitsreform geleitet, die die Republikaner »ObamaCare« nennen – eine Behauptung, die sie nie belegen kann. Sie wird trotzdem bejubelt. »Aber habt Hoffnung! Ich werde dafür sorgen, dass ObamaCare beseitigt wird!« Außerdem entmachte Obama das Militär, »gerade jetzt, wo wir Osama Bin Laden gefangen und getötet haben!« Sie aber werde dafür sorgen, dass der Terror bekämpft werde: »Keine Schließung von Guantanamo! Keine Rechte für ausländische Terroristen, kein nuklearer Iran! Ich stehe an Israels Seite!« Dann redet sie noch über *9-1-1*. Sie sagt nicht *nine-eleven*, 11. September, sondern *nine-one-one*, wie die Notrufnummer der Polizei.

Ihr wichtigstes Thema aber ist das »Billionenloch« im Haushalt. »Ich werde ernsthafte Einschnitte machen, damit wir nicht die Neuverschuldung erhöhen müssen!«, ruft sie und zählt dann auf, wo sie überall kürzen will, ist sie erst einmal Präsidentin. Planned Parenthood – ein Verein, der bei der Familienplanung und der Geburtenkontrolle berät – soll Mittel verlieren, auch das öffentlich-rechtliche Radio NPR. Die Umweltschutzbehörde EPA soll geschlossen werden, am besten werde auch das Department of Education abgeschafft, damit die Schulpolitik in der Hand der Bundesstaaten sei. Der geplante Hochgeschwindigkeitszug, der »bullet train to nowhere« solle noch vor Baubeginn gestoppt werden. Dann noch ein besonderes Schmankerl: Das Cowboy Poetry Festival in Nevada, das, den Demokraten sei Dank, einige Zehntausend Dollar bekommt, werde künftig in die Röhre gucken. Schützen will Bachmann dafür die herkömmliche Glühbirne. »Unter einer Regierung Bachmann werdet ihr jede Glühbirne kaufen dürfen, die ihr wollt!«

Selbst der dunkelsten Birne im Saal müsste klar sein, dass solche Einsparungen statistisch nicht messbar sind, aber die Menge tobt vor Begeisterung. Danach drängen sich Fans, viele davon ältere Frauen, um Bachmann, bitten um Autogramme, reichen Babys zum Küssen, posieren für Fotos und schenken ihr Schals und T-Shirts. Das dauert so lange, dass Rick Santorum, der nach ihr spricht, um einen Gutteil seiner Redezeit gebracht wird. Um ihren Vorteil noch auszubauen, lädt Bachmann die Reporter genau dann zum Gespräch ein, als Santorum mit seiner Rede beginnt.

Gegner werfen ihr vor, sie praktiziere nicht, was sie predige. So hat sie immer *earmarks* abgelehnt, Bundesgelder, die für bestimmte lokale Projekte reserviert sind, meist in Wahlkreisen, wo der Wahlausgang knapp ist. 2009 jedoch hat sie in Washington rund 40 Millionen Dollar an *earmarks* verlangt – sie sagte, es sei um wichtige Straßenbauvorhaben gegangen, weshalb sie eine Ausnahme für gerechtfertigt gehalten habe. Sie wettert gegen *pork*, ebenfalls meist unnütze Bundesausgaben, die einzelnen Wahlkreisen zugutekommen, hat aber, wie das libertäre Cato-Institut spitz bemerkte, das Landwirtschaftsministerium gedrängt, Schweinehälften und Milchprodukte in Minnesota zu kaufen. Sie will Subventionen abschaffen, aber die Farm ihrer Schwiegereltern, deren Mitinhaberin sie ist, hat zwischen 1995 bis 2008 rund 260 000 Dollar an Subventionen bekommen. Auch die christliche Beratungsstelle ihres Mannes, der auf Wunsch mit Schwulen betet, um sie zu Heterosexuellen zu machen, bekam rund 24 000 Dollar aus einem staatlichen Programm für die Weiterbildung von Angestellten. Sie sagte dazu, sie habe von dem Geld nicht profitiert, es sei im laufenden Betrieb verbraucht worden. Und auch für ihre 23 Pflegekinder ist der Steuerzahler aufgekommen: Der Staat Minnesota zahlte für jedes Kind mindestens dreißig Dollar am Tag, in manchen Fällen auch mehr.

Mehr noch stößt es Libertären auf, dass der einzige Job, den die Berufspolitikerin jemals ausübte, einer beim Internal Reve-

nue Service (IRS), dem Finanzamt, war, wo sie für die Steuerfahndung arbeitete. Dort hat sie unwillige Steuerbürger verklagt; sie hatte eigenen Angaben zufolge in Hunderten von Fällen Erfolg. Zu den Fällen, die sie bearbeitet hat, gehört der von
Marvin Manypenny, ein Chippewa-Indianer in Minnesota, der
sich weigerte, Steuern zu zahlen, weil, wie er sagte, ein entspre-
chendes Abkommen zwischen Washington und seinem Stamm
existiere. Bachmann verklagte die Indianer in zwei Instanzen
und gewann. Als ihr das vorgehalten wurde, erklärte sie öffentlich, sie hasse Steuern; sie habe nur Steuerrecht studiert, weil ihr
Mann ihr das befohlen habe, und der Bibel zufolge sollten Frau-
en ihrem Mann gegenüber *submissive*, unterwürfig, sein. Das
empörte Feministinnen wie Atheisten gleichermaßen; tatsächlich aber ist Bachmann etwa so submissiv wie Arnold Schwarzenegger; sie hat einfach nur die alte »Ich-habe-nur-Befehle-be-
folgt«-Masche benutzt. Laut dem ›Wall Street Journal‹ hat sie
danach als Abgeordnete dafür gestimmt, das Budget des IRS um
600 Millionen Dollar zu kürzen, davon 285 Millionen bei der
Steuerfahndung.

Bachmann stilisiert sich als Kämpferin mit einem Rückgrat
aus Titan, aber tatsächlich ist sie eine Opportunistin. Sie will einen Verfassungszusatz durchsetzen, die Schwulenehe zu verbieten, will aber die Bundesstaaten nicht dazu zwingen, den umzusetzen. Das macht nicht nur keinen Sinn, es widerspricht auch
ihrem Bekenntnis zur originären Verfassung der USA. Mittlerweile redet sie gar nicht mehr so gerne über die Schwulenehe –
die Ansicht darüber sei Privatsache. Sie tritt als erfahrene Po-
litikerin auf oder als Washingtoner Outsider, je nachdem, mit
wem sie spricht. Sie warnt vor kommunistischen Umtrieben und
ausländischen Einflüssen, ist aber stolz darauf, als Jugendliche in
einem Kibbuz gearbeitet zu haben. Sie will einen Staat mit weniger Regularien für die Wirtschaft, denn die Wirtschaft schaffe
Jobs, nicht die Regierung; sie verspricht aber, als Präsidentin Jobs
zu schaffen. Sie kämpft gegen eine Erhöhung der Staatsverschul-
dung unter Obama, hat sich aber, solange George W. Bush am
Ruder war, keiner Ausgabenerhöhung widersetzt. Bush hat auch

2006 die Rede bei einem Fundraising, einer Spendensammelgala für Bachmann, gehalten. Auch Karl Rove, intern »Bushs Gehirn« genannt, und der damalige Vize Dick Cheney unterstützten schon früh die konservative Hoffnungsträgerin.

Tea-O-Cons und Astroturf

Als die ersten Tea Partier sich empörten, war die Stimmung noch ganz anders gewesen. In den letzten Tagen, in denen Bush im Amt war, hatten Republikaner und Demokraten gemeinsam Milliardengeschenke für die Wall Street beschlossen, nachdem Lehman Brothers Konkurs angemeldet hatte und andere Banken wankten. Hunderttausende von Wählern beschwerten sich in Anrufen, E-Mails und Briefen bei ihren Volksvertretern in Washington. Auf Partys traf man Menschen jeglicher politischer Couleur, die rot vor Wut über diese Geldverschwendung glühten. Noch größer wurde die Wut, als Amerika von den Immobilienwetten der Banker gegen Häuslebauer und absurd hohen Boni für Banker erfuhr.

Aber mit der Wahl von Obama war aus einem Volksaufstand gegen die Wall Street ein Kampf für mehr Laissez-faire-Kapitalismus und weniger Steuern für Reiche geworden. Und aus der libertären, staatsfernen Tea Party wurde eine schrille, ultrarechte, nationalistische Bewegung, die von Feindbildern lebt: »dekadente« Europäer, die für den Einsatz im Zweiten Weltkrieg nicht dankbar sind, Kommunisten und Liberale, die Amerika unter die Knute von Karl Marx bringen wollen, illegale Immigranten, die das Land unterwandern wollen, kurz, alles, was irgendwie »fremd« ist, »ausländisch« oder »unamerikanisch«.

Das liegt daran, dass die Bewegung von Neokonservativen, Evangelikalen, Reaganites, den Reagan-Republikanern und Paleocons, den paläokonservativen Republikanern alter Schule, infiltriert wurde, der alten Garde eben, die sich mit den rechtsradikalen, rassistischen Gruppierungen arrangierte und die echten Libertären ausgrenzte. Als Ron Paul im Sommer 2011 auf der Republican Leadership Conference in New Orleans die *straw poll*, die Mehrheit der anwesenden Delegierten, gewann, wurde er ausgebuht – von den gleichen Republikanern, die gerade noch betont hatten, wie sehr sie die Tea Party liebten.

Jake Shannon, ein libertärer Radiomoderator aus Utah, der für den Kongress kandidiert, nennt diese Leute in seinem Buch ›Tea-O-Conned‹ deshalb »Tea-O-Cons«, verkappte Neocons, die ihre »antifreiheitliche, kriegsfreundliche Agenda in libertäre Rhetorik kleiden, um von der Popularität der libertären Ideen zu profitieren und damit an der Macht festzuhalten«. Als die Tea Party noch libertär war, wollte sie die Federal Reserve, die Zentralbank, und das Finanzamt abschaffen. Heute unterstützen die Tea-O-Cons den *Patriot Act*, das Anti-Terror-Gesetz, das es möglich macht, Amerikaner zu bespitzeln, und die Kriege im Mittleren Osten, ärgert sich Shannon. Die echten *grassroots* seien durch *Astroturf* ersetzt worden, Kunstrasen, der nur zu Veranstaltungen ausgerollt wird.

Ähnlich sieht das Wes Benedict, der Vorsitzende der Libertären Party in Washington. »Die Tea Party hat zwar die Republikaner beeinflusst, aber das republikanische Establishment hat sich auch der Tea Party angedient, schon deshalb, damit sie an der Macht bleiben und ihre Posten behalten«, meint er. Und während die Reaganites mit der Tea Party wenigstens die Abneigung gegen Steuern gemeinsam haben, haben die Neokonservativen, die unter Bush den Ton angegeben haben, ganz andere Wurzeln. Sie stammen aus dem universitären Ivy-League-Milieu der Ostküste. Frühere Trotzkisten sind darunter, viele arbeiten in Washingtoner Think-Tanks, und sie wollen einen starken Staat und eine interventionistische Außenpolitik.

Inzwischen gehen Kandidaten der Tea Party mit Forderungen an die Öffentlichkeit, die der Konstitution der USA diametral entgegenstehen. So forderte Herman Cain, den Bau von Moscheen zu untersagen; Michele Bachmann will Pornographie verbieten; beides widerspricht dem First Amendment, dem ersten Artikel, der die Religions- und Veröffentlichungsfreiheit garantiert.

Wie die Anfänge der Tea Party aussahen, beschreibt ›New York Times‹-Reporterin Kate Zernike in ihrem Buch ›Boiling Mad‹. Sie hat eine der Demonstrationen nach der Wahl von Obama miterlebt, auf der Freedom Plaza in Boston. Ein paar Tausend Amerikaner hatten sich versammelt, um Michele Bachmann zu hören, die über die neue »Gangster-Regierung« schimpfte. »In zwei Jahren wird Barack Obama ein Präsident für nur eine Legislaturperiode gewesen sein!«, rief sie. Ein Rapper sang die Hymne der Tea Party, es wehte die Klapperschlangenflagge. Das Parteisymbol geht auf die erste Fahne zurück, die von Soldaten im amerikanischen Unabhängigkeitskrieg getragen wurde; die Schlange sollte den britischen Drachen bekämpfen. Der Krieg von 1775 bis 1783, in dem die Amerikaner unter George Washington gegen die Briten kämpften und gewannen, ist der Gründungsmythos der USA, der die Konstitution hervorbrachte und auf den die Tea Party sich beruft.

Dann wurde ›A Communist in the White House‹ gesungen und es wurden Schilder geschwenkt, auf denen stand: »BARACK HUSSEIN HITLER, GO BACK TO KENYA«. Auf der Bühne stand Brendan Steinhauser, ein Ron-Paul-Anhänger aus Texas. Er arbeitet für FreedomWorks, einen Verein, der von dem früheren republikanischen Fraktionsvorsitzenden Dick Armey gegründet wurde und der von Charles und David Koch unterstützt wird; die Brüder sind die wichtigsten Finanziers der Tea Party. Steinhauser war halb so alt wie die meisten Demonstranten, und während er erklärte, wie die Botschaft über YouTube verbreitet werden konnte, trugen viele Zuhörer noch analoge Wegwerfkameras bei sich. »Lasst uns Saul Alinskys Buch ›Regeln für Radikale‹ lesen und lasst sie uns gegen das Weiße Haus einsetzen«, rief Steinhauser. Saul Alinsky war zur Zeit des Vietnamkrieges ein linker Aktivist.

Ähnlich ging es in anderen Teilen des Landes zu. Im März 2009 organisierte der Tea Party Express eine Kundgebung in Searchlight, Nevada. Der Tea Party Express ist ein PAC, ein *political action committee*, das Wahlkampfspenden sammelt. Er wurde in Kalifornien von zwei Republikanern gegründet – einer davon ein früherer Helfer von Ronald Reagan. Der Tea Party Express unterstützt Kandidaten finanziell und schickt sie auf Bustouren. Die Menge in Searchlight war sichtlich radikalisiert, schreibt Zernike. An den Geländewagen klebten Schilder mit der Aufschrift »overtaxed«, zu hoch besteuert, die Klapperschlangenfahne wehte überall. Viele *oath keepers* waren hier, Soldaten und Juristen, die geschworen hatten, Befehle zu verweigern, die ihrer Ansicht nach der Verfassung entgegenstehen. Ein Mann verkaufte Mistgabeln aus Pappe – echte waren verboten. Viele waren empört über ObamaCare, weil sie meinten, damit würden die Krankenhausrechnungen illegaler Immigranten bezahlt. Obama war auf Plakaten als Teufel abgebildet, als afrikanischer Hexendoktor oder auch als »Joker«, einer der ganz bösen Bösewichte aus den Batman-Filmen. Auf einem Plakat stand »Karl Marx und Mao waren keine Gründungsväter«. Auf einem anderen hieß es: »Lügner, Schurke, Verräter, Kommunist, Umstürzler«.

Kurz darauf stellte sich Glenn Beck, ein Fernsehtalker, der gerade von CNN zu Fox gewechselt war, an die Spitze der Bewegung. Beck rief das *9/12 project* aus, er bezog sich auf den 12. September 2001, den Tag nach dem Anschlag auf das World Trade Center, als Amerika einig hinter Bush stand. Der erste Grundsatz war: »Amerika ist gut.« Und der siebte: »Ich teile das, was ich hart erarbeitet habe, nur freiwillig, die Regierung kann mich nicht zur Wohltätigkeit zwingen.« Beck wollte, dass sich alle Amerikaner zusammenschlössen, für Amerika, für Gott, für die Familie – und gegen islamistische Terroristen, mexikanische Immigranten, somalische Piraten und hohe Steuern. Und so trommelte er auf Fox News für einen »Marsch der Steuerzahler« auf Washington am 12. September 2009, der ebenfalls von FreedomWorks unterstützt wurde. Der Höhepunkt war erreicht, als Beck am 28. August 2010 zur einer Großdemo in Washington aufrief, zu Füßen des Lincoln Memorials, an der Mall. Hier hatte auf den Tag genau vor 47 Jahren Martin Luther King, die Ikone der Bürgerrechtsbewegung, seine berühmte Rede »I Have a Dream« gehalten. Keine zufällige Wahl: Beck wollte sich als Führer einer neuen Bürgerrechtsbewegung gerieren.

Eine von denen, die Becks Sendung im Fernsehen verfolgten, war Jenny Beth Martin, eine Republikanerin aus Georgia, die ein landesweit beachtetes Blog hatte. Am 15. April 2009, dem *Tax Day*, an dem Amerikaner Steuern zahlen müssen, gründete sie die Tea Party Patriots, zusammen mit Mark Meckler, einem Libertären aus Kalifornien, der von der Tea Party begeistert war, seit er den Auftritt Rick Santellis gesehen hatte. Meckler sagt, er sei kein Republikaner, aber er sehe sich trotzdem in der Tradition von Ronald Reagan. Aus den Patriots wurde ein gemeinnütziger Verein mit einer unüberschaubaren Anzahl von kommunalen Untergruppen; sie sprechen sich für »fiskalische Verantwortung« aus; vor allem organisieren sie Proteste gegen Obama-Care. Es sind die Patriots, die bei der Tea Party das organisatorische Heft in der Hand halten.

Für die Republikaner ist es wichtig, die Tea Party ernst zu nehmen. Das letzte Mal, als unzufriedene Republikaner eine Alternative suchten, fand sich Ross Perot, ein texanischer Ölmilliardär, der genug Geld hatte, seinen Wahlkampf zu finanzieren. Perot kandidierte als Unabhängiger sowohl gegen Bill Clinton als auch gegen George Bush sen. Er bekam 19 Prozent der Stimmen, sodass Bush letztlich gegen Clinton unterlag. Deshalb wollen die Republikaner die Tea Party unbedingt unter ihrem Dach behalten. Und deshalb gibt es viele Washington-Insider, die entdeckt haben, dass sie im Herzen immer schon Tea Partier waren.

Die Tea Party ist für alle da

Michele Bachmann hat ihren nächsten großen Auftritt in Waterloo, am Morgen nach der Feier im Electric Park Ballroom. Sie spricht auf einer Bühne vor dem Snowden House, einer restaurierten Stadtvilla, die zum Heimatmuseum von Waterloo gehört. Im Haus befindet sich eine Ausstellung über die Sullivan-Brüder. Im Zweiten Weltkrieg haben die fünf Brüder alle zusammen auf einem Kriegsschiff gedient, der USS Juneau, die 1942 von einem japanischen Torpedo versenkt wurde. Es ist eine dieser heroischen amerikanischen Geschichten, aus denen Hollywoodfilme gemacht werden. Das Motto der Brüder war »Wir halten zusammen«, es wurde zum Motto der US Army. Amerika, sagt Bachmann, solle sich die Sullivan-Brüder zum Vorbild nehmen. »Wir Amerikaner halten zusammen. Das ist der Geist, der Amerika groß gemacht hat, den müssen wir wiederfinden.« Die Probleme, die Amerika heute habe, seien von beiden Parteien verursacht worden, deshalb müssten beide zusammenarbeiten. Und die Tea Party sei ohnehin für alle da, Republikaner und Demokraten, Libertäre und Konservative. Auch hier, auf dem Rasen, wird wieder ›She's an American Girl‹ gespielt. Ein paar Tage später wird der Komponist des Liedes, Tom Petty, sich beschweren und Bachmann die Nutzung für Wahlkampfzwecke verbieten.

Inzwischen ist der ganze Bachmann-Clan da, auch ihre Schwiegermutter und ein paar Enkel. Nach der Rede wird sie ins Haus geführt, wo sie den wichtigen Medien der USA Interviews gibt: der ›New York Times‹, ABC und NBC. Anders als Sarah Palin pflegt Bachmann keine öffentliche Abneigung gegen die *mainstream media.* Vor dem Snowden House lungern die nicht ganz so wichtigen Medien herum, die hoffen, dass sie danach noch die eine oder andere Frage stellen können. Drei junge Schwarze stehen auf dem Rasen, ausgerüstet mit Kameras und Mikrofonen. Sind sie Republikaner? Die drei gucken mich an, als stamme ich von einem anderen Stern. Nein, sie arbeiten für die Website usdiversitytoday.com. Auch ein paar Lokalreporter sind hier. »Die Leute in Iowa sind frustriert, weil die Jobsituation so schlecht ist«, sagt einer. »Wenn das so weitergeht, wählen sie irgendwen, Hauptsache, nicht Obama.« Ein anderer meint besorgt, mit der Tea Party sei es wie mit den Faschisten, die auch mit der Weltwirtschaftskrise hochgekommen seien. Dann kommt ein Reporter, der eine neuartige digitale Kamera um die Stirn geschnallt hat, die alle paar Sekunden ein Bild schießt. Nun brechen alle Männer in wildes Fachsimpeln aus und die Debatte ist vorbei.

Vor dem Haus wartet auch Charlotte Niederhauser, Mutter von fünf Kindern, die allesamt in übergroßen roten Michele-

Bachmann-T-Shirts herumlaufen. »Ich finde Bachmann gut, weil sie Klartext redet, so wie ich«, sagt sie. »Sie interessiert sich für das Land, die Menschen, Obama geht es nur um Macht.« Und Bachmann sei gebildet, viel mehr als Sarah Palin. Im ›Wall Street Journal‹ habe gestanden, welche Bücher sie lese, das fand Niederhauser beeindruckend. Ron Paul hingegen, der sei ihr ein bisschen zu extrem. Ich frage sie nach Bachmanns Kommentar über die Sklaverei – dass die Gründungsväter daran gearbeitet hätten, sie abzuschaffen –, da wird sie ärgerlich. Die Gründungsväter hätten wirklich die Sklaven befreien wollen und George Washington habe seine kurz vor seinem Tod auch freigelassen. »Aber denen ist es dort so gut gegangen, die sind geblieben.« John Eidsmoe, Bachmanns Mentor, vertritt eine ähnliche Ansicht; er glaubt, damals sei es für schwarze Sklaven zu gefährlich gewesen, frei herumzulaufen.

Neben Niederhauser steht Becky Borstwin, ebenfalls Mutter von fünf Kindern, die aus Montana kommt. Ihr Mann ist Reserveoffizier, außerdem arbeitet er für eine Firma, die Waffensysteme für die Air Force herstellt. Borstwin ist ein großer Fan von Iowa, wo so viele hart arbeitende Menschen leben, und von Bachmann. »She is me«, sagt sie. Sie ist ich. Borstwin will, dass Bachmann Präsidentin wird, hauptsächlich deshalb, damit ObamaCare wieder abgeschafft wird. Sie traut der Regierung nicht zu, eine Krankenversicherung zu führen. »Eines meiner Kinder ist auf einer NATO-Basis in Island krank geworden, und die staatlichen Ärzte dort konnten ihm nicht helfen. Wenn wir das Kind nicht nach Amerika geflogen hätten, wäre es gestorben.« Borstwin ist über die US Army versichert, damit ist sie sehr zufrieden, und sie möchte, dass das so bleibt. »Ich habe fünf Kinder und zwei alte Eltern, die versorgt werden müssen, das Geld wird nicht mehr, da sollten gesunde 25-Jährige zurückstehen. Warum soll die Regierung die versichern?«

Bachmann lässt immer noch auf sich warten, und so fahre ich zu dem Haus, in dem sie aufgewachsen ist, auf der anderen Seite des Iowa River. Es ist eines dieser mittelgroßen amerikanischen Holzhäuser mit Satteldach und Veranda, umringt von

Bäumen, in einer ruhigen Seitenstraße. Heute wohnt dort eine mexikanische Familie. Und das Haus gehört auch einem Mexikaner, der nebenan lebt. Wer Bachmann ist, weiß er nicht. »Ist die von hier?«

Danach kehre ich im »Volkshaus« ein, an der Hauptstraße von Waterloo, wo es deutsches Bier zu moderaten Preisen gibt. Ob sie eine Radlerhalbe haben? Die Frage wird mit Staunen aufgenommen, aber da ich ja aus Deutschland komme, wird mir eine natürliche Autorität in Bierfragen zugestanden. Ich erkläre der Wirtin, wie sie ein Radler mischt: mit Zitronenlimo und Bier. Man soll ja der Community auch etwas zurückgeben. Das mit dem Radler werden sie vielleicht mal probieren, aber was die Zukunft der USA angeht, ist die Stimmung im »Volkshaus« nicht so enthusiastisch. »Wir Amerikaner sind so dumm«, sagt ein blonder Mann an der Bar. »Wir zanken uns dauernd untereinander, während sich die Chinesen die neueste Technik anschaffen.« Dann gibt er mir die Radlerhalbe aus.

Das großartigste Land der Welt:
Ron Paul gegen die Republikaner

Phoenix, Arizona, ist eine Stadt mitten in der Wüste, zwischen der mexikanischen Grenze und den schroffen, kaktusbewachsenen Bergen des nördlichen Arizona, zwischen Staudämmen und Indianerreservationen. Hier, im Tal des River Verde, lebten vor mehr als tausend Jahren die Hohokam. Um 1000 nach Christus kamen die Apachen aus den Prärien. Die Apachen sind, anders als die Hohokam, wilde Reiter, ihre Stämme – die Mescalero, die Jicarilla, die Chiricahua und viele andere – kämpften lange gegen die spanische und mexikanische Armee; die Konquistadoren hatten schon im 16. Jahrhundert erfolglos versucht, sie zu unterwerfen. 1848 gewann Amerika im Mexikanisch-Amerikanischen Krieg auch das Land, das heute Arizona und New Mexico ist, und damit wandten sich die Apachen gegen die Amerikaner.

Allenthalben gab es Scharmützel, die 1854 im Krieg gegen die Jicarilla kumulierten, den die Jicarilla zunächst gegen die US Army gewannen. Aber die Amerikaner gaben nicht auf. Als die erste Eisenbahn nach Santa Fe gebaut wurde, schossen Soldaten aus Eisenbahnwagen auf die Büffelherden, um die Indianer ihrer Lebensgrundlage zu berauben. Die Indianer schlugen zurück. Die größte Schlacht war the Battle of Adobe Walls, die um 1864 im Nordosten von Texas an der Grenze zu New Mexico stattfand. Die US Army kämpfte gegen mehrere Stämme, die von den Prärie-Apachen angeführt wurden, und sie wurde von 3000 Kriegern in die Flucht geschlagen.

Erst 1865, nach dem Bürgerkrieg, konnte Washington genug Soldaten erübrigen, um den Wilden Westen zu erobern. Die US Army legte mehrere Forts an, darunter Fort McDowell, in einem Tal zwischen den White Tank Mountains am River Verde. Die Army sollte die Siedler schützen, die aus dem Osten kamen. Einer davon war Jack Swilling, ein Veteran der Konföderiertenarmee. Swilling baute eine Mühle gleich neben dem Fort McDowell, an einem der verlassenen Wassergräben der Hohokam. Die Mühle wuchs sich zu einem Dorf aus, das den Namen Phoenix bekam. 1881 wurde Phoenix, das nun 2500 Einwohner hatte, zur Stadt erklärt. Kurz darauf hielt dort die erste Eisenbahn der Southern Pacific Railroad.

Die Kämpfe zwischen der Army und den Apachen waren in diesen Jahrzehnten weitergegangen. Viele Stämme wurden in Reservate gesperrt, wo sie durch Hunger und Krankheiten dezimiert wurden, darunter die Yuma und die Gila. Aber die Apachen brachen immer wieder aus. Der letzte große Krieger war Geronimo, ein Führer der Chiricahua. Er entkam mit zwei Dutzend Männern von einem Reservat südöstlich von Phoenix, das halb in Arizona, halb in Mexiko liegt.

Jahrzehntelang ritten sie durch unwegsame Berge, schneller als jeder Armeesoldat. Die Army brauchte 5000 Soldaten, ein paar Hundert indianische Scouts und mehr als tausend Bürgerwehrler, um den gefürchteten Apachenführer endlich zu fangen. Geronimo, seine Männer, aber auch alle Scouts, die der Armee geholfen hatten, wurden erst in einem Fort in Florida, dann in Oklahoma gefangen gehalten. 1909 starb Geronimo. Prescott Bush, der Großvater des 43. Präsidenten, soll als junger Mann in einer Mutprobe seinen Schädel gestohlen und nach Yale gebracht haben, noch heute kämpfen seine Nachfahren um die Rückgabe. Heute leben die meisten Apachen an der Grenze zu New Mexico oder in Mescalero.

Drei Jahre nach Geronimos Tod wurde Arizona Bundesstaat, der letzte Staat auf dem Kontinent, mit der Hauptstadt Phoenix. In ganz Arizona lebten 1912 nur gut 200 000 Weiße, davon etwa 11 000 in Phoenix. Nun, als die Indianer vertrieben waren, konnte Phoenix wachsen, und als neuartige Klimaanlagen das Leben in der Hitze erträglicher machten, explodierte die Stadt förmlich.

Heute leben in Phoenix anderthalb Millionen Menschen in Suburbs, die sich Meile um Meile an Ausfallstraßen aneinanderreihen, mit Vorgärten, Palmen und Pools, die alle gleich aussehen; es gibt Flughäfen, Fabriken, eine Forschungsuniversität, die Arizona State University und eine Filiale der Mayo Clinic.

Die im Planquadrat angelegten Straßen der Innenstadt sind nach Gründungsvätern und Präsidenten der USA benannt: Washington, Madison, Adams, Jefferson, Andrew Jackson. Alles hier wirkt neu, und alles sieht irgendwie gleich aus: die mit rötlichem Stein errichteten Hochhäuser, die Pflaster der Bürgersteige, die Tex-Mex-Restaurants, die Theater, die Kinos und das Kongresszentrum. Hier trifft sich im Februar 2011 die Tea Party zu einer mehrtägigen Konferenz, zu der mehrere Politstars erwartet werden. Der bekannteste ist Ron Paul aus Texas, dessen Anhänger Geronimo für einen großartigen Widerstandskämpfer gegen den US-Imperialismus halten.

Patrioten unter sich

Februar in Phoenix ist wie Juni anderswo, warm, sonnig und in Erwartung einer unerträglichen Hitze – aber das Kongresszentrum, ein fensterloser Bau, der so weit weg ist von der Apachenwüste wie es nur geht, ist natürlich klimatisiert, wie alles hier. Die Tea Party belegt einen Flügel des riesigen Gebäudekomplexes, der vier Straßenblocks umfasst: einen Festsaal mit Bühne und Videoleinwänden, eingerahmt von zwei Ausstellungshallen und den Wandelgängen davor. Lächelnde junge Frauen mit aufgesteckten Haaren und in langen Rüschenkleidern verteilen Flugblätter. Sie sehen aus wie Statistinnen in ›Vom Winde verweht‹, aber sie sollen Frauen des revolutionären Washington darstellen, aus der Zeit, als die Verfassung der USA verabschiedet wurde, auf die sich hier alle berufen. Natürlich hätten Frauen zur damaligen Zeit nicht wählen dürfen, aber nicht alle, die der Tea Party nahestehen, halten das Frauenwahlrecht für eine gute Idee. Ann Coulter, eine Ikone der Rechten, meinte einmal, wenn man den Frauen das Wahlrecht wieder wegnähme, bräuchte man sich wenigstens nicht mehr zu sorgen, dass noch einmal ein Demokrat zum Präsidenten gewählt werden könnte. »Nur Frauen wählen so dumm, zumindest unverheiratete Frauen.«

Die Festhalle mit den Sitzreihen ist patriotisch dekoriert. Auf den Bildschirmen tanzen rot-weiß-blaue Luftballons, auch die Flagge weht digital. Bilder von einem lächelnden Ronald Reagan werden eingespielt, von der Freiheitsstatue, gelben Kornfeldern und blauäugigen Kindern. Als die Nationalhymne erklingt, stehen alle auf, die Hand auf dem Herz, und sprechen den *Pledge of Allegiance*, den Eid auf die Fahne und die Republik, der von dem Sozialisten Frances Bellamy verfasst wurde und den alle Amerikaner in der Schule auswendig lernen. Bei der Zeile »Under God« – in den fünfziger Jahren eingefügt – werden sie lauter. Es klingt ein bisschen trotzig. Durch das Programm führen Mark Meckler und Jenny Beth Martin von den Tea Party Patriots; der Verein hat die Konferenz organisiert. »Amerika ist das großartigste Land der Welt«, rufen sie und ermahnen das Publikum, ja keine rassistischen Sprüche zu klopfen, schon gar nicht in Gegenwart der *mainstream media*. Dann wirft Jenny Beth Martin ein paar T-Shirts mit Tea-Party-Aufdruck in die jubelnde Menge.

Begrüßt werden die zwei- bis dreitausend Gäste in Phoenix von David Schweikert, der Arizona in Washington vertritt, für die Republikaner natürlich. Er entschuldigt sich erst für seinen komisch klingenden deutschen Namen und zählt dann die Probleme auf, die uns drohen, weil wir so gut wie pleite sind. Für Medicaid, die staatliche Krankenversicherung für Amerikaner mit niedrigem Einkommen, reiche schon bald das Geld nicht mehr, auch nicht für Medicare oder für Social Security, die Rente. Das ganze Budget des Pentagon könne das nicht decken. Außerdem haben wir noch massenweise Schulden bei den Chinesen. In der Menge murrt es leise, wir sollten einfach nicht zahlen, aber Schweikert sagt, so ginge das nicht, wegen der Weltwirtschaft. Nötig sei vielmehr ein ausgeglichenes Budget.

Die Konferenz wird von der Health Care Compact Alliance gesponsert, einem gemeinnützigen Verein, der von Spenden lebt, aber ungern erzählt, wer die aufbringt. Es seien aber garantiert nicht die Pharmaindustrie oder private Krankenkassen, versichert Meckler. Auch der Chairman von Health Care Compact spricht ein Grußwort, es ist Eric O'Keefe, der als privater Investor aus Wisconsin vorgestellt wird. O'Keefe sitzt in unglaublich vielen Vereinen, der wichtigste von ihnen ist die Sam Adams Alliance in Chicago; die meisten werden direkt oder indirekt von Charles und David Koch finanziert.

O'Keefe, ein schlanker, graumelierter Fünfziger, spricht über die Mayflower, die Revolution gegen die Briten, die uns »das großartigste Land der Welt« beschert habe, und schimpft dann über die *fat cats*, die Funktionäre in Washington. Bei dem Kampf, den wir führten, stünden nicht Republikaner gegen Demokraten, sagt er, sondern normale Bürger gegen die »herrschende Elite«. Es gehe um *states' rights*, die Rechte der Bundesstaaten; er will, dass diese für die Gesundheitsvorsorge verantwortlich sind und nicht die Regierung in Washington. Das gelte nicht nur für ObamaCare, sondern auch für Medicaid und Medicare, wo gekürzt werden müsse. Hierbei lässt der Beifall im Saal deutlich nach. Mindestens jeder Dritte hier ist Rentner.

In den Ausstellungshallen summt es; zwischen den Auftritten der Redner schlendern die Besucher an Ständen umher. Überall werden DVDs, CDs, T-Shirts, Aufkleber, Anstecker, Broschüren, Flugblätter angeboten – und noch mehr Bücher. Bei einem Gutteil der Bücher geht es darum, die Geschichte der USA neu zu erklären, oder besser: richtig zu erklären. Beispielsweise sei Amerika gar kein Einwanderungsland. Denn die *Founding Fathers* seien allesamt in Amerika geboren (oder vielmehr dort, wo heute Amerika ist). Oder der Bürgerkrieg: Jefferson Davis, der Präsident der Konföderierten, habe die Sklaverei sowieso abschaffen wollen, allerdings mit sozialverträglichen Übergangsfristen für die Plantagenbesitzer. Auch die Wahrheit über den Vietnamkrieg kommt ans Licht: Eigentlich sei das Militär erfolgreich gewesen, aber die Linken hätten es per Dolchstoß an der Heimatfront besiegt.

Eines der Bücher, die hier ausliegen, ist ›The 5000 Year Leap‹ von W. Cleon Skousen, Antikommunist, Mormone, kurzzeitiger Polizeichef von Salt Lake City und Historiker. Der 2006 verstorbene Skousen stand der John Birch Society nahe, er war so rechts, dass FBI-Chef J. Edgar Hoover ihn beobachten ließ. Er vertrat die Ansicht, dass die Verfassung der USA eine göttliche Eingebung war, weshalb Amerika innerhalb von 200 Jahren vor allem durch technischen Fortschritt einen Sprung von 5000 Jahren gemacht habe (offenbar ist ihm entgangen, dass der gleiche technische Fortschritt auch außerhalb der USA stattgefunden hat). In einem freiheitlichen, gerechten System, meinte Skousen, gebe es nur vier schwere Verbrechen: Hochverrat, Feigheit – insbesondere die Feigheit, nicht in der Armee zu dienen –, Desertation und Homosexualität. Skousen hielt US-Präsident Dwight D. Eisenhower für einen Agenten der kommunistischen Verschwörung, er attackierte die Rockefellers und die Rothschilds, später wurde er Berater von Ronald Reagan. Aber erst Glenn Beck machte sein Buch zur »Bibel der 12/9-Bewegung«, wie das Internetmagazin Salon.com schrieb; er verfasste für die Neuauflage sogar ein Vorwort.

An einem Stand zeigt ein besorgter Patriot ein Endlosvideo von der Eroberung des Kosovo durch die Moslems, irgendwann im Mittelalter, als Warnung vor der drohenden Übernahme der gesamten zivilisierten Welt. Warum unterstützen die USA dann die Kosovo-Albaner gegen die christlichen Serben? Der Mann hört das zum ersten Mal, und es interessiert ihn auch nicht. Er will über Moslems in den USA reden, die er für potenzielle Terroristen hält. »Die sind uns immer einen Schritt voraus«, sagt er. »Das Department of Homeland Security reagiert nur, anstatt die Initiative zu ergreifen. Aber wir müssen vorher wissen, was die sich ausdenken, um den nächsten Anschlag zu verhindern.« Die Terroristen könnten sich doch einfach ein Sturmgewehr in Phoenix kaufen und dann schießen. Der Mann guckt überrascht. Darauf ist er noch nicht gekommen.

Der amerikanische Südwesten, auch Phoenix, ist zur Hälfte hispanisch; in Städten wie San Antonio, El Paso und Albuquerque ist Spanisch quasi Amtssprache. Aber hier, in den kühlen Hallen des Konferenzzentrums, sind weit und breit nur Weiße zu sehen (außer den Saaldienern natürlich, die schwarz sind).

Ein paar Cowboyhüte, ein oder zwei Althippies, überhaupt viele Ältere und noch mehr Besucher, die deutsche Namen haben; erkennbar an den Schildern, die sie tragen. Es gibt zwei Sorten Schilder: *Patriot*, das sind die echten Amerikaner, also die Mitglieder der Tea Party, und *Media*, das sind die regierungsfreundlichen, Latte macchiato trinkenden, Sushi essenden, hohe Steuern liebenden, Volvo fahrenden, ›New York Times‹ lesenden und von Hollywood begeisterten Asphaltjournalisten.

An einem Stand treffe ich schließlich auf einen Schwarzen mittleren Alters mit kurz rasierten Haaren. Als einziger Afroamerikaner unter ein paar Tausend Weißen fällt er auf. Ja, das mit der Sympathie für die Tea Party, das sei tatsächlich ein »ethnic thing«, stimmt er mir zu. Aber Sinn habe das nicht. »Die meisten Afroamerikaner sind konservativ und treten für Familienwerte ein, die passen politisch viel besser zur Tea Party als zu den Demokraten.« Er komme aus einer militärischen Familie, »da übernimmt man die Werte des Militärs, nicht die der Herkunft.«

An einem Stand, an dem das *Don't thread on me*-T-Shirt (was so viel heißt wie *Lass mich in Ruhe*), mit der gelben Klapperschlange verkauft wird, steht ein Indianer mit langen schwarzen Haaren. Woher kommt er denn? Er ist Apache; aber sein Vater ist in den vierziger Jahren aus Mescalero nach Arizona gezogen, wo er sich als Mexikaner ausgegeben hat, weil Indianer damals keinen Alkohol trinken durften. Und warum ist er bei der Tea Party? »Wir haben zu viele Immigranten aus Mexiko, die unsere Fahne nicht respektieren und die unser Land übernehmen wollen, die will ich stoppen.«

Ein Großvater als Revoluzzer

Plötzlich geht ein Raunen durch die Menge: Ron Paul kommt! Der Arzt, der seit 1976 Galveston, eine texanische Stadt am Golf von Mexiko, in Washington vertritt, gilt als der »Vater der Tea Party«. Er ist ein *Libertarian*, ein Libertärer, ein Anhänger der Partei, die *big government* schon abgelehnt hat, als Sarah Palin noch Schulballkönigin in Wasilla war. Der 76-jährige Paul ist nicht sonderlich groß, ein wenig verhutzelt, fast fragil, freundlich, aber bestimmt, er wirkt wie ein altmodischer Großvater, dem man die gelegentliche Schroffheit nachsieht, weil er halt so ist. Er ist selbstverständlich für freien Waffenbesitz und er lädt seine Wähler gerne zu Barbecues ein, wo seine Frau selbst gemachte Kochbücher mit den Bildern ihrer Enkel verschenkt.

Aber Paul ist kein klassischer Konservativer. Er ist ein echter *Grassroots*-Kandidat, einer, der von unten getragen wird. Sein Wahlkampf wird im Internet organisiert und von vielen einzelnen Spendern finanziert. Viele davon sind jung, Angehörige der Army, der Navy und der Air Force sind darunter, auch Studenten. Er war von Anfang an gegen den Irakkrieg, schon deshalb, weil er glaubte, der werde die USA ruinieren. Für den Krieg machte er, der ›New York Times‹ zufolge, ein »halbes Dutzend Neokonservative, welche die amerikanische Außenpolitik gekapert haben«, verantwortlich (umgekehrt mögen die Neokonservativen den Texaner auch nicht). Paul ist gegen das Freihandelsabkommen NAFTA und die Wehrpflicht. Er tritt für die Freigabe von Marihuana ein und sogar von Heroin.

In der allerersten Präsidentschaftsdebatte in New Hampshire hielt er eine flammende Rede, dass es von wenig Vertrauen in den freien Willen zeuge, wenn man glaube, mit der Freigabe von Heroin würden nun alle zu harten Drogen greifen. »Würde ein Einziger von Ihnen Heroin nehmen, bloß weil es erlaubt wäre?«, donnerte er in den Saal (einer seiner Unterstützer war der LSD-Guru Timothy Leary). Paul hat Julian Assange, den in den USA schwer umstrittenen Gründer von Wikileaks, verteidigt, weil die Redefreiheit in Amerika Verfassungsrang hat, und er kann sich sogar mit der Schwulenehe anfreunden, solange sie nicht »Ehe« genannt wird und die Bundesstaaten zuständig sind. Er führt einen Feldzug gegen die Federal Reserve, den »Tempel der Fed«, wie er sagt, mit ihrem »Hohepriester Greenspan«, bei dem er von Barney Frank Rückendeckung bekommt, dem Linksaußen der Demokraten. Kurz, Paul hat absolut keine Chance, gewählt zu werden.

Sobald Paul die Ausstellungshalle betritt, wird er von Fans, aber auch Journalisten umringt, die ihn fragen, was er denn als Präsident tun würde. »Ich bin für eine starke Landesverteidigung, dennoch würde ich bei den Militärausgaben kürzen«, sagt er. »Aber die etablierten Parteien sind dagegen, auch die Demokraten – die sind eingeschüchtert und glauben, sie müssten beweisen, dass sie nicht schwach sind. Da müssen wir Libertäre mit den Progressiven zusammenarbeiten.« Er fügt hinzu: »Eigentlich haben wir ein Ein-Parteien-System, die Republikaner und die Demokraten sind letztlich eine einzige Partei, die alles untereinander aufteilen. Dagegen sollten sich die Amerikaner mal wehren.« Was er von Immigration hält? Er wiegt den Kopf. »Wir müssen unsere Gesetze durchsetzen und außerdem: Unsere Krankenhäuser stehen kurz vor dem Bankrott, weil sie so viele Illegale behandeln müssen.« Falsch findet er allerdings den *Senate Bill 1070*, wonach die Polizei in Arizona die Papiere von Ausländern verlangen muss. »Bald dürfen auch wir Amerikaner nicht mehr ohne Pass unterwegs sein.« Schon jetzt müsse man an jeder Ecke den Führerschein vorweisen, »das ist ja wie in einem Polizeistaat«. Und, knurrt er noch, auf seiner Sozialversicherungskarte stehe zwar, sie diene nicht zur Identifizierung: »Aber wer's glaubt, wird selig.«

Paul wuchs in Green Tree auf, einer Kleinstadt in Pennsylvania, aber schon seit 1968 lebt er mit seiner Frau Carol in Texas; sie haben fünf erwachsene Kinder. Der Lutheraner trat zu den Southern Baptists über, blieb im Herzen aber ein friedensliebender Protestant, wurde kein eifernder Southern Baptist. Seine Mutter und die Großeltern väterlicherseits stammen aus Deutschland. Woher? Er überlegt. »Mein Großvater lebte, glaube ich, in Essen – gibt es die Stadt?«

Ursprünglich wollte er Profisportler werden, studierte dann aber doch lieber Medizin. Schon damals interessierte er sich für Ökonomie, und er wurde, wie viele Konservative, von Ayn Rands Büchern beeinflusst (Alan Greenspan, der langjährige Chef der Federal Reserve, und Milton Friedman, der berühmte Ökonom aus Chicago, sind oder waren Randianer). Ayn Rand –

eigentlich Alisa Sinowjewna Rosenbaum – war eine russisch-jüdische Immigrantin und Antikommunistin. Sie schuf die Philosophie des Objektivismus, auch als »rationaler Egoismus« beschrieben, letztlich der philosophische Überbau des Laissez-faire-Kapitalismus. Ihr bekanntestes Buch ist ›Atlas Shrugged‹.

Rand war mit dem österreichischen Ökonom Ludwig von Mises befreundet, dessen Werke Paul ebenfalls beeinflussten, wie auch die von Friedrich von Hayek, gleichfalls ein Ökonom der österreichischen Schule. Mises musste als Jude vor den Nazis nach New York flüchten, während Hayek nach London und später nach Chicago ging. Hayeks bekanntestes Buch ist ›The Road to Serfdom‹, der Weg zur Knechtschaft, wo er vor Inflation und vor staatlicher Kontrolle der Wirtschaft warnt. Darin setzt er Faschismus mit Sozialismus gleich, denn beide führten in die Knechtschaft und zielten auf die Zerstörung der persönlichen Freiheit. An dem Stand von Ron Paul in Phoenix liegt ›The Road to Serfdom‹ zum Verkauf aus.

Paul ging nach dem Studium als Militärchirurg nach Vietnam, diesen Krieg bezeichnete er als »illegal« und »unnötig«, allerdings erst danach. Noch heute macht er Robert McNamara, Pentagonchef unter John F. Kennedy und Lyndon B. Johnson, dafür verantwortlich, das Schlachten ausgeweitet zu haben (nicht zu Unrecht). Was ihm damals aber auch schon Sorgen bereitete, waren die Auswirkungen des Krieges auf die amerikanische Wirtschaft. Als Richard Nixon 1971 den Dollar vom Goldpreis löste und daraufhin die Militärausgaben für den Vietnamkrieg steil anstiegen, sah er das als erstes Zeichen für den Verfall Amerikas, eben das, wovor Hayek immer gewarnt hatte.

Paul ist einer dieser ewigen Präsidentschaftskandidaten, denen es eher darum geht, seine Botschaft zu verbreiten, als zu gewinnen. Das erste Mal trat er 1988 für das Weiße Haus an, für die Libertären und gegen Ronald Reagan. Er warf Reagan vor, die Steuern erhöht zu haben. Nur eine knappe halbe Million Wähler stimmte für ihn.

1992 verzichtete er auf eine Kandidatur, stattdessen stellte er sich hinter den unabhängigen Konservativen Pat Buchanan –

ebenfalls erfolglos. 1995, nach einer »Pause von Washington«, bewarb er sich um einen Kongresssitz. Das gesamte republikanische Establishment unterstützte seinen Konkurrenten; er gewann trotzdem. Als Paul es 2008 wieder als Präsidentschaftskandidat versuchte, trat er als Republikaner an. Und obwohl er damals in der Vorwahl unterlag, will er auch diesmal wieder für die Republikaner kandidieren, weniger aus ideologischen, denn aus praktischen Gründen. »Als Libertärer hat es mich fast das halbe Kampagnengeld gekostet, auch nur auf die Wahlzettel zu gelangen, so kompliziert war das«, sagt er. »Innerhalb der Republikaner für meine Positionen zu werben, ist wesentlich einfacher.« Zumal sich die Grand Old Party (GOP), wie die Republikaner genannt werden, unter dem Druck der Tea Party politisch sowieso auf ihn zubewegt habe.

Paul wird oft vorgeworfen, er habe unrealistische Vorstellungen davon, was in den USA politisch durchsetzbar sei, aber immerhin stimmt das, was er fordert, mit dem, was er tut, überein. Er hat dagegen gestimmt, Dämme in Galveston mit föderalen Mitteln zu befestigen, gegen Geld für die NASA, obwohl viele aus seinem Wahlbezirk in Houston arbeiten, und gegen Farmsubventionen. Er hat erklärt, er wolle niemals eine Regierungspension beziehen, und er hat neben seiner Abgeordnetentätigkeit als Krankenhausarzt Babys auf die Welt gebracht. Seine privaten Investitionen legte er in Gold und Silber an, nicht in Aktien. Zwar hat er für seine Wahlkämpfe ein paar Zehntausend Dollar von der Ölindustrie, Immobilienvertretern und dem texanischen Ärzteverband erhalten, aber das Gros seines Wahlkampfes stammt tatsächlich aus individuellen Kleinspenden seiner Anhänger.

Unter den Neokonservativen aber, die versuchen, die Tea Party zu infiltrieren, ist Paul Persona non grata, schon deshalb, weil er sich dafür ausspricht, keine Militärhilfen an Israel zu zahlen. Die den Neocons nahestehende Internetpostille ›American Thinker‹ warf Paul vor, dass die rechte ›American Free Press‹ seine Artikel nachdrucke. Auch hätten sich Rechtsradikale wie David Duke, der *Grand Wizard* des Ku-Klux-Klan, sowie Hutton Gibson, der ultrakatholische Vater des Schauspielers Mel Gibson, für ihn ausgesprochen. Michael Medved, ein neokonservativer Blogger, Radiotalker, Hollywood-Kritiker und Gründer des Pacific Jewish Center in Venice Beach in Kalifornien, ist ein noch entschiedenerer Paul-Gegner. Er wirft ihm vor, dass er Freunde am ultrarechten Rand habe. Paul, so schrieb Medved, werde von Neonazis, *white supremacists* – Leute, die an die Überlegenheit der weißen Rasse glauben –, Holocaustleugnern, 9/11-Wahrheitssuchern und anderen paranoiden Verschwörungstheoretikern unterstützt. Tatsächlich bekam Paul einmal eine Spende von 500 Dollar von Don Black, dem Betreiber der rechtsextremen Website Stormfront.org, der auch zu weiteren Spenden für Paul aufrief. Paul kontert deren Anwürfe damit, dass er bei einer *Grassroots*-Kampagne keinen Einfluss darauf habe, wer für ihn spende oder zu Spenden aufrufe oder seine Artikel nachdrucke, aber wahrscheinlich ist ihm Kritik aus der neokonservativen Ecke einfach egal.

Empört sind Medved und seine Genossen auch darüber, dass Paul nahegelegt hat, für 9-11 könne die amerikanische Politik im Mittleren Osten verantwortlich sein. »Stellt euch vor, wie es euch gehen würde, wenn ihr bombardiert würdet, wenn sie euch das antäten«, hat er im Sommer 2011 bei einer Konferenz der Republikaner in New Orleans gesagt. »Wir bombardieren den Irak seit Jahren.« Er fügte hinzu: »Sie hassen uns, weil wir ihr Land besetzen, wir würden auch jeden hassen, der das tut.« Und bei einer Debatte der Tea Party im selben Jahr, die von CNN übertragen wurde, legte er – obwohl er lautstark ausgebuht wurde – noch einmal nach: Der Anschlag vom 11. September sei passiert, weil Amerika arabische Diktatoren unterstütze, Palästinenser unterdrücke und Militärbasen baue. So etwas aber ist für viele Konservative eine unerträgliche Relativierung.

Bei den Tea Partiern in Phoenix, von denen viele aus Texas kommen, ist Paul wesentlich beliebter als bei New Yorker Neocons. Am Abend tritt er als Erster im Festsaal ans Mikrofon. »Ich weiß nicht so genau, ob ich wirklich der Vater der Tea Party bin«, scherzt er. »Aber eines weiß ich, ich bin der Vater des neuen Senators von Kentucky!« Alle jubeln, sein Sohn Rand gilt als ein neuer Hoffnungsträger des rechten Flügels. Dann fängt Ron Paul an, seine Ansichten darzulegen: dass der Dollar an den Goldstandard gebunden werden müsse, dass Amerika die Notenbank auflösen und nicht mehr Weltpolizei spielen solle. »Wenn die Federal Reserve nicht inflationär Dollars drucken würde, könnten wir keine undeklarierten Kriege mehr in der ganzen Welt führen.« Er erwähnt die vielen Milliarden, die in den Irak gehen und überhaupt an den »military industrial complex«. Die derzeitige Finanzkrise sei erst der Anfang. Die Steuern würden steigen, auch die Inflation und die Arbeitslosigkeit, die bereits jetzt tatsächlich bei über zwanzig Prozent liege, mehr als das Doppelte über dem offiziellen Wert, auch die Preise für Lebensmittel und für Öl würden hochgehen. »Es wird Aufstände in der ganzen Welt geben.«

Dann redet er darüber, was der Tea Party am wichtigsten ist: Freiheit. »Wir müssen den *Patriot Act* abschaffen« – der den Überwachungsstaat zum Zweck der Terrorismusabwehr festschreibe –, »wir dürfen uns unsere Freiheit nicht scheibchenweise wegnehmen lassen. Die Regierung zerstört unsere Privatsphäre und schützt gleichzeitig ihr eigenes Recht auf Heimlichtuerei.« Paul bekommt zwar immer noch Beifall, aber deutlich weniger als am Anfang.

Nach ihm muntert Tim Pawlenty, der langjährige Gouverneur von Minnesota, der mittlerweile seine Kandidatur zurückgezogen hat, mit klassischer Tea-Party-Rhetorik die Menge wieder auf. »Seid ihr bereit, unser Land zurückzuerobern? Seid ihr bereit, gegen die herrschende Klasse aufzustehen, gegen die Regierung, gegen die Gewerkschaften, gegen big business?« Er hebt ein Heft hoch, die Verfassung der USA. »Ich erkläre es so einfach, dass es sogar ein Politiker versteht«, sagt er, als ob er keiner wäre. »Unsere Gründungsväter haben, unter der Führung von Gott, unserem Land diese heilige Verfassung gegeben, und alle unsere Probleme kommen daher, dass wir uns nicht mehr an diese Prinzipien halten.« Er schließt mit: »Amerika ist das großartigste Land der Welt.« Dann stehen alle auf und jubeln.

Nach dem Abendprogramm treffen sich die Handvoll Mittzwanziger, die auf der Konferenz sind, bei Bier, Cola, Tacos und Enchiladas in einem Tex-Mex-Restaurant. »Die Tea Party hat einen Ron-Paul-Flügel und einen Sarah-Palin-Flügel«, erklärt mir einer. »Jetzt kommt es darauf an, wer sich durchsetzt.« Die Jungs, das ist klar, gehören zu Paul. Der libertäre Paul-Flügel tritt für eine isolationistische Außenpolitik, weniger Überwachungsstaat im Inneren und keinerlei Wohlfahrt ein. Hingegen ist der Palin-Flügel, der von Evangelikalen und Neokonservativen unterstützt wird, für eine starke US-Präsenz mit Militärbasen auf der ganzen Welt und eigentlich auch für einen starken Staat im Inland, solange der sich darauf beschränkt, Einwanderung zu kontrollieren, Verbrecher zu fangen und Abtreibungen zu unterbinden.

Lonesome Cowboys und bittere Südstaatler

Die Tea Party will Obama ablösen, aber das Feld der Republikaner reicht weit über sie hinaus. Da gibt es Newt Gingrich, den langjährigen Sprecher der Republikaner im Kongress, er hat sich einen Namen als Kritiker von Bill Clintons Sexaffären gemacht, bis herauskam, dass er seine krebskranke Frau nicht nur betrogen, sondern sogar die Scheidung eingereicht hat, während sie im Krankenhaus lag. Gingrich tut so, als sei er immer schon Tea Partier gewesen, aber er ist der Washington-Insider schlechthin – er war lange der Strippenzieher der Republikaner. Ein echter Tea Partier ist hingegen Herman Cain, der mit seiner Flat Tax, einem Steuersatz von drei mal neun Prozent für alle, Freunde gewann.

Am konservativsten ist Rick Perry, der Gouverneur von Texas, der über die Familie ähnliche Ansichten hat wie Bachmann. Der ehemalige Pfadfinder und Air-Force-Pilot, der gerne zu öffentlichen Gebeten einlädt, um Dürren zu beenden, hat Gott rufen hören, er solle sich als Präsident zur Verfügung stellen. Allerdings hat er nicht nur erklärt, Texas könne die Union auch wieder verlassen, er erinnert auch zu viele Amerikaner an George

W. Bush. Was extreme Ansichten anbelangt, stellt ihn allerdings Rick Santorum in den Schatten, ein italienischstämmiger Katholik, der Pennsylvania in Washington vertrat. Santorum ist offen homophob; er verglich schwule Lebensgemeinschaften mit dem Verkehr mit Hunden, und er glaubt, der Staat habe das Recht, Homosexualität zu verbieten, da er ja auch Sodomie verbiete. Sein Großvater, so sagte er einmal, sei 1927 in die USA ausgewandert, weil Mussolini seinen Onkel gezwungen habe, im »Braunhemd« herumzulaufen (die italienischen Faschisten trugen schwarze Hemden).

Zu den Libertären zählt Gary Johnson, der frühere Gouverneur von New Mexico, der ähnliche Ansichten hat wie Ron Paul, dem aber dessen Charisma fehlt. Im Gespräch ist noch Chris Christie, der Gouverneur von New Jersey, der bei Konservativen beliebt ist, aber eigentlich ein herkömmlicher Republikaner bleibt, der sich noch nicht einmal um Tea-Party-Rhetorik bemüht. Christie sagt allerdings, er werde nicht kandidieren.

Relativ moderate Republikaner sind Jon Huntsman und Mitt Romney, beides Mormonen, Multimillionäre und erfolgreiche Geschäftsleute. Für die Tea Party sind sie aber nicht rechts genug: Huntsman war Obamas Botschafter in China; Romney ist unbeliebt, nicht nur, weil er wie frisch lackiert wirkt und einmal seinen Hund bei einem Ausflug auf dem Autodach festgebunden hat – er hat als Gouverneur von Massachusetts, ohnehin ein liberaler Staat, die gleiche Krankenversicherung eingeführt wie der viel gehasste Präsident.

Dann gibt es noch eine Reihe schillernder Medienlieblinge. Donald Trump etwa, »The Donald«, wie der Immobilienentwickler und Fernsehproduzent in New York genannt wird, eine Art Dieter Bohlen der amerikanischen Politik, der alle paar Jahre erklärt, er werde kandidieren. Oder Rudy Giuliani, der frühere New Yorker Bürgermeister, der einst seine Frau und die beiden Kinder aus der Bürgermeistervilla Gracie Mansion klagen wollte, um dort mit seiner Geliebten Mafiafilme gucken zu können, und dessen Polizeichef heute im Knast sitzt. Dazu gehört auch der Straßenmusiker Robert Burck, der »nackte Cowboy«

vom Times Square, dessen Bekleidung nur aus Cowboyhut, Unterhose und Stiefeln besteht – alles in Weiß. Links außen ist Fred Karger, ein offen schwul lebender Schauspieler und Aktivist, der auf einer Anti-Mormonen-Plattform antritt. Und ganz rechts außen, aber ebenfalls chancenlos, tummeln sich David Duke, der einst dem Ku-Klux-Klan vorstand, und Stormfront-Gründer Don Black. »Viele unserer Leute von Stormfront machen bei der Tea Party mit«, sagte er der Website ›Daily Beast‹. »Aber deren Führer stellen sich an, wenn es darum geht, bei Rassenfragen Klartext zu reden. Die Tea Party ist eine gesunde Bewegung, aber viele sind darauf dressiert, wie verschreckte Kaninchen zu rennen, sobald man sie Rassisten nennt.«

So verschieden, wie diese Präsidentschaftskandidaten sind, sind auch ihre Wählerbasis und die Staaten, in denen sie leben. »Was wir konservativ nennen, ist tatsächlich eine Sammlung von sehr unterschiedlichen Ideologien«, erklärt Nicholas Lemann, Vorstand der Columbia School of Journalism. Die größten Unterschiede gebe es zwischen den südwestlichen Staaten, Nevada, Arizona, Texas, also dem »Wilden Westen«, und dem amerikanischen Süden, dem »Vom-Winde-verweht-Land«. »Wenn die Leute im Süden sagen, wir sind gegen *big government* in Washington und für die Rechte der Bundesstaaten, dann richtet sich das gegen Nordstaatler, die den Bürgerkrieg gewonnen haben«, sagt Lemann. Die Yankees hätten den Süden gezwungen, den Schwarzen die gleichen Rechte einzuräumen; deshalb habe deren Anti-Washington-Attitüde einen rassistischen Hintergrund.

Umgekehrt seien die Afroamerikaner für ein *big federal government*. »Das war eben immer gut für sie«, sagt Lemann. Washington habe die Rüstungsfirmen im Zweiten Weltkrieg gezwungen, schwarzen Arbeitern Jobs zu geben, in den sechziger Jahren die Rassentrennung beseitigt und in den achtziger Jahren *affirmative action* eingeführt, also ethnische Minderheiten beruflich gefördert. »Viele Afroamerikaner haben Jobs bei Bundesbehörden, deshalb sind konservative Weiße im Süden, die eigentlich Medicare und Social Security etwas abgewinnen können, gegen die Bundesregierung«, erklärt der Professor. Der eher libertäre Südwesten hingegen sei grundsätzlich gegen den Wohlfahrtsstaat, den Weißen dort sei gar nicht bewusst, dass die Bundesgesetzgebung die Schwarzen vor Diskriminierung durch Arbeitgeber schütze, weil es dort kaum Schwarze gibt. Dort fühlten sich viele als *lonesome cowboys*, sie lehnten eine intellektuelle Großstadtelite ab. »Deshalb ist Sarah Palin auch in Arizona und Nevada so populär.«

Ron Paul und Gary Johnson sind typische Politiker aus dem Südwesten. Hier, von Arizona bis Oklahoma, ist das Land nur sporadisch besiedelt, von einigen wenigen Metropolen wie Dallas, Salt Lake City oder Denver abgesehen. In der Wüste sind Air-Force-Basen und militärische Testgelände wie die Area 51, Gold- und Kaliminen, Indianerreservate und ansonsten meilenweite Menschenleere. New Mexico etwa, das fast so groß ist wie die Bundesrepublik, hat nur zwei Millionen Einwohner, davon eine Million Weiße, und auch das fast gleich große Arizona hat nur sechs Millionen.

Wer hier außerhalb der Städte lebt, hat mindestens zwei Autos mit Vierradantrieb, eine Farm von der Größe dreier mitteleuropäischer Dörfer und fünf Gewehre. Das Recht, Waffen zu tragen, wird erbittert verteidigt. Nicht alle hier sind konservativ, in New Mexico, im Tal des Rio Grande, gibt es auch Hippiekommunen und Aussteigerfarmen. Aber für alle ist Washington weit weg. »Das Merkwürdige hier ist, dass gerade in Arizona viele beim Federal Government angestellt sind, beim Militär oder beim Bureau of Land Management, denn sehr viel Land ist dort bundeseigen«, sagt Lemann. »Aber trotzdem hassen sie die Regierung in Washington.«

Im Südwesten leben viele Mormonen und Katholiken (neben den Mexikanern sind auch viele Indianer katholisch, da ihre Vorfahren von den Spaniern zwangsgetauft wurden). Hingegen sind in den Südstaaten – mit der Ausnahme des französisch geprägten Louisiana und des von Exilkubanern dominierten Florida – die protestantischen Southern Baptists die dominante Religionsgemeinschaft. Hier ist der *Bible Belt*, der von Missouri über Kentucky bis nach Virginia, Georgia, Nord- und Süd-Carolina reicht. Und während der Südwesten eher weiß und hispanisch ist, leben im Süden viele Schwarze, wobei es in vielen Gemeinden de facto immer noch Rassentrennung gibt.

Einen anderen Charakter haben die Flächenstaaten des Mittleren Westens wie Iowa, Minnesota, Wisconsin, Nebraska, Kansas oder Nord- und Süd-Dakota mit den Prärien, die noch dünner besiedelt sind als der Südwesten. Hier leben außer in den Sioux-Reservaten fast nur Weiße – Deutschstämmige und Skandinavier, Lutheraner und Calvinisten. Auch der pazifische Nordwesten, der von Wyoming und Montana bis zur Küste reicht, ist konservativ und weiß – von Großstädten wie Seattle und Portland abgesehen –, er gilt als Sammelbecken von rechtsradikalen Sekten wie den Aryan Nations, die zum Teil auch germanische Götter verehren.

Eines aber haben alle Konservativen gemeinsam: Sie reden gerne von der Zeit der *Founding Fathers*, 1776 bis 1812, die sie restaurieren wollen. Doch die Ära, in die sie tatsächlich zurückwollen, sind die fünfziger Jahre, die Zeit vor Rosa Parks und Martin Luther King, vor den Studentenprotesten gegen den Vietnamkrieg, vor den Blumenkindern und den Hippies, die für freie Liebe demonstrierten, und vor der Einwanderung von Abermillionen von Mexikanern. Und manchen geht noch nicht einmal das weit genug: Gingrich forderte in einem Versuch, die Tea Party rechts zu überholen, man müsse das Rad um achtzig Jahre zurückdrehen, vor Franklin D. Roosevelts New Deal. Ob allerdings viele Amerikaner im Depressionsjahr 1931 leben wollen?

Während der Festsaal des Konferenzzentrums in Phoenix für die letzte Abendveranstaltung gefegt wird, treffen sich kleine Gruppen von Tea Partiern in den Nebenräumen zu seminarähnlichen Veranstaltungen. Es geht darum, was dieser und jener Artikel der Verfassung wirklich bedeute, wie das Internet genutzt werden könne, um möglichst viele Menschen zu erreichen; auch Joe Arpaio, der berüchtigte Sheriff von Phoenix, spricht, der Zehntausende illegale Einwanderer nach Mexiko abschieben ließ, und Russell Pearce, Arizonas Senatspräsident, die treibende Kraft hinter dem *Senate Bill 1070*, der fordert, dass Englisch die offizielle Sprache der USA wird. Beide haben viel Zulauf.

In einem der kleineren Säle tritt Yaron Brook auf, ein Israeli, der dem Ayn Rand Insitute vorsteht; auch er entschuldigt sich, wie Schweikert, erst mal für seinen fremd klingenden Namen und erklärt, dass Amerika das großartigste Land der Welt ist. Er spricht mit britischem Akzent, gibt sich aber große Mühe, den zu unterdrücken. Er ist hier, um Rands Philosophie dem doch ein wenig skeptischen Publikum zu erklären: Die Founders, die Gründer, hätten gewollt, dass Amerikaner souverän und frei seien, nach dem Spruch von Patrick Henry: »Give me liberty or give me death« – gib mir Freiheit oder den Tod –, was das Recht auf einen Arzt, einen Job, einen Mindestlohn, eine Rente oder Subventionen für Farmer ausschließe. Medicare und Social Security seien betrügerisch. Es sei am besten für die ganze Gesellschaft, wenn jeder egoistisch sei. Sich um andere zu kümmern und zu teilen, sei ebenso faschistisch wie Multikulturalismus, denn wer den vertrete, glaube nicht, dass Amerika das großartigste Land der Welt sei.

Ein Mann im Publikum fragt, ob denn Bernie Madoff sich randianisch verhalten habe, der Wall-Street-Betrüger. Nein, nein, sagt Brook, Madoff sei ja geschnappt worden und werde unglücklich enden. Ich frage, ob Dietrich Bonhoeffer, der gegen die Nazis eingetreten ist und ermordet wurde, falsch gehandelt habe. Nein, auch nicht, der habe nach seinen Grundsätzen gelebt, das habe ihn glücklich gemacht. Die nächste Frage gilt dem US-Soldaten, der im Irak stirbt. Auch damit hat Brook kein Problem, denn der Soldat sterbe zufrieden, da er einem noblen Ziel diene. Kommt es mir nur so vor, oder wird das immer so gedreht, wie es gerade passt? Eine Zuhörerin fragt danach, wie sich Ayn Rands Haltung mit christlicher Moral vereinbaren lasse. Offenbar ist ihr nicht klar, dass Rand Atheistin war, und Brook gleitet über die Frage hinweg. Am Abend ist noch mal Patriotismus gefragt. Weil die Konferenz per Video aufgezeichnet wird, müssen wir alle aufspringen, lächeln und für die Kameras laut »USA!

USA! USA!« rufen. Richtig, das großartigste Land der Welt. Fast
hätte ich es vergessen. Es klingt nun schon ein wenig gequält.

Das Schlusswort hat Dick Morris, der frühere Kampagnen-
manager von Bill Clinton und Entdecker von Sarah Palin, der
die Gelegenheit nutzt, sein Buch zu bewerben, so wie es hier
überhaupt mehr Politiker gibt, die Bücher verkaufen, als solche,
die nach Washington wollen. Morris, ein kleiner dicker New
Yorker mit einem Mundwerk wie ein Marktweib, wurde ausgerechnet von Clinton wegen seines zu anstößigen Sexuallebens
gefeuert – er war mit einer Prostituierten liiert, der er erlaubt haben soll, Telefongespräche des Präsidenten mitzuhören, zudem
soll er ein uneheliches Kind in die Welt gesetzt haben. Aber
trotzdem bekommt er von den Anhängern einer Partei, die für
Familienwerte steht, freundlichen Beifall.

Als Erstes erzählt er einen Witz, der zu ihm passt: Nachdem
Churchill abgewählt worden war, traf er in der Toilette des House of Commons seinen Nachfolger Clement Attlee und rückte
von ihm ab, weil er Angst hatte, dass sein Schwanz sozialisiert
werden könnte. Eine ähnliche Art von Sozialismus sei auch von
Obama zu erwarten; kein Wirtschaftswachstum, hohe Arbeitslosigkeit, hohe Steuern, ein Ölpreis von 200 Dollar pro Barrel,
hohe Sozialausgaben, eine wertlose Währung wie in Europa. Im
alten Europa. Obama habe die Banken lahmgelegt, und er werde noch die ganze Wirtschaft ruinieren. Dann schlägt Morris
eine neue Strategie vor, ObamaCare zu bekämpfen: Die Republikaner könnten doch die Gehälter für die Finanzbeamten
blockieren und so Washington das Geld abgraben – eine inter-
essante Idee, erst recht, da Morris bis vor Kurzem fast eine halbe
Million Dollar an Steuerschulden hatte, die noch nicht vollständig abgetragen sind.

Zuletzt wird er gefragt, mit welchen Kandidaten die Republikaner siegen können. Morris vertraut Sarah Palin und Newt
Gingrich, nicht aber Mitt Romney; allerdings hätten Gingrich
und Palin ein Problem mit ihrem Bild in den Medien. Michele
Bachmann sei großartig, auch Donald Trump. Ron Paul erwähnt er gar nicht. Obwohl der auch in Phoenix die *straw poll*

gewinnt. Ob Morris schlau genug für solche Prognosen ist? Seit er gefeuert wurde, hat er gemutmaßt, Hillary Clinton werde das Rennen um ihren Senatssitz verlieren, hat erklärt, Bush werde für seinen Einsatz beim Hurrikan Katrina belobigt werden, und er hat ein Buch geschrieben, in dem er spekulierte, ob Condoleezza Rice oder Hillary Clinton ins Weiße Haus einziehen werde.

Neben mir sitzt ein Farmer aus Arizona; seinen schiefen Zähnen kann man ansehen, dass er sich keinen Zahnarzt leisten kann. Er ist Ende dreißig und mit seinen Eltern gekommen, beide sind Rentner. Die Familie hat es nicht leicht in der Wirtschaftskrise. »Ich bin froh, dass meine Eltern wenigstens Social Security bekommen«, erzählt er. Für Dick Morris oder Eric O'Keefe, die den Sozialstaat abschaffen wollen, wäre das nur ein Taschengeld, aber trotzdem werden deren Redehonorare von Leuten wie ihm bezahlt. Die Teilnahmegebühr an der Konferenz ist nicht billig. Es ist ein Moment wie in Orwells ›Farm der Tiere‹. Übrigens, Ayn Rand gab am Ende ihres Lebens ihre Grundsätze auf: Ihre Krankenhausrechnung wurde von Medicare bezahlt.

Durch die Wüste: Die Grenze und die Immigration

El Paso, Texas, 1680 von spanischen Siedlern im Land der Apachen zur Hauptstadt von New Mexico ernannt, gehört seit anderthalb Jahrhunderten zu Amerika, wirkt aber noch immer wie eine mexikanische Stadt, schon deshalb, weil mehr als drei Viertel der Bevölkerung aus Mexiko stammen. El Paso, ein bisschen alte Pracht aus der Goldgräberzeit, mehr aber noch helle Moderne, hat Tex-Mex-Restaurants, mexikanische Straßennamen und mexikanische Ramschläden in den Seitenstraßen des Cesar Chavez Border Highway. Dort führt eine Brücke für Fußgänger, Autos, Busse und Taxis über den Rio Bravo, wie der Rio Grande in Mexiko heißt, in die Schwesterstadt Ciudad Juárez.

Juárez wurde etwa zur gleichen Zeit gegründet wie El Paso, ist drei Mal so groß, wirkt aber mit seinen Kirchen und spanischen Bürgerhäusern pittoresker. Vor der weiß getünchten Kathedrale werden Obst und Gemüse verkauft, ein *curandero*, ein mexikanischer Indianer, der Gebrechen heilt, steht dort in voller Montur und spricht mit einem alten Mann. Über die Brücke kommt und geht ein ständiger Strom von Menschen; viele laufen zu Fuß, Busse und Autos stauen sich mehrspurig zu jeder Stunde. Zehntausende Mexikaner arbeiten in El Paso, Amerikaner besuchen Verwandte in Juárez oder kaufen dort ein. Ladengeschäfte bieten billige verschreibungspflichtige Medikamente für die an, die keine Krankenversicherung haben. Aber der Trip in die Stadt, die Johnny Cash im ›Cocaine Blues‹ besang, ist gefährlich. Juárez wird von Drogenkartellen kontrolliert, von deren Einfluss auch die Polizei nicht frei ist, sodass sich Firmen lieber auf private Sicherheitsdienste verlassen.

Der Drogenkrieg hat hier schon Tausende von Opfern gefordert, täglich geschehen Raubüberfälle und *carjacking*, der gewaltsame Raub von Autos. Berüchtigt ist die Stadt auch, weil hier in den letzten Jahren Hunderte von jungen Frauen verschleppt und umgebracht wurden.

El Paso hingegen, voller Polizei und Grenztruppen, ist sicher. Von El Paso aus sind die Türme der Misión de Nuestra Señora de Guadalupe, der großen Kathedrale, zu erkennen. Aber die einzige Verbindung zwischen den Schwesterstädten sind eine Handvoll überfüllte Brücken über den Fluss und den Grenzwall hinweg, Nadelöhre, der Furcht vor Mexiko geschuldet.

Wetbacks und Pistolen

Nicht nur El Paso, die gesamte Grenze zu Mexiko ist von Kalifornien bis weit nach Texas hinein zweifach befestigt, mit einem stabilen Metallzaun, sechs Meter hoch, mit einer betonierten Straße, Flutlichtanlagen und bewaffneten Patrouillen; eine Anlage, die seltsam an die Berliner Mauer erinnert. Aber der Zaun, der auch durch Stammesgebiete verläuft, soll illegale Einwanderer draußen halten, nicht Flüchtenden den Weg versperren. Zusätzlich wurden an den Ausfallstraßen ausfahrbare Metallbarrieren installiert, um Autos vom Durchbrechen abzuhalten. Überall sind Polizeikontrollen. Trotzdem kommen immer noch Illegale aus Mexiko; oft geführt von *coyotes*, Schleppern. Manche klettern nachts über den Grenzzaun, andere verbergen sich im Kofferraum von Helfern. Sie schlagen sich in die nächste Stadt durch, quer durch Gemüsefelder, Dattelpalmenhaine oder Flusstäler, die im Sommer wenig Wasser führen. Sie übernachten unter Autos, in Scheunen und in Gartenhäusern. Jedes Jahr verdursten einige Hundert Menschen in der Wüste. Unter den Illegalen sind auch Drogenschmuggler, aber die meisten suchen einfach nur Arbeit auf den Plantagen von Kalifornien, in den Restaurantküchen von Louisiana, auf den Baustellen von New York und in anderen schlecht bezahlten Jobs. Immer mal wieder fordern Politiker, aber auch Gewerkschaftler, man solle nicht gegen die »Illegalen« vorgehen, sondern gegen deren Arbeitgeber – rechtlich wäre das sogar möglich, nur umgesetzt wird es selten.

Offiziell leben fast fünfzig Millionen Hispanics, spanisch sprechende Menschen, in den USA, ein Sechstel der Bevölkerung, aber tatsächlich dürften es mehr sein. Geschätzt wird, dass es in den USA zwischen sieben und zwanzig Millionen illegale Immigranten gibt, davon sind drei Viertel Hispanics. Sie kommen aus Guatemala, El Salvador, Kolumbien und der Dominikanischen Republik, meistenteils aber aus Mexiko. Und dieser demographische Trend wird sich noch verstärken. Lateinamerikanische Frauen bringen im Schnitt fast doppelt so viele Kinder auf die Welt wie weiße. Allein 2008 wurden 48 Prozent der Kinder in Amerika in einem Haushalt geboren, der einer ethnischen Minderheit zugerechnet wird. Dem PEW Research Center zufolge, einem Forschungsinstitut in Washington, D.C., werden um das Jahr 2050 die Nichtweißen die Mehrheit der Amerikaner stellen, und damit sind vor allem Hispanics gemeint.

Von El Paso aus führt eine einsame Bahnlinie der alten Southern Pacific Railroad nach Lordsburg, über die Grenze zu Arizona, durch Tucson, Maricopa und Yuma bis nach Los Angeles, zum Pazifischen Ozean. Ganze drei Mal pro Woche bummelt hier ein Zug entlang, der von New Orleans kommt, er teilt das Gleis mit ein paar Dutzend Güterzügen, wo bis zu hundert Wagen hinter einer Diesellok herzuckeln. Die Gleise liegen nur ein paar Meilen nördlich der Grenze. Der Zug fährt parallel zur Interstate 10, einer sechsspurigen, autobahnartigen Verbindungsstraße.

Die I-10 führt durch eine staubige Wüste, vorbei an den Bergen, wo die Silver Mountain Apache wohnen, und an dem Reservat der Chiricahua, das teils in New Mexico, teils in Arizona und in Mexiko liegt. Auf einem Abstecher nach Süden gelange ich zur Cowboystadt Tombstone. Hier lieferten sich Doc Holliday und Wyatt Earp eine legendäre Schießerei am O.K. Corral, bei der ein halbes Dutzend Revolverhelden auf offener Straße aufeinander ballerten (das Ereignis wird heute für Touristen nachgestellt). Es geht weiter zur Goldgräbersiedlung Bisbee, wo Kupfer geschürft wurde.

Kurz vor Bisbee warten drei Polizeiwagen am Straßenrand, deren Dachlichter rot und blau blinken. Mehrere Polizisten stehen davor und winken alle vorbeifahrenden Autos heraus, auch mich. Hier ist ein Checkpoint. Nach dem *Senate Bill 1070* muss die Polizei in Arizona alle, die irgendwie unamerikanisch aussehen, überprüfen, ob sie sich legal im Land aufhalten. Mehr noch: Ein Ausländer, der keine Papiere, also keinen Pass mit Visum bei sich trägt, begeht ein Verbrechen, das mehrere Wochen Knast einbringen kann. Die Polizei ist zu dieser Überprüfung sogar verpflichtet, Bürger können Polizisten, die nicht genug kontrollieren, vor Gericht bringen. Ich bin sofort als Ausländerin zu erkennen: Aufkleber der Mietwagenfirma am Kofferraum, ein Stapel aufgeblätterte Straßenkarten auf dem Beifahrersitz, davon ein Teil in Deutsch, gepackte Reisetasche auf dem Rücksitz, deutscher Akzent, außerdem bin ich zu schnell gefahren. Einer der Polizisten wirft einen sekundenkurzen Blick in mein Auto und winkt mich dann weiter, ohne auch nur nach meinem Führerschein zu fragen.

Südwestlich von Bisbee, kurz vor der Grenze, liegt Hereford, ein Kaff in der Wüste. Hier hat im April 2010 Thomas Kelley, ein weißer Farmer, seinen Nachbarn Juan Daniel Varela getötet. Die beiden waren in Streit über den *Senate Bill 1070* geraten, der damals noch im Senat debattiert wurde. Schließlich hatte Kelley eine 44er Magnum gezogen, gebrüllt: »Du wetback« – nasser Rücken, ein Schimpfwort für Mexikaner –, »geh doch dahin zurück, von wo du gekommen bist.« Dann schoss er. Varela kam aus Phoenix, Arizona. Er hinterließ eine Frau und eine 13-jährige Tochter.

Das ist ein extremer Fall, doch haben *hate groups*, die gegen Immigranten und ethnische Minderheiten hetzen, immens zugenommen, sagt Mark Potok vom Southern Poverty Law Center in Alabama. Das Center hat zuletzt 2145 solcher Gruppen gezählt, mit zusammen einer Viertelmillion Mitglieder, drei Mal so viel wie im Jahr 2000. Alleine seit der Wahl von Barack Obama habe sich deren Zahl mehr als verdoppelt. Und ihre Feindbilder hätten sich verändert, sagt Potok. »In den sechziger Jahren, als die Bürgerrechtsbewegung für die Abschaffung der Rassentrennung kämpfte, wandten sich *hate groups* gegen Schwarze, Juden und Schwule.« Heute würden sie mexikanische Immigranten als faul, drogensüchtig und gefährlich beschimpfen, das aber vor allem aus taktischen Gründen. »Offen rassistisch oder antisemitisch zu sein, ist heutzutage nicht mehr opportun, aber drei Viertel der Amerikaner sind gegen Immigration, auch wegen der anhaltenden Arbeitslosigkeit«, sagt Potok. »Deshalb glauben Neonazis, dass sie mit dieser Botschaft die Massen hinter sich bringen können.«

Wenige Monate nach der Bluttat, im Sommer 2010, kam Russell Pearce, der Präsident des Senats von Arizona, zusammen mit Joe Arpaio, dem Sheriff von Phoenix und Maricopa County, nach Hereford. Arpaio ist knorrig und gedrungen, der fast 80-Jährige wird der »schärfste Sheriff von Amerika« genannt. Routinemäßig organisiert er Schleppnetzfahndungen in Vierteln, wo Latinos und Indianer wohnen. Rund 15 000 Illegale lässt er jedes Jahr festnehmen, und er behandelt Gefangene ausgesucht schlecht: Er lässt sie angekettet in Zelten in der glühenden Wüste hausen, und es kommt vor, dass Gefangene sterben, weil sie keine ärztliche Hilfe erhalten, wie etwa Deborah Braillard, eine Diabetikerin, die kein Insulin bekam.

Arpaio und Pearce, die beide der Tea Party nahestehen, sprechen vor ein paar Hundert bewaffneten Tea-Party-Anhängern, die fordern, dass Washington mehr für die Grenzsicherheit tun müsse. Mit dem Grenzzaun ist die Zahl der Illegalen, die im Grenzgebiet festgenommen werden, zwar deutlich gesunken; auf eine knappe halbe Million, schätzt die ›Los Angeles Times‹. Aber viele Amerikaner, vor allem in Arizona, glauben, dass immer noch viel zu viele durchkommen. Die Illegalen graben sich nun unter dem Zaun durch oder sie warten, bis keine Patrouille da ist, und legen eine Leiter an. Arpaio bestärkt die Farmer. Die US-Grenztruppen müssten rechtlich in der Lage sein, Illegale bereits auf mexikanischem Gebiet abzufangen, sagt er. »Wenn hier TV-Kameras wären, dann würde ich selber über den Zaun klettern, nur um zu zeigen, wie einfach es ist.« Der Sheriff, der aus Massachusetts stammt, wurde schon fünf Mal wiedergewählt. Er lässt sich nicht von der Presse beeindrucken oder davon, dass das Justizministerium gegen ihn wegen *racial profiling* ermittelt, der Verfolgung von Verdächtigen aufgrund ethnischer Merkmale. »Ihr seid das Volk, gebt nicht auf«, donnert er. »Ihr kämpft für das großartigste Land der Welt. Die ganze Welt muss erfahren, was südlich der Grenze passiert! Sendet eine Nachricht an das Weiße Haus, damit die aufwachen!« Arpaio ist wichtig: Alle Politiker der Tea Party, allen voran Bachmann, aber auch Perry und sogar Romney, suchen seine Unterstützung.

Noch entschiedener gegen Immigranten eingestellt ist Pearce, der auch die Unterstützung der Waffenlobby NRA, National Rifle Association, hat. Es wurmt ihn, dass Washington mit allen Rechtsmitteln versucht, den *Senate Bill 1070* zu Fall zu bringen. Ein Teil davon wurde vom Supreme Court, dem Obersten Gericht der USA, bereits kassiert. »Mit Obama hat sich das erste Mal ein Präsident mit einem ausländischen Regime verbündet, um seine eigenen Bürger zu verklagen«, meinte Pearce auf der Tea Party Conference in Phoenix. Seiner Meinung nach verhalten sich die Gegner des *Senate Bill 1070* ungesetzlich, indem sie *sanctuary cities* schaffen, wo Illegale geduldet werden. Aber er werde denen nicht nachgeben, die billige Arbeitskräfte und Stimmvieh wollten. »Wir werden den *Senate Bill 1070* durchsetzen«, sagt er. »Wir lassen niemanden aus dem Gefängnis frei, bevor wir nicht wissen, ob es sich um einen Staatsbürger handelt. Wir sind das großzügigste Land der Welt, aber so kann es nicht weitergehen. Wir geben jedes Jahr Milliarden für Medicare und Medicaid für illegale Ausländer aus, dazu kommen die Kosten für die Gefängnisse, die Polizei, die Grenze.« Und das Dramatischste sei die Kriminalität. »Jedes Jahr werden 9000 Amerikaner von illegalen Ausländern umgebracht, was muss noch passieren, damit wir aufwachen?«

Die Mordrate in den USA liegt bei etwa 16 000 Fällen pro Jahr, sodass die Zahl von 9000 Morden alleine durch Illegale unwahrscheinlich ist. Aber Pearce trifft einen Nerv. Die Position der Tea Party in der Immigrationspolitik ist mehrheitsfähig. Nach einer Umfrage des TV-Senders CBS fanden 57 Prozent der Amerikaner den *Senate Bill 1070* in Arizona richtig, 17 Prozent meinten sogar, das Gesetz gehe nicht weit genug. Pearce und Arpaio werden von Organisationen wie FAIR (Federation for American Immigration Reform) unterstützt, einem Verein, der Immigration, auch legale, radikal einschränken will. Allein FAIR hat 250 000 Mitglieder in den USA. Und so ist es nicht überraschend, dass inzwischen auch andere Bundesstaaten Gesetze erlassen haben, die noch strenger sind als die von Arizona, darunter Utah, Indiana, Florida, Alabama und Georgia. In Georgia und Alabama müssen Lehrer nun prüfen, ob Schüler legal in den USA sind; nun gehen dort manche Kinder gar nicht mehr zur Schule, Amerikaner machen sich strafbar, wenn sie einen Illegalen beschäftigen, ihm eine Wohnung vermieten oder ihn auch nur mit dem Auto irgendwohin fahren. Das gilt selbst dann, wenn es sich um einen Verwandten oder Ehepartner handelt. Dabei fährt die Obama-Regierung eine viel härtere Linie gegen Immigranten, als es die Tea-Party-Rhetorik vermuten lässt: Die Bundesregierung lässt jedes Jahr eine halbe Million illegale und kriminelle Immigranten abschieben.

Die I-10 führt weiter nach Tucson, der zweitgrößten Stadt von Arizona. Hier, auf dem Parkplatz eines Supermarktes, überlebte Anfang 2011 die demokratische Abgeordnete Gabrielle Giffords einen Anschlag nur knapp, sechs Menschen kamen dabei ums Leben, darunter ein Kind. Was den Mörder, den 22-jährigen Studenten Jared Lee Loughner, getrieben hat, weiß bis heute keiner. Man nimmt an, er sei psychisch verwirrt gewesen. Loughner las das ›Kommunistische Manifest‹ sowie Bücher von Ayn Rand, und er fürchtete, dass die *New World Order* bevorstehe, eine totalitäre Weltregierung mit einer globalen Weltwährung. Loughner glaubte aber auch, dass die US-Regierung hinter dem Anschlag auf das World Trade Center stecke und dass die NASA die Mondlandung inszeniert habe. Er beschuldigte sein College, die amerikanische Verfassung zu verletzen, und er forderte, dass der Dollar wieder an die Goldreserven gekoppelt werden solle. Kurz, er vertrat ein wirres Gemisch aus rechts- und linksradikalen Verschwörungstheorien. Für Amerikas Liberale war der Anschlag auf Giffords ein Fanal. Nicht nur hatte

Loughner, trotz einer Drogenvorgeschichte, eine halbautomatische Pistole bei Wal-Mart kaufen können; Sarah Palin hatte zudem zuvor eine Karte veröffentlicht, auf der demokratische Politiker im Fadenkreuz zu sehen waren, darunter auch Gabby Giffords – versehen mit dem Kommentar: »Gib nicht nach, lade nach.« Nach dem Anschlag postete Palin Beileidsbekundungen auf ihrer Facebook-Seite. Ihre Sympathisanten erklärten, es habe sich nicht um Fadenkreuze gehandelt, sondern um Markierungen von Landvermessern. Und: Loughner sei ein Linker.

Bei Casa Grande biege ich südlich auf die I-8 ab, die deutlich weniger befahren ist als die I-10. Ein paar Lastwagen, ab und zu ein Auto. Schilder warnen, das Tempolimit von 75 Meilen pro Stunde einzuhalten, denn das werde vom Polizeihubschrauber aus überwacht. Die I-8, deren Mittelstreifen mehrere Hundert Meter breit ist, führt am Stammesland der Tohono O'odham vorbei und an Naturparks. Auch bei der nächsten Polizeikontrolle am Gila River werde ich wieder durchgewunken. Mein Auto nähert sich Yuma, der letzten Stadt in Arizona vor der Grenze zu Kalifornien, die am Colorado River liegt, der hundert Meilen weiter südlich in den Golf von Kalifornien mündet. Yuma ist eine saubere, aufgeräumte Kleinstadt in rosa Granit, mit weiß gekalkten Fassaden, gepflegten Gehsteigen und ein paar Palmen, die in der Mittagshitze gewässert werden. Die Hauptstraße führt durch die *Historic Downtown*. Hier liegen zwei Saloons, ein Kasino, ein Kino, das auch als Kulturzentrum dient, ein paar Läden, deren Angebot von Antiquitäten nahtlos zu Ramsch übergeht, ein Stand mit Power-Fruchtshakes und ein *diner*. Eine Ecke weiter gibt es ein bayrisches Restaurant, weiß und blau beflaggt, mit Schweinebraten und Semmelknödeln, neben einer irischen Bar. San Luis Río Colorado, die mexikanische Grenzstadt, ist nur wenige Meilen entfernt.

Yumas größte Arbeitgeber sind die US Army, die eine Air-Force-Basis für die *marines* mit einem Waffentestgelände unterhält, und die Gefängnisse. Yuma hat das älteste Gefängnis des »Wilden Westens«, das Yuma Territorial Prison von 1879, heute ein Museum. Das eigentliche, moderne Gefängnis ist der Arizona

State Prison Complex, eine befestigte, fensterlose Zementburg, vor der Polizisten mit der MP im Anschlag Wache stehen. Hier sind mehrere Tausend Gefangene untergebracht, darunter auch viele illegale Einwanderer, die auf die Abschiebung nach Mexiko warten. Dass Arizona die Front im Kampf gegen die Immigration bildet, ist kein Zufall. Arizona ist ein »Wildwest-Staat«, zu dessen Legenden Cowboys, Sheriffs und Outlaws zählen, die gegen die Apachen gekämpft haben. Von hier stammt auch der Vater der Konservativen, auf den sich die Tea Party – allen voran Pearce – beruft: Barry Goldwater, Airforce-Pilot, General der National-garde und langjähriger Senator aus Phoenix, der im Senat zum Vorsitzenden des Intelligence Committee und des Armed Ser-vices Committee sowie zum Elder Statesman aufstieg. Goldwa-ter war in den fünfziger Jahren Verbündeter des berüchtigten Kommunistenjägers Joseph McCarthy. Er kämpfte gegen die Ge-werkschaften, den Sozialstaat und Franklin D. Roosevelts New Deal, der Amerika aus der Großen Depression geholfen hat. Er setzte sogar durch, den Roosevelt Lake, einen Stausee am Gila River, in Theodore Roosevelt Lake umzubenennen, damit die Namensgebung nicht als Ehre für den ungeliebten Weltkriegs-präsidenten missverstanden werden konnte.

In den sechziger Jahren kandidierte Goldwater gegen Lyndon B. Johnson, den demokratischen Präsidenten und Amtsinhaber. Ayn Rand unterstützte ihn. Er verlor, aber sein Einfluss prägt die GOP bis heute. »Goldwater hat die Republikaner von einer Par-tei für Ostküsteneliten zur Geburtsstätte für die Wahl von Ro-nald Reagan umgeformt«, meinte sein Nachfolger John McCain. In der Tradition steht heute das Goldwater Institute in Phoenix, das für das Recht auf Privateigentum, niedrige Steuern und eine möglichst große Regierungsferne eintritt. Das Institut hat einen Etat von zwei Millionen Dollar, der von Sponsoren kommt, dar-unter der Grundbesitzerverein von Arizona und die Stiftung des Milliardärs Charles G. Koch.

In der Original Constitution, zu der die Tea Party zurückwill, steht aber kein Wort von einer Begrenzung der Einwanderung, sondern nur, dass sie ermöglicht werden soll. In Artikel 1, Sektion 8, heißt es, der Kongress der USA solle die Macht haben, ein *uniform rule of naturalization* zu etablieren, ein Gesetz, wie die Staatsbürgerschaft erlangt werden kann. An eine Begrenzung dachte damals niemand – das Land wollte Leute anlocken. Und wer sich die Geschichte der Immigration ansieht, wird feststellen, dass die Debatten und Befürchtungen, die heute aufkommen, sich im Lauf der Geschichte bereits mehrmals wiederholt haben.

Einwanderung und Integration: Wie Amerika immer weißer wurde

Das erste Immigrationsgesetz der USA wurde 1790 verabschiedet, 14 Jahre nach der Staatsgründung, als die USA noch aus den 13 ursprünglichen Kolonien in Neuengland und dem alten Süden bestanden. Es gab jeder »free white person of good character«, die sich zwei Jahre in den USA aufgehalten hatte, die Staatsbürgerschaft. Lange blieb es dabei, dass nur Weiße Amerikaner werden durften, das aber war damals einfach und unkompliziert. 1803, als die USA von Frankreich die Ländereien am Mississippi im *Louisiana Purchase* erwarben, bis hinauf zu den Großen Seen, bekam jeder Weiße, der dort lebte, die Staatsbürgerschaft. 1819 wurde Florida annektiert und in drei langen Kriegen die Seminole-Indianer vertrieben, auch das geschah, um Platz für Weiße zu schaffen. Und 1848, als die USA nach dem Mexikanisch-Amerikanischen Krieg den Südwesten von Texas bis Kalifornien annektierten, bekamen alle Weißen (allerdings auch hellhäutige Mexikaner) sofort die Staatsbürgerschaft, Indianer und Schwarze aber nicht. Denen wurde erst 1868 mit dem *14th Amendment*, also dem 14. Zusatzartikel zur Verfassung, die Staatsbürgerschaft zugestanden; und Indianer erhielten die vollen Bürgerrechte erst nach und nach im 20. Jahrhundert.

1875 wurde das erste Gesetz erlassen, das die Immigration einschränkte, der *Page Act*, der sich gegen Chinesen richtete. Damals waren Hunderttausende Chinesen ins Land gekommen, um die Eisenbahnlinien quer durch den Kontinent zu bauen, ihnen wurde die Staatsbürgerschaft verwehrt und die weitere Zuwanderung verhindert. 1882 wurde Chinesen im *Chinese Exclusion Act* unter Androhung der Deportation die Zuwanderung verboten.

Während die USA an Größe und Einwohnern zunahmen, wurden sie immer weißer. 1776 hatte es 2,5 Millionen Amerikaner gegeben, davon waren rund zwanzig Prozent versklavte Schwarze. Der größte Teil des Kontinents war jedoch von Indianern bewohnt – man rechnet mit bis zu zwanzig Millionen. Knapp hundert Jahre später, nachdem der Norden den Bürgerkrieg gewonnen hatte, waren nur noch der Südwesten und die Prärien Indianerland. Es gab 35 Millionen Amerikaner, davon waren 4,4 Prozent schwarz. Viele Europäer waren zugewandert, obwohl es mühsam und gefährlich war, auf einem Segelschiff den Atlantik zu überqueren. Aber das änderte sich rapide um das Jahr 1880 herum, als die Hochsee-Dampfschifffahrt aufkam. Nun waren es jedes Jahr Millionen. Alleine 1892, als Ellis Island, die Insel vor New York, zum Sammelplatz für Einwanderer erklärt wurde, landeten zwölf Millionen weiße Immigranten in den USA an. Jeder von ihnen bekam nach einer Gesundheitsprüfung die Staatsbürgerschaft und dabei meist auch einen englischen Namen. Allerdings wurden rund 200 000 Neuankömmlinge wieder zurück nach Europa gesandt, weil sie nicht fit genug waren, 3000 starben in dem Inselhospital.

Das Land wurde nicht nur immer weißer, auch immer mehr Einwanderer schafften es, als weiß zu gelten. Amerika ist nicht durch Klassen-, sondern durch Rassenzugehörigkeit definiert, schreibt Nell Irvin Painter in ihrem Buch ›The History of White People‹. Dieses Leitmotiv gehe auf Thomas Jefferson, einen der Gründerväter, zurück. Jefferson glaubte, dass nur protestantische Angelsachsen, Engländer also, zur »weißen nordischen Herrenrasse« gehörten, die Amerika regieren sollte, nicht aber andere Europäer, vor allem Deutsche. Er wollte sogar Hengist und Horsa in das Siegel der USA aufnehmen, die angelsächsischen Urväter, die um 500 vor Christus aus dem heutigen Niedersachsen nach England gekommen waren. Deutschen wurde damals von anglophilen Amerikanern unterstellt, sie seien keine richtigen Teutonen, sondern hätten »keltisches Blut«. Kelten galten als dunkle, kleinwüchsige, minderwertige Menschen, anders als die großen, blonden, blauäugigen Angelsachsen. Engländer sahen nur die Skandinavier als gleichwertig.

Wesentlich mehr aber als die Deutschen wurden die Iren diskriminiert, die lange brauchten, um als weiß zu gelten. Und irische Einwanderer gab es viele. 1850, auf dem Höhepunkt der Hungersnot in Irland, der eine Million Menschen zum Opfer fielen, gab es in Amerika fast eine Million irische Immigranten, weitere Millionen sollten kommen. Die »Nativisten«, die englischstämmigen Amerikaner, warfen den Iren vor, sie überschwemmten das Land mit ihren vielen Kindern und drückten die Löhne, anglophile Zeitungen beschimpften Iren als faule Trunkenbolde, »Gewürm«, »Ungeziefer«, »Kriminelle aus den Armenhäusern Europas« und spotteten über die »Black Irish«. Dabei brachen auch hier uralte Rivalitäten zwischen Angelsachsen und Kelten durch, meint Painter. Irischen Katholiken wurde unterstellt, dass sie dem Papst gehorchten und nicht dem Präsidenten der USA. In Massachusetts wurden Iren gezwungen, Steuern an protestantische Kirchen zu zahlen. In Philadelphia brannte ein antikatholischer Mob Kirchen nieder. In anderen Städten wurden irische Priester gelyncht. Mehrere Staaten wollten Gesetze erlassen, die Naturalisierung von Iren einzuschränken. Besser erging es den Scotch-Irish, protestantischen Iren aus Ulster, dem heutigen Nordirland, die ebenfalls in Massen kamen. Ursprünglich stammten sie aus Schottland und waren in vorausgegangenen Jahrhunderten in die Gegend um Belfast eingewandert. In den frühen Jahren Amerikas waren die Scotch-Irish eine der größten Immigrantengruppen und das Rückgrat der Armee.

In der amerikanischen Einwanderungspolitik gab es immer zwei Strömungen: Volksvertreter, die eine rasche, bruchlose Assimilierung an die dominante angloamerikanische Kultur forderten – das waren in der Regel englische, deutsche und skandinavische Protestanten –, und Politiker, welche die Partikularin-

teressen neuerer ethnischer Gruppen gegen »die da oben« verteidigten. Dazu zählen irische Parteibosse in Boston, dem »Dub-
lin Amerikas«, italienische Politiker in Chicago, die Allianzen
mit Griechen und Polen schmiedeten, und jüdische Gewerk-
schaftsführer in New York, die Mitglieder unter russischen und
polnischen Juden rekrutierten.

Die Integration der Iren, Italiener und anderer neuerer Zuwanderer kam mit dem Bürgerkrieg von 1861 einen gewaltigen
Schritt voran. Die Armee der Nordstaaten, der Union, bestand
zum Großteil aus Immigranten in deutschen, irischen, schotti-
schen und italienischen Bataillonen, während sich die Südstaaten als die »richtigen« Amerikaner verstanden und sich über die
Nordarmee aus »Söldnern und Farbigen« mokierten, so Painter. Aber der Norden gewann. »Die Union sah ihren Sieg auch
als einen Multikultisieg über die Nativisten«, meint Painter. Und
die Iren galten von da an als weiß.

Viele Deutsche, die größte Einwanderergruppe überhaupt,
ließen sich schon zuvor im German Triangle nieder, im ländlichen Mittleren Westen zwischen Cincinnati, St. Louis und Milwaukee, wo sie billig Farmland erwerben konnten. Etliche von
ihnen stiegen sozial auf, wie Carl Schurz, der es zum Senator
brachte, General Friedrich Wilhelm von Steuben, der Bierbrauer Adolphus Busch, der Ingenieur Johann August Roebling und
Familien wie die Astors und die Rockefellers. Vereinzelte anti-
deutsche Strömungen kamen nur kurz nach 1848 auf, als viele
Deutsche nach der gescheiterten Märzrevolution nach Amerika
flüchteten. Ihnen wurde unterstellt, sie seien Anarchisten.

Als Theodore Roosevelt 1901 Präsident wurde, griff er den
Gedanken Jeffersons wieder auf, dass Amerika nicht durch Klas-
sen, sondern durch Rassen geprägt sei, so Painter. Für Roosevelt
waren inzwischen nicht nur Engländer, sondern auch Deutsche,
Schotten, Skandinavier und sogar Iren »richtige« weiße Amerikaner. Das neue Feindbild waren nun die Einwanderer, die am
Ende des 19. Jahrhunderts aus Süd- und Osteuropa gekommen
waren, vornehmlich Polen, Sizilianer, Ungarn, Serben und vor
allem russische Juden. Das Misstrauen wuchs, als 1905 siziliani-

sche und jüdische Immigranten die Gewerkschaft der Industrial Workers of the World gründeten, die »Wobblies«, die auch Arbeiter aufnahmen, die nicht Englisch sprachen und die italienische und jiddische Zeitungen herausgaben. Deren klassenkämpferischer Ton wirkte fremd und antiamerikanisch in einem Land, dessen politischer Diskurs sich vor allem darum drehte, die Interessen verschiedener ethnischer Gruppen auszugleichen. Dass die Wobblies, zunehmend erfolgreich, zu Streiks aufriefen, machte ihnen noch weniger Freunde. Es kam vor, dass Wobblies verprügelt und gelyncht wurden.

Diese Konflikte verschärften sich mit dem Eintritt der USA in den Ersten Weltkrieg, als streikende Arbeiter als Verräter galten. Zeitungen forderten, Einwanderer müssten »hundertprozentige Amerikaner« sein, was hieß: weiß und Englisch sprechend. Es gab Hearings im Senat gegen anarchistische und bolschewistische Umtriebe, wo russischen Juden vorgeworfen wurde, hinter der kommunistischen Revolution zu stecken. Dies gipfelte in Razzien, den nach dem damaligen Generalstaatsanwalt benannten *Palmer Raids* von 1919 und 1920, als Tausende von Sozialisten und Anarchisten eingesperrt und Hunderte deportiert wurden. Darunter war Emma Goldman, die vorbestraft war, weil sie zum Widerstand gegen die Wehrpflicht aufgerufen hatte, außerdem hatte sie Material zur Empfängnisverhütung verteilt. Eines der prägenden Ereignisse dieser Zeit ist das umstrittene Todesurteil gegen die beiden italienischen Anarchisten Nicola Sacco und Bartolomeo Vanzetti.

Auch deutschstämmige Amerikaner fanden sich plötzlich im Fadenkreuz, als Amerika mit dem Eintritt in den Ersten Weltkrieg von einer antideutschen Welle erfasst wurde. In Iowa wurde die deutsche Sprache verboten, in Ohio wurden deutsche Schulen geschlossen. Das Städtchen »Berlin« in Michigan wurde in »Marne« umbenannt. Deutsche Straßennamen wurden anglisiert und statt »Sauerkraut« hieß es nun »liberty cabbage«. Wagner wurde nicht mehr gespielt, deutsche Zeitungen, deutschsprachige Gottesdienste wurden verboten, ja sogar deutsches Bier. Rund 6000 deutsche und österreichische Immigranten wurden als »Spione« inhaftiert, einige davon zum Tode verurteilt oder auch gelyncht. Alleine in Montana erhielten 75 deutsche Immigranten teils lebenslängliche Haftstrafen, weil sie sich gegen den Kriegseintritt der USA ausgesprochen hatten. Viele anglisierten nun ihre Namen und behaupteten, Iren zu sein. Gleichzeitig wurde den Deutschen von den amerikanischen Eugenikern, deren Pseudowissenschaft damals auf ihrem Höhepunkt war, ihre »Weißheit« abgesprochen. »Deutsches Blut wurde von ›größtenteils nordisch‹ auf ›mehrheitlich alpin‹ herabgestuft«, erklärt Painter.

Die Hysterie legte sich nach dem Krieg. Die Feindseligkeit der Nativisten richtete sich nun wieder gegen Immigranten aus Süd- und Osteuropa. Denn diese stellten mittlerweile die Mehrheit. Jedes Jahr landeten Hunderttausende von russischen Juden in Ellis Island an, die vor den Pogromen geflohen waren, dazu Hunderttausende aus Polen, aus Sizilien, vom Balkan, aber auch aus Südasien, vor allem den Philippinen. 1920 gab es schon mehr als hundert Millionen Amerikaner, und es mehrten sich die Stimmen, die Immigration von Nicht-so-richtig-Weißen nun endlich zu unterbinden. Unter dem Druck von Wählern, die sich über einen nicht enden wollenden Strom »Krankheitskeime tragender Krimineller« beschwerten, schränkte der Kongress 1924 mit dem *Johnson-Reed-Act* erstmals die Einwanderung massiv ein.

Nach einem komplizierten System wurden Quoten erlassen, welche Einwanderer kommen durften. Engländer und Skandinavier, Iren und Deutsche waren willkommen, in wesentlich geringerem Maße galt das für Italiener, Slawen und Juden. Asiaten wurde die Immigration gänzlich untersagt. Das hatte Folgen. Waren bis 1924 noch 200 000 Italiener im Jahr ins Land gekommen, wurden danach nur noch knapp 4000 jährlich eingelassen, gut 2000 Russen und allenfalls ein paar Tausend Juden. Die höchste Quote hatten die Deutschen mit etwas mehr als 50 000 Zuwanderern. Erstmals fing die Polizei auch an, Illegale aufzugreifen und abzuschieben – das hatte es bisher nur gegeben, wenn diese straffällig oder politisch auffällig geworden waren. Damals wurde auch der Begriff »Immigrant« erstmalig rechtlich definiert und von dem des Ausländers abgegrenzt, der sich nur temporär in den USA aufhält.

Nach dem Schwarzen Freitag von 1929 und der Weltwirtschaftskrise sank die Bereitschaft, Immigranten aufzunehmen, noch weiter. Und ab Ende 1941, als die USA in den Zweiten Weltkrieg eingetreten waren, wurden die Schotten vollständig dicht gemacht; Immigranten aus Japan, Deutschland und Italien wurden sogar interniert. Alleine in Ellis Island waren mehr als 7000 *enemy aliens* eingesperrt. Spannungen zwischen englisch- und deutschstämmigen Amerikanern flackerten wieder auf, als anglophile Journalisten Stimmung gegen Deutschland machten, wenngleich bei Weitem nicht so dramatisch wie im Ersten Weltkrieg.

Der Zweite Weltkrieg schuf in den USA einen Assimilationsdruck, der genauso stark war wie der durch den Bürgerkrieg. Da mit dem Kriegseintritt Amerikas Millionen von Amerikanern den Wohnort wechseln mussten – zu einer Militärbasis oder zu einer Fabrik, wo sie gebraucht wurden –, gab es immer mehr Ehen zwischen Immigranten verschiedener Herkunft. Der Militärdienst sorgte ebenfalls für Integration, allerdings nur unter Weißen – noch waren die Bataillone in schwarze und weiße Soldaten segregiert.

Erst nach dem Krieg öffnete Amerika, das nunmehr 132 Millionen Einwohner hatte, die Tore wieder. 1946 wurde die Green Card eingeführt, ergänzt durch Arbeitsvisa. Soldaten wurde erlaubt, ihre Kriegsbräute aus England und Frankreich mitzubringen. Deutschen, auch deutschen Juden, wurde es ab 1951 wieder gestattet, in die USA zu reisen. Nun kamen viele Flüchtlinge aus dem Osten, Donauschwaben, Schlesier und Sudetendeutsche, auch Balten, Ukrainer und Ungarn. Mit dem *McCarran-Walter-Act* von 1952 wurde die Immigration für Osteuropäer jedoch wieder eingeschränkt, allerdings nicht für die, die vor den Russen geflohen waren, sondern für Kommunisten. Damals hatte eine antikommunistische Welle das ganze Land erfasst, der Kalte Krieg gegen die Sowjets, die gerade noch Verbündete gewesen waren, hatte begonnen. Der *McCarran-Walter-Act* wurde nun benutzt, um missliebige Intellektuelle fernzuhalten, darunter Gabriel García Márquez, Dario Fo, Graham Greene und Doris Lessing.

Erst mit der Bürgerrechtsbewegung setzte die »dritte Welle« der »Weißwerdung« Amerikas ein, wie Painter es nennt: Italiener, Polen und Juden erklagten sich in den fünfziger und sechziger Jahren Zutritt zu weißen Country Clubs, auch das Wohnrecht in besseren Apartmenthäusern. Mit John F. Kennedy wurde erstmals ein irischer Katholik Präsident.

Heute sind es andere Einwanderer, die sich noch keine »weiße Identität« erkämpft haben: Zuwanderer aus dem Mittleren Osten – Türken, Pakistanis und Araber, ausgenommen die Israelis – und eben die Hispanics: Südamerikaner und Mexikaner. Die werden im U.S. Census, der regelmäßig stattfindenden Volkszählung, bis heute als »nicht-weiß« eingestuft, unabhängig davon, ob es sich um mexikanische Nachkommen von aztekischen Indios oder um blonde Chilenen mit deutschen Vorfahren handelt. Und Hispanics kommen viele. Etwa eine Million Mexikaner pro Jahr gelangt ganz legal über den Familiennachzug in die USA. Andere erhalten die Staatsbürgerschaft mithilfe der sogenannten *anchor babies*. Nach dem 1868 verabschiedeten 14. Verfassungszusatz ist jeder, der in den USA geboren wurde, Amerikaner, auch die Kinder von Illegalen. Das ist das *birthright citizenship*. Und wenn diese *anchor babies* achtzehn Jahre alt sind, können sie die Staatsbürgerschaft für ihre Eltern, Geschwister und Großeltern beantragen. Nach einer Studie des Pew Hispanic Center gab es im Jahr 2008 etwa 340 000 solcher *anchor babies*; die Tendenz ist steigend.

Die Tea Party und die Immigration

Die Tea Party ist dagegen, dass solche *anchor babies* die Staatsbürgerschaft bekommen. Arizonas Senatspräsident Russell Pearce glaubt, das *birthright citizenship* verstoße gegen den Geist der Verfassung. Er argumentiert, dass der 14. Verfassungszusatz nichts mit Immigration zu tun habe. Damals sei es darum gegangen, den Nachkommen schwarzer Sklaven die Staatsbürgerschaft zu geben, und nicht etwa, die Einwanderung zu erleichtern. Der 14. Zusatzartikel galt bis 1923 nicht einmal für Indianer. Deshalb, so Pearce, verpflichte er die USA nicht, Kinder von Illegalen zu Staatsbürgern zu machen. Manche Tea Partier fordern gar, *anchor babies* mitsamt ihren Familien abzuschieben.

Theoretisch haben Politiker wie Pearce zwar recht, tatsächlich aber hatten die Verfassungsgeber nur deshalb die Einwanderer nicht im Auge, weil das in den Zeiten der *Founding Fathers* überhaupt nicht zur Debatte stand. Damals war ja jeder Weiße, der aus Europa anlandete, automatisch Amerikaner, und jedes weiße Kind, das in Amerika geboren wurde, sowieso. Wenn Pearce also wirklich zu den Gründungsvätern zurückwollte, gäbe es nur noch weiße *anchor babies*. Das traut sich heute nicht einmal die Tea Party zu fordern, und verfassungsrechtlich hätte das ohnehin keinen Bestand.

Mit seinen Einwänden gegen das *birthright citizenship* steht Pearce allerdings nicht alleine da. Mehr als ein Dutzend Staaten erwägen inzwischen Gesetze, dieses abzuschaffen; dazu gehören Alabama, Delaware, Idaho, Indiana, Kansas, Michigan, Mississippi, Montana, Nebraska, New Hampshire, Oklahoma, Pennsylvania, Texas und Utah. Sie wollen die Staatsbürgerschaft daran knüpfen, dass mindestens ein Elternteil Amerikaner ist oder wenigstens eine Aufenthaltsgenehmigung hat. Allerdings: Für das Einwanderungsrecht ist die Bundesregierung in Washington zuständig, nicht die Staaten.

Politisch sind solche Vorstöße durchaus zweischneidig, denn der Anteil an hispanischen Wählern in den USA wächst. Derzeit sind es zwölf Millionen oder acht Prozent der Wählerschaft, und da in den kommenden Jahren viele in den USA geborene Hispanics 18 Jahre alt werden, wird diese Zahl exponentiell steigen. Und Hispanics wählen überwiegend demokratisch – Obama bekam 67 Prozent ihrer Stimmen. Dies ist für die Republikaner problematisch, weil der Präsident nicht vom Volk als Ganzes gewählt wird, sondern von den Bundesstaaten. Das Electoral College, die Wahlmänner der Bundesstaaten, sind verpflichtet, der Partei, welche die einfache Mehrheit in ihrem Staat hat, hundert Prozent ihrer Stimmen zu geben. Nun blicken nervöse Parteistrategen auf Texas: Der Staat hat 34 Wahlmänner, damit liegt er an zweiter Stelle hinter Kalifornien. Bislang war Texas solide in der Hand der Republikaner. Wenn aber der Anteil der Hispanics dort fünfzig Prozent übersteigt – und er liegt heute bereits bei vierzig Prozent –, dann könnte Texas für die Republikaner vollständig verloren gehen. Damit wären die drei größten Staaten – Kalifornien, Texas und New York – in demokratischer Hand.

Deshalb stimmen Republikaner, denen ihre Karriere wichtiger ist als der Beifall der Tea Party, in diesen Chor nicht mit ein. Michele Bachmann betont in ihren Wahlversprechen, sie werde Jobs für Hispanics schaffen, während Rick Perry, der Gouverneur von Texas, sich gegen den Grenzzaun zu Mexiko ausgesprochen hat und auch den Kindern von illegalen Immigranten eine Schulbildung ermöglicht. Die Libertären haben ohnehin keine Probleme mit Einwanderung, solange die Immigranten nicht kriminell werden und keine Sozialleistungen beanspruchen. Nur Herman Cain will an der Grenze einen »Wall wie die Große Mauer in China und einen alligatorgefüllten Graben« anlegen.

Das Misstrauen der Tea Party richtet sich aber nicht nur gegen Mexikaner, sondern auch gegen Moslems, insbesondere gegen Araber – es ist kein Zufall, dass viele Tea Partier Obama für einen Moslem halten. Dabei ist das eigentlich erstaunlich. In den USA gibt es allenfalls um die drei Millionen moslemische Immigranten; gemessen an der Zahl der Bevölkerung ist das nur ein Viertel der Zahl der Moslems in Deutschland. Und diese sind überdies gut ausgebildet, gut integriert und werden selten straffällig, da sie meist aus der Ober- oder Mittelschicht ihres Landes stammen. Dazu kommen ein bis zwei Millionen arabische Christen, meistenteils aus Palästina.

Gleichwohl sagte Cain zu Beginn seiner Kampagne, er werde als Präsident keine Moslems in seiner Verwaltung einstellen oder allenfalls solche, die einen Eid auf die Verfassung ablegen (was ohnehin vorgeschrieben ist). Allen West, ein Tea Partier aus Florida, attackierte Keith Ellison, den einzigen moslemischen Abgeordneten in Washington. Mark Williams vom ›Tea Party Express‹ nannte Allah einen »Affengott«. Und Tim Pawlenty hat in Minnesota ein staatliches Programm abgeschafft, das Hypotheken zinsfrei und somit kompatibel mit islamischem Recht vergab – er wolle auf keinen Fall die Scharia unterstützen, sagte er.

Pawlenty ist nur einer von vielen: Mehr als ein Dutzend Staaten sind einer Gesetzesinitiative aus Oklahoma gefolgt, die Scharia zu verbieten – wobei die in diesen Staaten weder gilt noch eine nennenswerte Anzahl von Moslems dort leben. Das Gesetz wird von siebzig Prozent der Wähler in Oklahoma unterstützt, aber auch von Bundespolitikern. So sagte Newt Gingrich, das Verbot der Scharia müsse in Washington gesetzlich verankert werden. Und Tennessee will jedem, der islamisches Recht unterstützt, eine Gefängnisstrafe von 15 Jahren androhen. Hinter solchen Gesetzen stecken knallharte Konservative, die ursprünglich mit der Tea Party wenig zu tun hatten.

Die juristische Vorlage für die »Anti-Scharia-Gesetze« wurde von David Yerushalmi formuliert, einem 56-jährigen chassidischen Anwalt aus Brooklyn. Yerushalmi, der mit konservativen Thinks-Tanks und Geheimdienstlern zusammenarbeitet, hat den Verein SANE (Society of Americans for National Existence) gegründet. Der verbreitet im Internet antiislamische Tiraden, greift aber auch säkulare Juden an. Auf der Website ›Intellectual Conservative‹, die vom Goldwater Institute unterstützt wird, schreibt er, dass diese ihre »Gastgeberländer wie ein tödlicher Parasit zerstören«. Er findet, die *Founding Fathers* hätten gute Gründe gehabt, Frauen und Schwarzen das Wählen nicht zu erlauben. Und er glaubt an genetische Unterschiede zwischen Rassen.

Yerushalmis Interesse am Dschihad hat der ›New York Times‹ zufolge am 11. September 2001 begonnen. Damals lebte er in einer Siedlung in der Westbank. Er zog nach Brooklyn und fing an, islamisches Recht zu studieren, das, so sagt er, autoritär sei und dazu auffordere, die Weltherrschaft anzustreben. Zunächst wandte er sich an die Regierung in Washington, aber die zeigte wenig Interesse. 2009, mit dem Aufkommen der Tea Party, entschied er sich, an die einzelnen Bundesstaaten zu appellieren, und dabei unterstützt ihn ein einflussreiches neokonservatives Netzwerk, zu dem unter anderem Frank J. Gaffney, James Woolsey und Daniel Pipes zählen, die schon zuvor als eifrige Befürworter des Irakkriegs bekannt waren.

Gaffney ist ein früherer Reagan-Beamter, der das Center for Security Policy in Washington, D.C. gegründet hat, für das Yerushalmi auch arbeitet. Gaffney hat Obama beschuldigt, in den USA die Scharia einführen zu wollen, er hält ihn für einen Moslem, der der ägyptischen Muslimbruderschaft nahesteht. Pipes ist ein proisraelischer Kreuzzügler, der das Middle East Forum und die Website ›Campus Watch‹ betreibt, die palästinenserfreundliche Professoren an den Pranger stellt. Und Woolsey, ein langjähriger Demokrat, war unter Clinton CIA-Direktor, heute berät er Michele Bachmann. Woolsey wandte sich in *robocalls*, automatischen Werbeanrufen, an Hunderttausende Haushalte und plädierte für ein Bundesgesetz gegen die Scharia. Alle vier haben sich zur American Public Policy Alliance zusammengeschlossen, die Amerika vor dem Einfluss ausländischer Gesetze schützen will.

Die Anti-Dschihadisten sind nicht alleine: Sie haben die Unterstützung von Politikern auch in Washington, wie Gingrich oder auch Sarah Palin, die sagte, die Scharia werde der Untergang Amerikas sein. Und Peter T. King, ein republikanischer Abgeordneter, veranstaltete im Mai 2011 Hearings in Washington, in denen es um die Gefahr ging, die Einwanderer aus dem moslemischen Raum darstellten. Viele von denen, glaubt er, seien Terroristen, die Amerika unterwandern wollen. Besondere Ironie: Der irischstämmige King hat lange die irische IRA und ihren bewaffneten Kampf gegen den »britischen Imperialismus« unterstützt. So bekämpfen heute die Kinder von irischen Immigranten, die einst selbst nicht als »richtige« Amerikaner galten, die Einwanderer von heute im Namen der Verfassung.

Fox & Friends: Medien und Stimmungsmache

Das Treffen bei den jungen Republikanern in New York City ist höchst klandestin. Nur Mitglieder dürfen zuhören, denn heute spricht James O'Keefe. James O'Keefe ist ein konservativer Aktivist der Tea Party. Er nennt sich aber lieber investigativer Reporter, Guerilla-Dokumentarfilmer oder auch »Gonzo-Journalist«, nach dem Schriftsteller Hunter S. Thompson, der selber Teil seiner eigenen Story war. Auch auf Saul Alinsky beruft er sich, einen linken Organisator zur Zeit des Vietnamkrieges, dessen Taktiken, so fordern Tea Partier heute, die Rechte übernehmen solle. Tatsächlich hat O'Keefe in einer einzigartigen Serie von Attacken praktisch alle Institutionen, denen die Tea Party feindlich gesinnt ist, schwer beschädigt. Das macht ihn dort zum Helden; für Liberale ist der 25-Jährige natürlich einer der Oberschurken.

Noch lässt O'Keefe auf sich warten. Und so stehen ein paar Dutzend Republikaner, die meisten bereits um die vierzig, an diesem lauen Sommerabend auf der Terrasse des Clubhauses in Manhattan. Es gibt Tonic mit Eis, alkoholfrei, in Plastikbechern serviert. Die Terrasse bietet einen wunderbaren Blick auf die gepflegten grünen Dachgärten des Rockefeller Center, dort residiert der Sender NBC, der zu den Feindbildern der Tea Party zählt.

Die Republikaner in New York City sind moderat; für sie ist weder NBC noch das Rockefeller Center Teil einer geheimen Weltverschwörung. Es gibt zwar eine Tea Party in New York, aber mit der wollen sie wenig zu tun haben. Auch sind ihre Treffen normalerweise öffentlich; nur heute nicht. Jenny, eine Mittdreißigerin, die die Debatte leitet, ermahnt uns, über alles, was hier gesagt werde, Stillschweigen zu bewahren. Falls irgendwer den Republikanern nur deshalb beigetreten sei, um darüber zu schreiben, der bekäme seinen Mitgliedsbeitrag von 75 Dollar zurück und könne gehen, ohne dass Fragen gestellt würden. Es geht aber keiner. Um die Wartezeit zu überbrücken, fragt Jenny, wen wir gerne als Präsidenten hätten. Die Sympathien gehen von Michele Bachmann bis zu Jon Huntsman. Ron Paul will keiner.

Zuhälter und Muslimbruder

James O'Keefe wurde berühmt, als er, gekleidet wie ein Zuhälter in einem schlechten Hollywoodfilm – Cowboyhut, Dandystöckchen, Sonnenbrille, Chinchillamantel –, in mindestens acht Büros von ACORN aufkreuzte, zusammen mit einer Bekannten, die wie eine Prostituierte gekleidet war. ACORN (Association of Community Organizations for Reform Now) ist, oder vielmehr war, ein Dachverband von gemeinnützigen Vereinen, die sich für gering verdienende Familien einsetzten (was in den USA meist heißt, hispanisch oder schwarz). Die Leute von ACORN kämpften für gesetzliche Mindestlöhne und gegen Wucherhypotheken, vor allem aber sorgten sie dafür, dass ihre Klienten sich als Wähler registrieren ließen. Rund 1,3 Millionen Wähler hat ACORN alleine vor der Präsidentschaftswahl von 2008 angemeldet. Selbstredend gaben die meisten derart organisierten Wähler ihre Stimme den Demokraten, weshalb ACORN bei den Republikanern nicht so furchtbar beliebt war. Es gab immer wieder Vorwürfe, dass ACORN Wähler doppelt registriere oder unsauber mit Spenden umgehe. ACORN hat beispielsweise auch Schwarze aus New Orleans, die nach dem Hurrikan Katrina nach Houston oder Atlanta gezogen waren, per Bus zur Bürgermeisterwahl herangekarrt; das war der Hauptgrund, warum der schwarze Demokrat Ray Nagin wiedergewählt wurde.

O'Keefe und seine Freundin marschierten im Sommer 2009 mit einer versteckten Kamera in acht ACORN-Büros und erzählten den – allesamt schwarzen – Frauen, die dort arbeiteten, sie wollten ein Bordell aufmachen und dazu minderjährige Zwangsprostituierte aus El Salvador in die USA schmuggeln. Wie sie das tun könnten und dabei auch vermeiden, Steuern zu zahlen? Die beiden bekamen Ratschläge in fünf Büros. Das in Baltimore schlug vor, eine steuerbegünstigte Stiftung zu gründen.

O'Keefe gab kurze Ausschnitte aus dem Video an Fox News, den Nachrichtenkanal von Rupert Murdoch, und die ›Washington Times‹ (die der Moon-Sekte gehört) weiter und stellte sie auch auf mehrere Websites des rechten Bloggers Andrew Breitbart, für den er damals arbeitete. Daraufhin brach eine Welle der Empörung über ACORN herein. Staatsanwälte schalteten sich ein, Sponsoren wandten sich ab, zuletzt kappte der Kongress in Washington die finanzielle Unterstützung.

ACORN kämpfte noch eine Weile, musste aber ein Jahr später dichtmachen. O'Keefe wurde über Nacht zum Helden. Er wurde ins Studio von Fox News eingeladen, wo Sean Hannity ihn einen »Pionier des Journalismus« nannte. Glenn Beck lobte ihn, während Bill O'Reilly, der populärste Fox-Moderator, ihn für eine Medaille des Kongresses vorschlug. Das ebenfalls Murdoch-eigene ›Wall Street Journal‹ wies darauf hin, dass ACORN nicht nur von den Gewerkschaften unterstützt werde, auch Obama habe für die Organisation gearbeitet. Die boulevardeske Schwesterzeitung ›New York Post‹ nannte ACORN »linke Gauner«, die mit »unseren Steuergeldern« Hurenhäuser finanzierten. Ann Coulter bewunderte ihn öffentlich, und Breitbart, O'Keefes Auftraggeber, wünschte ihm den Pulitzerpreis.

Aber bald kamen Zweifel auf. Der frühere Generalstaatsanwalt von Massachusetts, den ACORN mit einer Untersuchung beauftragt hatte, fand heraus, dass O'Keefe keineswegs in seinem albernen Aufzug bei ACORN gewesen war – diese Bilder waren nachträglich eingefügt –, dass aus den Videos Teile geschnitten und die Fragen von O'Keefe mit neuem Ton unterlegt worden waren. Aber das hat weder ACORN gerettet noch O'Keefes Höhenflug beendet, im Gegenteil.

Und nun kommt er endlich, ein langer, dünner, jung und trotzig aussehender Mittzwanziger mit halb langen blonden Haaren. Die New Yorker Republikaner klatschen. Erst mal erzählt er von seinem neuem Vorhaben, der Website ›Project Veritas‹, die Lügen der liberalen Presse entlarve. Die Website sei gemeinnützig, weshalb Spenden von der Steuer abgesetzt werden könnten. Leider müsse er vorsichtig sein, denn sein letzter Coup in Baton Rouge, Louisiana, sei schiefgegangen. Mit zwei Mitstreitern war er als Außendienstler einer Telefongesellschaft getarnt in das Büro von Mary Landrieu eingedrungen, einer demokratischen Abgeordneten. Er wollte ihren Apparat verwanzen. Dabei wurden sie erwischt, er bekam drei Jahre auf Bewährung – was er total unfair findet. Aber, fährt er fort, und der Trotz in seiner Stimme flackert wieder auf, das zeige doch, wie wichtig er sei und wie sehr das System ihn fürchte: So bezahle der Spekulant George Soros einen Mitarbeiter einzig dafür, dass sein Wikipedia-Eintrag dauernd umgeschrieben werde; ins Negative natürlich. Beifälliges Nicken. Soros, ein Demokrat, hat viele liberale Initiativen finanziell unterstützt, darunter die einflussreiche linke Internetplattform Moveon.org. Er gilt als Hauptfeind der GOP.

Nun erzählt O'Keefe, wie er um 2005 zur Symbolfigur des Protestes gegen politische Korrektheit wurde. Als Student an der Rutgers University in New Jersey habe er bei der Universitätsleitung dagegen protestiert, dass die Cafeteria Cornflakes der Marke »Lucky Charms« servierte, mit grünen Zaubergnomen auf der Packung. Dieses Stereotyp beleidige ihn als Iren. »Ich habe die in eine Zwickmühle gebracht, entweder ethnisch unsensibel zu sein oder aber sich lächerlich zu machen.« Zu seinem Erstaunen versprach die Unileitung, die Beschwerde ernst zu nehmen. Sie tat aber nie etwas. »Bloß die anderen Studenten haben mich danach mit Lucky Charms beworfen.«

Doch O'Keefe ist kein spontaner Student, sondern ein ausgebildeter Politaktivist. Zu der Zeit, schreibt die Washingtoner Netzzeitung ›Politico‹, war er beim Leadership Institute in Arlington angestellt, einer Privatuniversität, deren journalistische Fakultät von Steven Sutton geleitet wird. Das Institut, das mehr als sechs Millionen Dollar im Jahr an Spenden bekommt, wurde von Morton Blackwell gegründet, einem früheren Delegierten von Barry Goldwater und Ronald Reagan. Karl Rove, »Bushs Gehirn«, hat hier gelehrt. Die Idee mit den Lucky Charms kam von Sutton, aber bald darauf distanzierte er sich von seinem

Zögling, der ihm unheimlich wurde. O'Keefe wechselte zum Collegiate Network, das ebenfalls rechte Journalisten ausbildet; ein Zögling war Coulter. Das Network wird von Richard Mellon Scaife unterstützt, Verleger der ›Pittsburgh Tribune-Review‹ und Erbe von Gulf Oil.

Seinen ersten Videostunt legte O'Keefe 2007 hin, an der University of California. Damals hat er bei mehreren Kliniken von Planned Parenthood angerufen, wo arme Frauen zur Krebsvorsorge hingehen, die Pille bekommen oder abtreiben lassen können – die Tea Party würde auch Planned Parenthood liebend gerne dichtmachen. Er habe denen eine hohe Spende angeboten, aber nur, wenn sichergestellt sei, dass damit Abtreibungen schwarzer Babys finanziert würden. »Je weniger schwarze Babys es gibt, desto besser«, sagte er am Telefon. Sieben Kliniken wollten seine Spende tatsächlich akzeptieren. Daraufhin forderten schwarze Pfarrer und schwarze Bürgerrechtler, Bundesgelder für Planned Parenthood zu streichen, die »Völkermord« begingen. (Tatsächlich werden in den USA mehr schwarze Babys abgetrieben als weiße.) Allerdings blieb die Empörung darüber unter Weißen gänzlich aus. Wie sehr er sich um die Babys von Minderheiten sorgt, stellt O'Keefe auch gleich noch mal unter Beweis: Die Politik müsse, fordert er, dringend etwas gegen die vielen Mexikanerinnen unternehmen, die illegal und schwanger über die Grenze kommen. »In El Paso gibt es einen Baum, da setzen sich die schwangeren Mexikanerinnen drunter, und wenn es so weit ist, fahren sie in die nächste Klinik und bekommen amerikanische Babys.«

Nach dem Blattschuss gegen ACORN wählte O'Keefe als nächstes Ziel das von Konservativen ungeliebte öffentlich-rechtliche Radio NPR, National Public Radio, das in den USA ohnehin ein Schattendasein fristet. Anfang 2011 trafen sich er und zwei Mitstreiter mit Ronald Schiller, einem professionellen Spendensammler für NPR. Die drei gaben sich als Mitglieder des Muslim Education Action Center Trust aus. Der, so sagten sie, sei eine Tarnorganisation der Muslimbruderschaft, und die wolle fünf Millionen Dollar spenden. Schiller und eine Kollegin trafen sich mit dem Trio zum Lunch und schmierten den vermeintlichen Spendern, die eifrig auf die Republikaner schimpften, Honig ums Maul. Schiller klagte, dass die Tea Party die Republikaner übernommen habe, und die sei nicht nur islamophob, sondern auch xenophob, alles Leute, die an das »weiße, gewehrschwingende Amerika des Mittleren Westens« glaubten und die »wirklich, wirklich rassistisch« seien. Mehr noch: Tea Partier seien Fanatiker, die sich in das Privatleben anderer Leute einmischten, und fundamentalistische Christen sowieso – ja, eigentlich seien die nicht einmal richtige Christen, sondern Evangelikale.

Auch diese – heimlich mitgeschnittenen – Aufnahmen veröffentlichte O'Keefe bei seinen konservativen Freunden in den Medien. Nach dem neuerlichen Sturm der Entrüstung musste Schiller gehen, und sogar die Chefin des Senders verlor ihren Job. Republikaner im Repräsentantenhaus forderten, Bundeszuschüsse für NPR zu streichen. Und O'Keefe ist stolz darauf. »Der hat all diese linken Sprüche gebracht, etwa, dass die Juden die Medien kontrollieren.« Das allerdings ist unwahr: Auf dem Video, das im Internet zirkuliert, ist zu hören, dass O'Keefe diese Sprüche reißt, in der Hoffnung, dass Schiller ihm zustimmt. Aber dieser nimmt den Köder nicht an.

»Mich ärgert an den Linken hauptsächlich, dass sie ihre Ideale verraten haben«, meint O'Keefe. »In den sechziger Jahren ging es denen darum, den Herrschenden die Wahrheit ins Gesicht zu sagen. Aber nun beschützen sie die Herrschenden.« Das gelte für die ›New York Times‹, »die schützt das Establishment«, aber auch für NPR, Associated Press und die Columbia School of Journalism. »Dabei mache ich genauso investigativen Journalismus wie die«, sagt er. »Ich habe herausgefunden, dass in Hollywood junge Schauspielerinnen gezwungen werden, sich zu prostituieren, aber nichts ist passiert. Doch wenn NBC über so etwas berichtet, dann kriegen die Emmys und Peabodys und alles. Eigentlich müsste ich den Pulitzerpreis bekommen.«

Danach plaudert O'Keefe noch mit seinen republikanischen Bewunderern, doch seine Adresse, seine Telefonnummer oder auch nur seine E-Mail-Adresse verrät er nicht. »Ich lebe praktisch im Untergrund«, sagt er. Denn das System, die Regierung, der Polizeiapparat seien hinter ihm her. Am meisten fürchte er, von Anwälten verklagt zu werden, bis er arm ist. »Umbringen werden sie mich nicht, das würde zu viele Schlagzeilen machen.« Aber auch er habe Anwälte. Wikipedia schreibt, dass er auf einem Hausboot in New Jersey wohnt. Das war wohl der Mitarbeiter von George Soros.

»Gottlos, dämonisch und dumm«: Medien und die Tea Party

O'Keefe, der Shootingstar der Tea Party, wäre nicht möglich ohne die Zeitungen, TV- und Radiosender und Websites, die mit den Republikanern sympathisieren oder gar versuchen, sie rechts zu überholen. Denn die Tea Party und die Republikaner eint ein gemeinsamer Feind: die liberalen Medien. Konservative klagen, dass die Journalisten bei den *mainstream media* den Demokraten allzu freundlich gesinnt seien. Damit meinen sie die ›New York Times‹, die ›Washington Post‹, die ›Los Angeles Times‹, den ›San Francisco Chronicle‹, ›Newsweek‹, ›Time Magazine‹ und andere große Blätter, aber auch Nachrichtenkanäle wie CNN und die Sendeanstalten NBC, ABC und CBS sowie, natürlich, NPR. Selbst Provinzblätter wie die ›Arizona Republic‹ gelten als »links unterwandert«, was auch heißt: zu immigrantenfreundlich.

Tatsächlich stehen Journalisten, insbesondere in Großstädten, eher den Demokraten nahe als den Republikanern – was übrigens generell für Großstädter zutrifft oder auch für Amerikaner, die auf dem College waren. Aber für deutsche Verhältnisse sind die meisten amerikanischen Zeitungen bestenfalls liberal-bürgerlich. Die ›Washington Post‹ entspricht in ihrer politischen Linie der ›Welt‹, die ›New York Times‹ der ›FAZ‹, und so etwas wie die ›taz‹ gibt es in Amerika überhaupt nicht. Die Nachrichten der großen Sendeanstalten sind an Provinzialität nicht zu überbieten, sie befassen sich meistenteils mit entlaufenen Katzen, abgestürzten Kleinflugzeugen und herannahenden

Tornados. CNN, das durch seine Golfkriegsberichterstattung berühmt wurde, ist über weite Strecken zum *human interest network* mutiert, wo Abendtalker Piers Morgan die englische Kronprinzessin interviewt und Prozesse über mysteriöse Mordfälle den Platz davor und danach füllen. Selbst die Moderatoren des einzigen ansatzweise linken Kabelsenders MSNBC betonen stets, dass sie hinter den Truppen im Irak stehen.

Die Tea Partier fühlen sich von diesen Medien nicht repräsentiert. Tatsächlich sind die TV-Sender und die Presse, die im Kalten Krieg stramm auf der Seite der US-Regierung standen, nun immerhin kritischer als in den fünfziger Jahren; vor allem aber haben sie sich kulturell verändert. Während früher ein weißer Mann im Anzug die Nachrichten vorgetragen hat, sind heute im Fernsehen auch schwarze oder asiatische Gesichter zu sehen, oft Frauen, und gelegentlich sogar offen schwul oder lesbisch lebende Moderatoren.

Aber während CNN und die ›Times‹ bunter geworden sind, hat sich eine konservative mediale Gegenbewegung gebildet. Und die stützt sich auf drei Säulen: erstens Talkradio, das hauptsächlich von Autofahrern auf dem Weg zur Arbeit gehört wird, zweitens Nachrichtenaggregatoren im Internet und drittens die News Corporation, das Medienimperium von Rupert Murdoch, und dessen wichtigstes Organ, der Nachrichtensender Fox News.

Der unangefochtene König des Talkradio ist Rush Limbaugh, der erfolgreichste Radiotalker der USA. Der 59-jährige frühere Discjockey sitzt in Palm Beach, Florida. Seine dreistündige tägliche Sendung wird von 600 Radiostationen übertragen, er hat zwanzig Millionen Hörer. Und er nimmt kein Blatt vor den Mund. Er sang das Spottlied ›Barack, the Magic Negro‹. Er machte sich über den Schauspieler Michael J. Fox wegen dessen Parkinson-Erkrankung lustig. Er verglich die Präsidententochter Chelsea Clinton mit einem Hund und verteidigte die Folter im Gefängnis von Abu Ghraib mit den Worten, Soldaten müssten auch mal Spaß haben dürfen. Feministinnen nennt er »Feminazis«. Und er schlug vor, der afroamerikanische Dachverband NAACP (National Association for the Advancement of

Colored People) solle seinen Mitgliedern beibringen, wie man Raubüberfälle auf Schnapsläden begeht.

Limbaugh, der in Missouri geboren wurde, in einer fast weißen Stadt, die im Bürgerkrieg aufseiten der Konföderierten kämpfte, ist ein klassischer Südstaaten-Konservativer, der noch mit der Rassentrennung aufwuchs. Damit schaffte er es nach ganz oben. »Limbaugh ist heute die einflussreichste Stimme der konservativen Bewegung«, sagt Erikka Sigrid Knuti von der medienkritischen Organisation Media Matters for America. »Sogar Ronald Reagan hat sich bei ihm bereits für die Wahlhilfe bedankt.« Limbaugh steht weiter rechts als George W. Bush – so forderte er seine Hörer auf, gegen dessen zu laxe Einwanderungsgesetze zu protestieren.

Aber Limbaugh ist nicht der Schrillste unter den konservativen Ikonen, das ist Ann Coulter, eine überschlanke Blondine, die Liberale in einem knappen Dutzend Büchern als gottlos, dämonisch und dumm beschrieben hat und die oft in Limbaughs Radioshow auftritt. Zum ›New York Observer‹ sagte sie einmal, der einzige Fehler, den Timothy McVeigh begangen habe, war, dass er nicht das ›New York Times‹-Gebäude gesprengt habe. Der Rechtsradikale McVeigh hatte in Oklahoma City 1996 ein Regierungsgebäude und einen Kindergarten in die Luft gejagt; 166 Menschen starben. Er wurde gefasst und in Terre Haute, Indiana, hingerichtet. Wenig später brannten Neonazis das Holocaust-Museum der Stadt nieder und sprühten »Remember Timmy McVeigh« an die Ruine. Später befragt, ob sie ihr Zitat nicht bereue, sagte Coulter: »Ich hätte ergänzen sollen: ›gesprengt, nachdem alle das Gebäude verlassen haben, außer den Redakteuren und den Reportern der Times‹.«

Nach dem Anschlag auf das World Trade Center forderte Coulter, die USA sollten in die »Länder der Moslems einmarschieren, deren Führer umbringen und die Menschen zum Christentum bekehren«. Sie findet es auch richtig, Moslems das Fliegen zu verbieten, stattdessen, meinte sie, könnten die doch fliegende Teppiche nutzen. Ärger bekam sie aber erst, als sie im Fernsehen sagte, Juden sollten zum Christentum konvertieren, um »perfekt« zu werden. Daraufhin wurde sie von der Anti-Defamation League, dem National Jewish Democratic Council und dem America Jewish Committee kritisiert und wurde vorübergehend ein ganz klein wenig stiller.

Gegen Coulter ist der Pionier des konservativen Internetjournalismus nachgerade sanft, zumindest auf den ersten Blick: Matt Drudge, ein gebürtiger Washingtoner, der bei seiner Mutter aufwuchs, einer liberalen intellektuellen Jüdin, die für Ted Kennedy arbeitete. Noch heute kommt er mit Frauen besser aus als mit Männern; und obwohl sein politisches Vorbild Ron Paul ist, verehrt er heimlich Hillary Clinton, allerdings auch Coulter. Manche halten den Südstaatler mit den braunen Augen für schwul, er streitet das ab. Drudge – so beschreibt es das ›New York Magazine‹ – war ein schwieriger Teenager, unsicher, in der Schule gemobbt; einmal sogar kurz davor, in der Psychiatrie zu landen. Nach der Highschool jobbte er bei McDonald's. Schon damals war sein Markenzeichen ein breitkrempiger Hut, womit er aussieht wie ein Journalist aus einem Schwarzweißfilm. Aber erst, als er nach Hollywood zog, fand er seine Bestimmung. Bei seinem Job in einem CBS-Andenkenladen schnappte er so viel Klatsch auf, dass er den ›Drudge Report‹ gründete. Im Internet.

Die Macht des Internets habe er begriffen, sagte er einmal, als er sah, wie die »Vince-Foster-Geschichte« im Netz zirkulierte. Foster war unter Clinton Rechtsberater im Weißen Haus und hat sich erschossen; rechte Verschwörungstheoretiker glauben, die Clintons hätten ihn umgebracht. Drudge traf sich mit Chris Ruddy, einem Journalisten, der für mehrere Provinzblätter des ultrarechten Verlegers Richard Mellon Scaife über Foster schrieb. Damals hatte Drudge bereits einen Verteiler von mehreren Hunderttausend Leuten, und damit machte er Ruddys Artikel landesweit bekannt. Seinen eigenen Durchbruch hatte Drudge 1998, als er als Erster den »Monica-Lewinsky-Skandal« ans Licht brachte; dies kostete Clinton fast die Präsidentschaft. Die Affäre der 22-jährigen Praktikantin mit dem Präsidenten kam heraus, weil sie einer Bekannten davon erzählt hatte, Linda Tripp. Die Pentagon-Angestellte, die zuvor für den Geheimdienst der Armee gearbeitet hatte, zeichnete Lewinskys Plaudereien heimlich auf. Die Geschichte zirkulierte als Gerücht in Washington, aber kein Blatt griff sie auf. Dann erfuhr Drudge, dass ›Newsweek‹ darüber hatte schreiben wollen, aber kalte Füße bekommen hatte, und preschte voran. Wie Drudge an diese Information gekommen war, weiß bis heute keiner. Allerdings ist Drudges damaliger Mitblogger Andrew Breitbart – der Mentor von O'Keefe – im selben Villenvorort von Los Angeles aufgewachsen wie Lewinsky.

Danach fingen Politiker an, Drudge ihre Infos zu stecken, wenn es darum ging, dem politischen Gegner zu schaden. Und das traf meistens Demokraten. Drudge stellte Al Gore als Buddhisten dar und John Kerry als Drückeberger in Vietnam, als er über John Edwards 400 Dollar teuren Haarschnitt schrieb, war das der Anfang vom Ende seiner Karriere. Auf seinem Höhepunkt erreichte er laut ›New York Times‹ drei Millionen Leser. NBC nannte ihn »Amerikas schwarzes Brett«, und der frühere Nixon-Redenschreiber Pat Buchanan hielt ihn für den »mächtigsten Journalisten der USA«. Zuletzt schaffte er es ins Fernsehen: Fox News bot ihm eine eigene Show an, aber er verließ den Sender wieder, sogar im Streit. Danach trat er noch ein paar Jahre als Gast von Rush Limbaugh im Radio auf, heute lebt er zurückgezogen in Florida. Gefürchtet wird er noch immer.

Der Tempel des Todes: Murdochs News Corporation

Fox News ist das Rückgrat der konservativen Medien, der Nachrichtensender, der rechten Kommentatoren, Kolumnisten und Politiker in ganz Amerika eine Plattform bietet. Fox News gehört der News Corporation, dem zweitgrößten Medienkonzern der Welt, der Zeitungen, Magazine und Fernsehsender in Australien, Asien, Südamerika, Russland, Großbritannien und natürlich Amerika unter seinem Dach hat – und der ohne politische Unterstützung nicht so groß hätte werden können. News Corp ist eine Aktiengesellschaft, an der die Murdoch-Familie zwölf Prozent und ein Drittel der stimmberechtigten Aktien hält, ihr Chef ist Rupert Murdoch, ein achtzigjähriger gebürtiger Australier, Sohn des Medienbarons Keith Murdoch und der »Antichrist«, wie der langjährige ›New York Times‹-Chefredakteur Bill Keller ihn einmal nannte.

Murdoch begann seinen weltweiten Aufstieg in England, wo er die Journalistengewerkschaften entmachtet hat. Seinen Siegeszug in Amerika trat er in den achtziger Jahren an, erst bescheiden mit den ›San Antonio Express News‹, es folgten die ›Village Voice‹, ›New York Magazine‹ und die damals noch liberale ›New York Post‹. Die erwarb er von Dorothy Schiff, Enkelin des aus Frankfurt stammenden Bankers Jacob Schiff. Später sollte er den Verlag HarperCollins kaufen, den christlichen Verlag Zondervan, der die Bibel verlegt, und das ›Wall Street Journal‹ mit den Ablegern ›Barron's‹ und ›Marketwatch‹. Der erste große Coup aber gelang Murdoch in den achtziger Jahren mit dem Filmstudio 20th Century Fox und der Metromedia Group, einer Handvoll darbender TV-Stationen.

Die baute er zu einer vierten terrestrischen Sendeanstalt aus, neben NBC, CBS und ABC, die seinerzeit, vor dem Siegeszug des Kabels, den ganzen US-Fernsehmarkt beherrschten. Da die USA den Besitz einer Rundfunkanstalt nur ihren eigenen Staatsbürgern gestatten, nahm er 1985 die US-Staatsbürgerschaft an; das war in der Reagan-Ära. 1986 ging Fox TV auf Sendung, damals ein armer, aber experimentierfreudiger Sender. Zu den frühen Fox-Hits zählen ›Die Simpsons‹ – der perfide Milliardär Montgomery Burns soll nach Rupert Murdoch geformt sein – und die Verschwörerserie ›Akte X‹ Auch der 20th Century Fox ist keinerlei republikanische Agenda anzumerken. Das Studio produzierte ›Star Wars‹ und ›Avatar‹, wo blaue Indianer im Weltall den militärisch-industriellen Komplex bekämpfen.

Die ›New York Post‹ allerdings musste Murdoch erst einmal wieder verkaufen – US-Mediengesetze gestatteten es Unternehmern damals nicht, Märkte mit Fernsehsendern und Zeitungen zu dominieren. Erst 1993 schaffte es Murdoch mit der Unterstützung von Mario Cuomo, dem demokratischen Gouverneur von New York, die ›Post‹ zurückzukaufen. Aber trotz dieser Hilfe machte Murdoch aus der ›New York Post‹ ein rechtes Revolverblatt, wobei er nur sorgfältig darauf achtete, China nicht zu beleidigen. Einmal ordnete er an, einen Artikel über den chinesischen Botschafter aus dem Blatt zu kippen, der betrunken aufgetreten war. Als 1996, unter Clinton, der *Telecommunications Act* verabschiedet wurde, der es Medienunternehmen erlaubt, ihre Besitzungen monopolartig auszudehnen, konnte sich Murdoch in ganz Amerika ungebremst ausbreiten.

Das war die Geburtsstunde von Fox News, der rechten Konkurrenz zu CNN, die mit dem orwellesken Slogan »fair and balanced« wirbt. CNN war erst wenig begeistert; Time Warner Cable, die zum selben Konzern gehören, weigerten sich, Fox News zu verbreiten. Nun bekam Murdoch Schützenhilfe vom damaligen New Yorker Bürgermeister Rudy Giuliani, der den New Yorker Monopolisten zwang, Fox News zu senden. Daraufhin verglich der erboste CNN-Gründer Ted Turner Murdoch mit Adolf Hitler, und Murdoch meinte, Turner sei geisteskrank.

Diese Zeiten sind lange vorbei. Heute sitzt Fox News in einem Betonhochhaus gegenüber dem Rockefeller Center, dem »Tempel des Todes«, wie Late-Night-Comedian Jon Stewart spottet. Präsident ist Roger Ailes. »Chairman Ailes« werde er genannt, wie »Chairman Mao«, der »Große Vorsitzende«, schrieb das Magazin ›Rolling Stone‹. Rush Limbaugh hat Ailes als »Vorbild und Vaterfigur« bezeichnet. Der Rechtsaußen, der ständig eine Waffe trägt, weil er Angst hat, von Al Qaida ermordet zu werden, kommt aus der Politik: Er war Medienberater für prominente republikanische Amtsträger wie Richard Nixon, Ronald Reagan, George Bush sen. und Giuliani. Insbesondere Nixons Wahlsieg gilt als das Verdienst von Ailes. Ailes machte den wenig telegenen Politiker TV-tauglich. Zudem ließ er Nixon öffentlich nur mit Wählern debattieren, um Reporterfragen zu umgehen, eine Taktik, die heute viele Politiker nutzen. Reagan wurde von Ailes so präpariert, dass die Zuschauer dessen beginnende Alzheimer-Krankheit nicht bemerkten. Und für George Bush sen. ging er mit rassistischer TV-Werbung auf Stimmenfang.

Nach einem Bericht von CNN hatte Ailes bereits unter Nixon die Idee für einen Sender wie Fox News gehabt. CNN beruft sich auf ein Memo aus den siebziger Jahren aus der Nixon-Bücherei mit dem Titel ›A Plan for Putting the GOP on TV News‹. Darin wird beschrieben, wie ein prorepublikanischer Nachrichtendienst aufgebaut werden könnte. Das Memo stammte von Bob Haldeman, Nixons Stabschef, der letztlich wegen Watergate im Knast landete, auf dem Papier sind aber auch handschriftliche Notizen von »Roger«.

In den Clinton-Jahren verließ Ailes Washington. Murdoch stellte ihn im Oktober 1996 als Chef von Fox News ein, das war ein halbes Jahr nach der Gründung des Senders. Als Erstes feuerte Ailes alle Journalisten, die ihm zu liberal erschienen. Später lud er Matt Drudge ein, die neuesten Gerüchte über Monica Lewinsky zu verbreiten. Und 2000, als George W. Bush gegen Al Gore kandidierte, engagierte Ailes John Prescott Ellis als Verantwortlichen für die Berichterstattung in der Wahlnacht, den Cousin von Bush. Ellis erklärte auf Fox News, dass Bush Florida gewonnen habe, noch bevor die Stimmen ausgezählt waren. Damit, so meint der ›Rolling Stone‹, habe Fox das Momentum geschaffen, das Bush letztlich den Wahlsieg brachte.

Auch danach hielt Fox dem Präsidenten die Treue: Als eine Senatskommission die Hintergründe von 9-11 untersuchte, sandte Ailes' Stellvertreter ein Memo an alle Reporter, den Anschlag auf das World Trade Center nicht durch unbotmäßige Fragen zu entweihen. Die Bush-Regierung erwiderte die Liebe: Die Federal Communications Commission (FCC) blockierte den Verkauf des Satellitensenders DirectTV an einen Murdoch-Konkurrenten, sodass News Corp die Firma billig erwerben konnte. Es versteht sich, dass Fox News Obama als »muslimisch-marxistischen Black Panther aus Kenia« darstellen, dass sen Gesundheitsreform Abtreibungen und die ärztliche Behandlung illegaler Immigranten finanziere. Klartext schreiben dann die Leserkommentare auf FoxNews.com, die Obamas Blackberry »Niggerberry« nennen. Damit schaffte der Sender einen Jahresgewinn von 800 Millionen Dollar, eine Reichweite von hundert Millionen Zuschauern und eine höhere Sehbeteiligung als CNN, obwohl er nur ein Drittel der Belegschaft hat.

Ailes bedient alle Flügel der Konservativen. Moderator auf dem Prime-Time-Platz um acht ist Bill O'Reilly, ein Ultrakonservativer, der die Paläocons, die *Paleoconservatives*, repräsentiert, Republikaner alter Schule wie Pat Buchanan, die oft Isolationisten sind. Die Libertären können sich bei John Stossel und Lou Dobbs auf Fox Business wiederfinden. Für die Neocons, deren Flaggschiff Murdochs ›Weekly Standard‹ ist, treten Fred Barnes und William Kristol auf. Für den unpolitischen Zapper gibt es ›Fox & Friends‹ mit zwei oder drei auswechselbaren Blondinen.

Die Nachrichten aus Washington werden von Sean Hannity präsentiert, einem klassischen republikanischen Funktionär, mit dem auch die RINOs können. Aber die Tea Party wurde lange besonders umsorgt. Ihre wichtigste Stimme, Glenn Beck, hatte nicht nur einen zweistündigen Sendeplatz, wo Sarah Palin regelmäßig auftrat; der Sender rief sogar zu »Fox Network Tax Day Tea Parties« auf und animierte die Zuschauer dazu, nach Washington zu den Tea-Party-Rallys zu fahren. Beck allerdings, Shootingstar und Liebling der Tea Party, hat sich bei Fox News selbst ins Aus manövriert. Beck, den Ailes von CNN abwarb, wirkt wie eine Parodie auf eine ›Akte X‹-Figur, wenn er, augenrollend und händewedelnd, auf eine Tafel malt und vor der unmittelbar bevorstehenden Machtübernahme durch die Kommunisten warnt. Schuld daran sind laut Beck »die Rockefellers«, »die Rothschilds«, »die Bilderberger«, »die Wall Street« und »die ›New York Times‹«, kurz: eine »internationale Weltverschwörung von Bankern und marxistischen Journalisten«. Vor allem warnt Beck vor George Soros, der im Alter sein Herz für die Linke entdeckt hat. Beck stellte Soros, der sich als 14-jähriger jüdischer Junge im faschistischen Ungarn vor den Nazis verstecken musste, als »Drahtzieher« und »Puppenspieler« dar, der eine Weltregierung wolle. Schließlich widmete Beck dem Feind eine dreistündige Sendung, in der er schwarzweiße Bilder aus dem europäischen Stetl mit entstellten Soros-Zitaten aneinanderschnitt; dies gipfelte darin, dass er Soros vorwarf, »Juden in die Gaskammer« geführt zu haben. Und dabei blieb es nicht: Beck pries auch das 1934 erschienene Buch ›Red Network‹ der Autorin Elizabeth Dilling, die den Kommunismus als Teil der jüdischen Weltverschwörung sieht, von der die USA unterwandert seien. Nach dem Krieg sagte sie, Roosevelt, Eisenhower und der Koreakriegsgeneral Douglas McArthur seien Juden. Sie beschimpfte John F. Kennedy, weil er Staatsanleihen für Israel ausgegeben hatte, und behauptete, er sei nur von Juden, Schwarzen und Kommunisten gewählt worden.

Das Maß war voll, als Beck im Fernsehen eine Liste von neun Leuten vorstellte, die für die »großen Lügen des 20. Jahrhunderts« verantwortlich seien, darunter acht jüdischen Glaubens, wie Sigmund Freud, dessen Neffe Edward Bernays – der Vater der modernen PR –, der Gewerkschafter Andy Stern, der Journalist Walter Lippmann und natürlich Soros, nicht aber Joseph Goebbels. »Ist ihm niemand anderer eingefallen, der im 20. Jahrhundert die ›großen Lügen‹ verbreitet hat?«, fragte M. J. Rosenberg von der linken Israellobby J Street spitz. Beck parierte die Kritik damit, dass er israelfreundlich und mithin unverdächtig sei. Das half ihm lange, aber nicht ewig. Warum Murdoch den Vertrag auflöste, weiß keiner so genau, womöglich hat sein Schwiegersohn Matthew Freud – ein Großenkel von Sigmund – darauf gedrängt. Dazu beigetragen hat sicher, dass mehrere Firmen ihre Werbung bei Beck zurückzogen. Es gibt linke Netzaktivisten, die sich das zugutehalten, aber möglicherweise war Beck diesen Konzernen einfach zu schmuddelig.

Aber Beck wird nicht schweigen. Noch immer gilt er als die Stimme der Tea Party, nur nicht mehr auf Fox News. Er hat im September 2011 ein eigenes Internetfernsehen gegründet, das er GBTV genannt hat, Glenn Beck TV, wo er dasselbe macht wie zuvor bei Fox. Bereits beim Start hatte er eine knappe Viertelmillion zahlende Zuschauer, ein Rekord für TV im Internet. Er folgt damit dem Beispiel von Rush Limbaugh, der ebenfalls von den Konzernen unabhängig ist.

Die Tea Partier lieben Beck und Limbaugh, aber sie verabscheuen liberale Medienvertreter. Brent Bozell, ein konservativer katholischer Aktivist, der das Media Research Center gegründet hat und oft bei Fox spricht, hatte im Februar 2011 einen Auftritt bei der Tea Party Conference in Phoenix; unter laut jubelndem Beifall erklärte er dem Publikum:»Die Medien hassen euch!« Und um es klarzumachen, wen er meinte, zählte er fünf Namen auf, die das Publikum allesamt mit lauten Buhrufen quittierte. »Frank Rich!«, rief Bozell – der Kulturkolumnist der ›New York Times‹, der heute für das ›New York Magazine‹ arbeitet;»Paul Krugman!«, der Wirtschaftskolumnist der ›Times‹;»Eliot Spitzer!«, der frühere New Yorker Gouverneur, der nach seinem Rücktritt bei CNN unterkam;»Keith Olbermann!«, der beim Al-Gore-Fernsehen Current arbeitet,»und«, so donnerte Bozell, »Bill Maher!«, woraufhin die Menge besonders laut buhte. Maher ist ein linker Satiriker, der freie Liebe und Drogenkonsum verteidigt und auf HBO gnadenlos über die Tea Party herzieht. Nicht mehr lange, hofft Bozell.»Wir, das amerikanische Volk, sagen zu den Medien: ›Fallt tot um‹!« Und das geschehe ja auch, denn die verlören allesamt an Auflage und Einschaltquoten. Hingegen die erfolgreichen Nachrichtenprogramme, das seien die von Sean Hannity, Bill O'Reilly und Glenn Beck! Nun jubelt die Menge wieder. Es mag Zufall sein, aber vier dieser fünf meistgehassten Journalisten sind jüdischen Glaubens.

Inzwischen treten – oder traten – gar mehrere Republikaner bei Fox News als bezahlte Kommentatoren auf, darunter Sarah Palin, Mike Huckabee, Rick Santorum und Newt Gingrich. Auch Sharon Angle und Christine O'Donnell, zwei mittlerweile gescheiterte Tea-Party-Favoritinnen, durften Fox als Plattform nutzen, um Spenden einzutreiben. Und der Weg verläuft manchmal auch in die andere Richtung: John Kasich, Moderator bei Fox News, wurde zum Gouverneur von Ohio gewählt, für die Republikaner natürlich. News Corp spendete 1,25 Millionen Dollar für seinen Wahlkampf. Manche Konservative, wie der frühere Bush-Redenschreiber David Frum, finden das bedenklich.»Republikaner dachten einmal, dass Fox News für uns arbeitet; aber nun finden wir heraus, wir arbeiten für Fox!«, sagte er.

Diese rechten Medien existieren nicht nur nebeneinander, sie sind auch miteinander als »right wing echo chamber« verwoben, wie Paul Krugman es nennt. Die Website ›Think Progress‹ erläuterte einmal, wie dies funktioniert: Der Chef der chinesischen Zentralbank erklärte – im März 2009 –, er wünsche sich eine internationale Leitwährung neben dem schwächelnden Dollar, ein Statement, mit dem China eigentlich nur Muskeln zeigen wollte. Daraus machte der ›Drudge Report‹ die Schlagzeile: »Peking will neue globale Währung«, durchaus etwas anderes als eine zweite Leitwährung. Stunden später forderte Michele Bachmann, Obama müsse einen Eid ablegen, dass Amerika niemals eine globale Währung einführen werde. Kurz darauf behauptete Glenn Beck, die Vereinten Nationen forderten eine globale Währung, das sei der Vorbote für eine Weltregierung. Am nächsten Morgen wollte Major Garrett, der Korrespondent im Weißen Haus für Fox News, von Präsident Obama wissen, ob er eine globale Währung unterstütze.

Fox News ist das wichtigste Drehkreuz zwischen konservativem Journalismus und den Republikanern, aber nicht das einzige: Da gibt es RedState.com, ein erzkonservatives Blog von Erick Erickson, wo auch Ann Coulter postet, die ›Washington Times‹, die der schwer rechten Moon-Sekte aus Korea gehört, ›World Net Daily‹, wo sich die leicht verrückten Birther austauschen, und ›NewsMax‹, ein Magazin mit einer Auflage von 230 000 und der zweitgrößten Website nach FoxNews.com. Auch ›NewsMax‹ residiert in Florida, hier ist der Journalist Chris Ruddy gelandet, den Drudge mit seiner »Vincent-Foster-Geschichte« berühmt gemacht hatte (zwischenzeitlich schrieb er für Murdochs ›New York Post‹). ›NewsMax‹ geriert sich als populistische Alternative zu ›Time‹ oder ›Newsweek‹, ohne sich aber offen für die Republikaner auszusprechen. Ruddy schreibt freundlich über Tea Partier wie Bachmann oder Palin oder auch über herkömmliche Konservative wie John Boehner. Inzwischen kann er aber auch Clinton wieder gut leiden.

Da die ›NewsMax‹-Leser zu den zahlungskräftigeren Spendern für die Republikaner gehören, klopfen hier Konservative gerne an. Und ›NewsMax‹ hilft. Wer 30 000 Dollar auf den Tisch legt, so schreibt die ›New York Times‹, bekommt von Ruddy eine Liste von ›NewsMax‹-Lesern, die bereit sind, an ein konservatives PAC, ein *political action committee,* zu spenden. ›NewsMax‹ hilft Kandidaten auch, ihre Bücher in Massenauflagen zu verkaufen, etwa, indem diese als Belohnung für ein Abo angeboten werden. »Wir sind ein Business und keine Ideologie«, erläuterte Ruddy der ›Times‹.

Murdoch ist inzwischen unter Beschuss geraten: Im Sommer 2011 kam heraus, dass die Journalisten seiner britischen Boulevardzeitung ›News of the World‹ im großen Stil Handys gehackt und Verbrechensopfer abgehört hatten, auch Opfer des Anschlags auf das World Trade Center. Murdoch schloss das Blatt und konzentrierte sich auf sein amerikanisches Imperium: Er engagierte Howard Rubenstein, New Yorks PR-König, den Strafrechtsanwalt Brendan V. Sullivan, der zuvor Oliver North, einen Hauptverdächtigen der Iran-Contra-Affäre, herausgehauen hatte (auch North arbeitet heute bei Fox News), aber auch den Anwalt Joel Klein, der unter Clinton für das Weiße Haus Kartelluntersuchungen gegen Microsoft durchgeführt hatte. Wenn es darauf ankommt, kennt Murdoch keine Parteien. Demokraten riefen nach seinem Kopf, aber das ›Wall Street Journal‹, die ›Washington Times‹ und ›NewsMax‹ verteidigten ihn: Wer fordere, dass ein amerikanisches Medium für etwas bestraft werde, das in England passiert sei, gefährde die Pressefreiheit.

Gefahr für Murdoch könnte aber aus einer anderen Ecke drohen: Wenn seine konservativen Zuschauer mitbekommen, dass ihr Lieblingssender Teil eines ausländischen Imperiums ist, könnten sie davonlaufen. Denn die Ränge von News Corp sind nicht gerade »uramerikanisch« besetzt: Murdoch selbst hat als gebürtiger Australier seinen Akzent bis heute nicht abgelegt, seine Mutter Elisabeth ist Ordensträgerin des Britischen Empire. Er ist in dritter Ehe mit Wendi Deng verheiratet, Tochter eines chinesischen kommunistischen Funktionärs, deren originärer

Name Deng Wenge »Kulturrevolution« bedeutet. Das Paar hat Wohnsitze in Sydney, London und Peking, nahe der Verbotenen Stadt, und der chinesische Premierminister hat Murdoch sogar gebeten, die chinesische Staatsbürgerschaft anzunehmen. Der zweitgrößte Anteilseigner an News Corp ist der saudische Prinz Al-Waleed bin Talal al-Saud. Auch zwei seiner Chefredakteure – Col Allan, der die ›New York Post‹ leitet, und Robert James Thompson vom ›Wall Street Journal‹ – kommen aus Australien.

Für Hardcore-Rechte ist Murdoch denn auch ein ausländischer Verräter. Auf rechtsradikalen, antisemitischen Websites wie Stormfront wird gelegentlich verbreitet, Murdoch sei in Wirklichkeit ein irischstämmiger Jude und besorge heimlich die Geschäfte Israels beziehungsweise die Geschäfte der Rothschilds, der Schiffs oder anderer Bankhäuser.

Ein rechter Internetmogul als kultureller Linker: Andrew Breitbart

Andrew Breitbart tut gar nicht erst so, als sei er etwas anderes als ein Latte macchiato trinkender Großstädter. »Ich bin kulturell ein Linker, denn die Linke definiert in Amerika die Kultur«, sagte er im Frühjahr 2011 bei einer Bloggerkonferenz in New York, wo er in einem Kurzfilm auftrat und auf Rollerskates eine Demonstration gegen die Koch-Brüder mit »Ho Chi Minh«-Rufen aufmischte. »Ich höre linke Musik wie The Jam, die Lieder gegen Ronald Reagan spielen, ich mag Videospiele wie Angry Birds, kaufe Biolebensmittel bei Whole Foods und meine Inspiration ist der Anarchist Abbie Hoffman.« Der Blogger, dessen Protegé James O'Keefe ist – oder vielmehr war, bis er mit dem Gesetz in Konflikt geriet –, repräsentiert die neue Generation des konservativen Journalismus, der sich vollständig im Internet abspielt und von altmodischen kulturellen Referenzen nichts hält.

Auch Breitbart wuchs in einem liberalen jüdischen Haushalt auf; seine Mutter konvertierte zum Judentum, als sie seinen Stiefvater heiratete. Aber damit hat er so wenig am Hut wie sein Mentor Drudge, bei dem er seine Karriere begann. Er beschloss als junger Mann, die Identität seines leiblichen Vaters zu adaptieren, eines Iren, und wurde sogar ein Reagan-Konservativer. Breitbart glaubt, er sei mit seiner Einstellung nicht alleine in Hollywood, aber einsam. »Ich habe dort viele Freunde, die rechts sind, aber die machen den Mund nicht auf, weil sie Angst haben, für Nazis gehalten zu werden.« Er hingegen finde, man solle mit Linken diskutieren – nach seinem Job bei Drudge schrieb er für die liberale ›Huffington Post‹ –, außerdem sei er für Redefreiheit. Er habe Bill Maher verteidigt, der nach dem Anschlag auf das World Trade Center gefeuert wurde, weil er gesagt hatte, die Terroristen seien weniger feige als die US-Luftwaffe, die Raketen aus Tausenden von Meilen Entfernung abschieße.

Breitbart steht offen dazu, dass er kein objektiver Berichterstatter ist. Er sieht sich als politischer Aktivist, und er nutzt seine vielen Websites – darunter biggovernment.com, bigjournalism.com und bighollywood.com – dafür, ins politische Getriebe einzugreifen und seine Freunde zu promoten, darunter natürlich Drudge und Ann Coulter. Und um seine Feinde zu vernichten. Bei einer schwarzen Obama-Mitarbeiterin aus dem Ministerium für Landwirtschaft, deren Ehemann ein führender Bürgerrechtler ist, hat er es fast geschafft. Er hatte kurze Ausschnitte aus einem Video gepostet, die die Frau als Rassistin erscheinen ließen. Erst als das Video in voller Länge auftauchte und CNN darüber berichtete, wurde sie rehabilitiert (und sie verklagte Breitbart). Erfolgreicher war er bei Anthony Wiener, einem Abgeordneten der Demokraten aus Brooklyn, der allzu freizügige Fotos von sich an junge Frauen twitterte. Als Breitbart die Fotos veröffentlichte, trat Wiener zurück.

Leute wie Breitbart sind die Zukunft der rechtskonservativen Medienwelt, sie arbeiten auf ihren eigenen Websites und mit eigenen Videofeeds, fernab einer Kontrolle durch Chefredakteure, die zumindest irgendwann einmal bei bürgerlichen Medien ihren Job gelernt haben.

Breitbart ist viel unterwegs in diesen Wahlmonaten. Er ist ein gefragter Redner auf Tea-Party-Treffen und Kleindarsteller in rechten Filmen. Im Sommer 2011 ist er in Pella, Iowa, einer ursprünglich holländischen Siedlung mit zwei Windmühlen, einem Tulpenfeld, einem »Klokkenspiel« und vielen blonden Kindern. Hier, im Pella Opera House, wird der Film ›The Undefeated‹ uraufgeführt, mit und über Sarah Palin, und auch Breitbart hat darin einen kurzen Auftritt. Halb Pella ist zusammengelaufen, denn Palin ist selbst angereist, um sich auf der Leinwand zu bewundern. Nach dem Film verlässt sie das Opernhaus mit ihrem Gefolge, und dazu gehört auch Breitbart.

Während Palin die Fragen der »lamestream media« abwehrt, hat Breitbart keine Berührungsängste. Er verlässt kurz die Truppe und schlendert zu den Journalisten hinüber, die in einer Ecke neben den Mülltonnen warten: Ja, der Film sei großartig, sagt er, und fasst für die Presse zusammen, was er gesehen hat. Und auch Palin sei großartig. Und was hält er von Michele Bachmann? Würde er die auch unterstützen als Präsidentschaftskandidatin? »Klar doch«, sagt er. Er habe das aber noch gar nicht entschieden. Er lächelt, winkt und schlendert wieder zur Gesellschaft zurück. Einen treuen und zuverlässigen Freund haben die Politiker der Tea Party in Breitbart ganz sicher nicht. Genauso wenig wie in Murdoch.

Schwarze Helikopter und gefälschte Geburtsurkunden: Sarah Palin, Donald Trump und die Verschwörungstheorien

Vor der Famous Famiglia Pizzeria am New Yorker Broadway drängeln sich Journalisten, Fotografen und natürlich Touristen. Das ist nicht ungewöhnlich an diesem Ort, denn die Famous Famiglia Pizzeria, die Albanern gehört, liegt am Times Square. Alle großen Medienunternehmen residieren hier oder nahebei, in funkelnden Hochhäusern aus Stahl, Glas und Neon: Disney, Time Warner, News Corp, Bertelsmann, Random House, HBO, Viacom, Paramount, Condé Nast, Time Magazine, Associated Press. Auch große Zeitungen und Magazine wie der ›New Yorker‹, die ›New York Times‹, der ›New York Observer‹ und das ›Wall Street Journal‹ sind hier.

Das Leuchtband um den alten Times Tower zeigt Wall-Street-Schlagzeilen im Minutentakt. TV-Sender wie MTV, der Sportsender ESPN und ABC haben riesige verglaste Studios am Times Square, wo sich TV-Moderatoren und Musiker live vor Passanten produzieren. Überdimensionale Bildschirme und Videowände hängen an allen Wolkenkratzern. Hier läuft das Programm des Discovery Channel, dort das von Fox News und von ABC, auch die neuesten Nachrichten der Technologiebörse Nasdaq und der Nachrichtenagentur Thomson-Reuters sind zu sehen. Neonleuchtbänder und LEDs produzieren Sportschlagzeilen, Börsenkurse und Hollywood-Klatsch. Planet Hollywood ist am Times Square und das Studio von David Letterman, in der Nähe liegen die Radio City Music Hall mit NBC und der Winter Garden, wo ›Mamma Mia‹ gespielt wird. Gigantische Plakate werben für Broadway-Musicals, neue Filme und TV-Serien, Donna Karan oder Kreditkarten. Leuchtreklamen blinken für Samsung und Coca-Cola. Dies hier ist das urbane Herz von New York und die Medienzentrale der Welt. Fünfzig Millionen

Touristen besuchen die Stadt alljährlich – und sie alle, oder zumindest fast alle, setzen ihren Fuß auf den Times Square.

Auch Hotels und Restaurants sind hier, viele davon unglamouröse Fastfood-Ketten für die Massen. Die Famous Famiglia Pizzeria zählt dazu, ein Restaurant mit rustikalen nackten Holztischen, einem Tresen, einem großen Steinbackofen und Fotos von Broadway-Größen an der Wand, die vielleicht, vielleicht aber auch nicht hier waren. Im Mai 2011 trafen sich dort zwei Medienstars, bestaunt von Touristen und Journalisten, die Schnappschüsse machten und versuchten, ein paar Worte zu erlauschen: Sarah Palin und Donald Trump, der Wolkenkratzer-König, der bei der Tea Party tatsächlich noch ein bisschen beliebter ist als Palin. Auch Trumps dritte Frau Melanie und Palins ziemlich genervte Teenager-Tochter Piper saßen am Tisch. Sehr viel gemeinsam haben Trump und Palin nicht, außer, dass sie beide gerne im Fernsehen sind. Trump etwas erfolgreicher als Palin, aber er ist ja auch schon länger dabei. Auch sind beide schnell beleidigt.

Die Palins waren in Trumps schwarzem Geländewagen mit Chauffeur vorgefahren, der sie am Trump Tower an der Fifth Avenue abgeholt hatte, einem der höchsten Hochhäuser Manhattans. Wie alles, was Trump gehört, ist auch dieser Skyscraper mit dem in großen goldenen Lettern gesetzten Namen des Bauherrn dekoriert. Der Trump Tower ist eine Orgie in geschmacklosem rosa Marmor, mit einem Wasserfall im Atrium über vier Stockwerke, inmitten der Flagshipstores von Armani, Hermes und Nike. Palin hatte Trump einen Besuch abgestattet, in seiner Wohnung hoch über Manhattan, die sich über drei Stockwerke erstreckt. Bei Famous Famiglia Pizza verzehrten die vier Pizzen mit Peperoni auf Papptellern, Fleischbällchen und Wurst. Dazu gab es Cola. *The Donald*, stilecht in dunkelblauem Anzug mit Hemd und Krawatte, bestand auf einer Plastikgabel, hingegen aß Palin, im rosa Kostüm, die Pizza mit der Hand. Danach versicherte Palin dem Lokalsender NY1, sie habe die »echte New Yorker Pizza sehr genossen, nicht wahr, Piper?«, wobei die Tochter trotzig an der Kamera vorbeistarrte.

Palin hatte eigens für Trump ihre »One Nation Tour« unterbrochen, eine Tour in einem Bus, der über und über in Rot, Weiß und Blau bemalt war, mit dem Schriftzug »Sarah Palin« und »One Nation«, einem stilisierten Bild der Verfassung mit der Zeile »We, The People« und einem Hinweis auf »SarahPAC«, das Spendenkomitee der Kandidatin. Obgleich die ja gar nicht erklärt hatte, dass sie antreten will, und es auch nicht tut. Das PAC hat der Anwalt John Coale für sie eingerichtet, Ehemann der Fox-News-Reporterin Greta van Susteren. Der Bus sollte sie und Piper zu Stätten amerikanischer Geschichte fahren, nach Gettysburg, wo eine der wichtigsten Schlachten des amerikanischen Bürgerkriegs stattgefunden hat, zur Liberty Bell in Philadelphia, Mount Vernon (der Plantage George Washingtons) und der Einwandererinsel Ellis Island. Begonnen hatte Palin ihre Tour am Memorial Day, an dem Amerikaner ihrer toten Soldaten gedenken. Eigentlich, hatte sie erklärt, sei dies ein Familienurlaub, aber verfolgt wurden sie von ganzen Reporterhorden, darunter ein CNN-Team, das ebenfalls einen Bus gemietet hatte. Doch Palin ignorierte die Medien eisern, Greta van Susteren ausgenommen (immerhin arbeitete Palin auch für Fox News). Ab und an legte sie sogar absichtlich falsche Fährten, um die »lamestream media« zu ärgern.

Die Bärentöterin von Alaska

Sarah Palin ist die Kandidatin, die aus dem Nichts gekommen ist. Binnen kürzester Zeit hatte sie einen sagenhaften Aufstieg hingelegt, den sich weder ihre Gegner noch ihre Freunde so recht erklären können, und von beiden hat sie viele. Palin fischt, sie fährt Schneemobil, sie schießt gerne Wölfe vom fliegenden Hubschrauber aus und Bären vom Dach, zumindest in ihrer Reality-TV-Show. Aber ist sie wirklich *real*? Oder ist sie eher ein Medienprodukt, so authentisch wie Paris Hilton oder Cindy aus Marzahn? Palin präsentiert sich ihren Wählern zwar als Quereinsteigerin, die mit dem »Washingtoner Establishment« und den elitären Ostküstenmedien nichts zu tun hat. Aber ein Blick auf ihre rasante Karriere zeigt, dass sie ein Produkt jener konservativen Kräfte ist, welche die amerikanische Politik seit Joseph McCarthy, Barry Goldwater, Richard Nixon und Ronald Reagan beeinflussen – und die alles andere sind als Outsider. Klar ist auf jeden Fall: Palin hat sich nicht spontan entschlossen, zur Wahl von 2008 an John McCains Seite zu treten, sie wurde von Partei-Insidern bewusst aufgebaut.

Am 18. Juni 2008, einem kühlen, regnerischen Tag, steuerte das Kreuzfahrtschiff ›MS Oosterdam‹ auf die Küste von Alaska zu. Die Oosterdam ist ein Luxusdampfer der Holland America Line, auf dem damals mehrere illustre konservative Kolumnisten ihren Urlaub verbrachten. Darunter war Bill Kristol vom ›Weekly Standard‹, Murdochs neokonservativem Meinungsblatt. In Juneau, der Hauptstadt Alaskas, verließen drei Journalisten mit ihren Familien das Schiff. Sie waren zum Lunch in die Gouverneursvilla eingeladen. Das viktorianische Holzhaus mit Blick aufs Meer und säulengeschmückter Veranda hatte eine resolute Hausherrin: Sarah Palin.

Palin war damals in den USA noch weitgehend unbekannt. Sie war erst vor einem halben Jahr als Gouverneurin von Alaska angetreten, nach Hawaii der entlegenste Staat der USA, wo nicht viel mehr als eine halbe Million Menschen leben, fast alle weiß, von den Inuit in den Reservaten abgesehen. Lokalprominenz von Alaska saß am großen Tisch im Esszimmer, darunter eine konservative Schulaktivistin und der Generalstaatsanwalt. Die Stimmung – so beschreibt es Jane Mayer im ›New Yorker‹ – war locker. Zwei der Kolumnisten hatten ihre Kinder mitgebracht, und auch Piper schaute zum Dessert kurz vorbei. Die Gouverneurin ließ Wangen vom Heilbutt servieren, den besten Teil des Fisches. Als sie vor dem Mahl inbrünstig das Dankgebet sprach, waren die Journalisten schwer beeindruckt. Danach flogen sie mit dem Helikopter zu einer Goldmine. Dort versicherte Palin ein paar Hundert um ihre Jobs besorgten Minenarbeitern, sie werde sich gegen die Klagen von Umweltschützern stellen, die verhindern wollten, dass Abraum in die Seen Alaskas gekippt werde. Auch das fanden die konservativen Journalisten beeindruckend.

Sarah Palin stammt aus Sandpoint, einem Städtchen in den Rocky Mountains in Idaho. Idaho ist ein fast weißer Staat, und diese Gegend gilt als Sammelbecken für rechtsradikale Gruppen wie die Aryan Nations. Die Familie zog aber bald nach Skagway, Alaska, und dann nach Wasilla, eine Stadt im Wildweststil im Tal des Matanuska, wo nur wenige Tausend Menschen leben. Damals ging die Familie immer mal wieder über die Grenze nach Kanada, wenn jemand krank war, der kostenlosen Ärzte wegen, wie Palin einmal erzählte. In der Highschool galt Palin als hübsch, aber biestig. Ihr Spitzname in der Basketballmannschaft war »Sarah Barracuda«. Nach der Schule ging sie zurück nach Idaho und besuchte in rascher Folge das North Idaho College in Coeur d'Alene, die University of Idaho in Moscow, das Matanuska-Susitna College bei Anchorage und noch einmal die University of Idaho, wo sie ein Diplom in Kommunikationswissenschaften machte. Zurück in Alaska heiratete sie Todd, ihren Highschool-Freund, arbeitete für kurze Zeit als Sportreporterin im Radio, trat den Republikanern bei und wurde erst Mitglied der Parent-Teacher-Organization PTA – wie zuvor Michele Bachmann –, dann Stadträtin, dann Bürgermeisterin von Wasilla und schließlich Gouverneurin des Staates.

Palin stieg so rasant auf, weil sie sich als Rebellin gegen das Establishment inszenierte. Und tatsächlich setzte sie sich gegen einen *old boys club* aus Republikanern und Vertretern der in Alaska so wichtigen Ölindustrie durch. Aber hinter den Kulissen wusste sie durchaus den Apparat zu bedienen. Schon als Bürgermeisterin von Wasilla hatte sie in Washington einen Lobbyisten angeheuert, der dafür sorgte, dass die Kleinstadt acht Millionen Dollar an Bundesgeldern bekam, obwohl sie gleichzeitig gegen *earmarks*, Finanzspritzen für kommunale Projekte aus der Bundeskasse, zu Felde zog. Während sie als Gouverneurin kandidierte, attackierte sie den republikanischen Amtsinhaber Frank Murkowski als korrupten Verschwender. Nach der Wahl behauptete sie, sie habe seinen Amtsjet auf eBay verkauft – tatsächlich hatte sich dafür jedoch gar kein Bieter gefunden. Nachdem sie Gouverneurin geworden war, setzte sie sich für eine millionenteure Brücke zu einer Insel mit nur fünfzig Einwohnern ein. Aber als sie für das Amt der Vizepräsidentin nominiert wurde, behauptete sie, sie sei immer gegen diese »Brücke nach nirgendwo« gewesen. Und während sie sich noch als Außenseiterin profilierte, engagierte sie eine PR-Firma aus Massachusetts, um die Medien in Washington und New York auf sich aufmerksam zu machen. Sie gerierte sich als fischende, jagende Sportlerin aus dem Amerika der Cowboys und Farmer, der »richtigen« (weißen) Amerikaner (vom Lande), dem Amerika der National Rifle Association. Tatsächlich aber – so enthüllte es ihr Beinahe-Schwiegersohn Levi Johnston – habe er ihr erst zeigen müssen, wie man ein Gewehr anfasst. Sie verbringe die Tage lieber auf der Couch vor dem Fernseher mit einer Pizza. Selbst ihren Anhängern ist heute klar, dass sie lieber in New York shoppen geht, als in Alaska Lachse fängt, und dass sie nichts lieber als die Einöde von Alaska verlassen und Karriere machen würde, am liebsten bei den vielgehassten »elitären« Medienhäusern am New Yorker Times Square. Und John McCain sollte ihr Ticket in die Freiheit werden.

Dass die republikanischen Königsmacher auf Palin aufmerksam wurden, war dem ›New Yorker‹ zufolge einem konservativen Blogger aus Washington, D.C., zu verdanken, Adam Brickley. Der stammt aus Colorado, dem ländlichen, konservativen *heartland* zwischen den Rocky Mountains und Mississippi, war aber nach dem Studium nach Washington gezogen. Dort beschloss er im Februar 2008, auf eigene Faust eine Kandidatin für die Vizepräsidentschaft zu suchen. Denn er hatte Angst vor Hillary Clinton, die als »feministische Hexe« verschrien war und damals noch als wahrscheinlichste Kandidatin der Demokraten galt.

Brickley, der sich selbst als »politischen Junkie« bezeichnet, kommt aus einer Familie von evangelikalen Christen, war aber als Student zum »messianischen Judentum« übergetreten. Das ist eine neue spirituelle Bewegung, deren Mitglieder jüdische

Feiertage einhalten und Synagogen besuchen, aber glauben, Jesus sei der Messias. In Washington belegte er Seminare am Leadership Institute von Morton Blackwell. Blackwell hatte sich in den Reagan-Jahren mit Jerry Falwell zusammengetan, dem inzwischen verstorbenen, einflussreichen evangelikalen Fernsehpfarrer und Fundamentalisten, der die *New World Order* und eine ausländische »Eine-Welt-Regierung« fürchtete. Die beiden gründeten den Verein Moral Majority, der Ronald Reagan unterstützte und später Bill Clinton bekämpfte.

Blackwells größter Ehrgeiz war, die etablierte Presse auszumanövrieren. Sein Leadership Institute propagierte, dass republikanische Politiker direkt mit ihren Wählern per Fernsehen und Internet reden sollten, um die Filter der seiner Ansicht nach liberalen Medien zu umgehen. Es ist ein Ratschlag, den auch Sarah Palin beherzigt: Sie spricht selten mit der Presse, wendet sich aber oft über Twitter und Facebook an ihre Fans. So rief sie auf dem Höhepunkt des Haushaltsstreits im Juli 2011 bei Facebook dazu auf, Druck auf John Boehner zu machen, den Fraktionsvorsitzenden der Republikaner im Kongress, damit er keinem Kompromiss zustimme, der höhere Steuern vorsah.

Mit dem ideologischen Rüstzeug von Blackwell und Falwell ausgestattet, wurde Brickley Praktikant bei der Heritage Foundation, einer ultrakonservativen Stiftung, die von Rüstungs- und Ölfirmen wie ExxonMobil und Lockheed Martin unterstützt wird. Zu der Zeit war John McCain zwar noch nicht für die Republikaner nominiert, aber man nahm an, er werde gewinnen. Brickley jedoch war klar, dass McCain bei jüngeren Frauen nicht sonderlich ankam. Deshalb suchte er nach einer Republikanerin, die den *soccer moms*, den klassischen Hausfrauen, gut gefallen und gleichzeitig Hillary Clinton Paroli bieten konnte. Brickley suchte auf Webseiten, aber die meisten Politikerinnen waren ihm nicht konservativ genug oder schienen ihm nicht mehrheitsfähig. Dann entdeckte er Palin: konservativ, christlich, hübsch – sie war in der Highschool Schönheitskönigin gewesen –, Mutter von fünf Kindern und strikt gegen Abtreibung. Er eröffnete das Blog palinforvp.blogspot.com und fing an, über die Gouverneurin zu schreiben. Damit wurden auch andere auf sie aufmerksam. Einer der Ersten, die sie hier entdeckten, war Rush Limbaugh, der Palin prompt in seiner Radioshow pries. Das bescherte Brickleys Blog 3000 Leser am Tag, darunter auch Paulette Simpson von der Alaska Federation of Republican Women. Es war Simpson, die Palin riet, die Journalisten von der ›MS Oosterdam‹ einzuladen.

Palin empfing nicht nur die ›MS-Oosterdam‹-Journalisten in der Gouverneursvilla, sondern vier Wochen später auch die Gäste eines zweiten Schiffes, der ›MS Noordam‹. Auf der Noordam reisten ebenfalls konservative Medienvertreter, aber auch John Bolton, George W. Bushs Botschafter bei den Vereinten Nationen (Bolton sagte einmal, vom Hochhaus der UN könne man ein paar Stockwerke absäbeln, ohne dass dies etwas ausmache), sowie Dick Morris, der abgefallene Demokrat, der über eine Affäre mit einer Prostituierten gestolpert war. Auch auf diese Gäste machte Palin einen starken Eindruck. Ein anwesender Historiker beschrieb sie gegenüber dem ›New Yorker‹ als »selbstbewusste Frau« mit einer »magnetischen Aura«. Ähnlich dachte Morris, der sofort auf die Idee kam, sie könne Vizepräsidentin werden, schon deshalb, weil er hoffte, Palin könne die verhasste Hillary besiegen. Morris riet Palin, ihr Image als Außenseiterin im politischen Establishment zu pflegen, das werde ihr Wählerstimmen bringen. Morris trat danach mehrere Male bei Fox News auf, um für Palin die Werbetrommel zu rühren. Noch mehr aber legte sich Kristol für sie ins Zeug, der Palin gleichfalls bei diesem Treffen im Juli kennengelernt hatte.

Bill Kristol ist der Sohn von Irving Kristol, dem »Paten der Neokonservativen«, der sich vom Trotzkisten zu einem der wichtigsten rechtskonservativen Intellektuellen Amerikas gewandelt hatte. Kristol sen. arbeitete für den Congress for Cultural Freedom, einen antikommunistischen Kulturverein, und war Mitglied im Council on Foreign Relations. Bill Kristol begann seine Karriere wie sein Vater als Demokrat, wurde dann Büroleiter von Dan Quayle, dem Vize von George Bush sen., und danach Vorsitzender von *Project for the New American Century*

(PNAC), einem Think-Tank, der für eine starke amerikanische Führungsrolle in der Welt eintritt und schon unter Clinton den Krieg gegen den Irak propagierte. Während der Bush-Jahre galt Kristol als wichtiger konservativer Meinungsmacher. Und nun kämpfte er mit all seiner Kraft für Palin. Er warb auf Fox News so oft für die Gouverneurin von Alaska, dass es sogar den Moderatoren dort zu viel wurde. Und er setzte alles daran, John McCain von ihr zu überzeugen. Mit Palin, versicherte er dem Senator, werde er die Frauen gewinnen. Einer ihrer Söhne war Soldat im Irak, und sie hat ein Baby mit Down-Syndrom (das sie damals als Beweis für ihre Abtreibungsgegnerschaft überall mit sich herumschleppte). Auf Drängen von Kristol verbrachte McCain ein paar Stunden mit Palin, ohne allzu viele Erkundungen über sie einzuziehen, und ermunterte sie dann, seine Vizepräsidentin zu werden. Sie sagte zu.

Think-Tanks und Verschwörungstheoretiker

Der Council on Foreign Relations liegt in einer stillen Seitenstraße von Manhattans Upper East Side, nahe dem Central Park, nur wenige Schritte von den Wohntürmen der Park Avenue entfernt, wo die Gutsituierten und Einflussreichen leben. Das dreistöckige Haus mit seiner rötlich braunen Ziegelfassade weist auf unauffälligen Wohlstand hin, sieht man von den Stuckbrüstungen und Bögen aus hellem Sandstein ab, die den Eingang zieren. Gerne lädt der Council Journalisten zum Gespräch mit Experten und Politikern ein. So auch an diesem Herbstabend, wo sich eine Gruppe von Wissenschaftlern aus aller Welt vorstellt, in einem dunkel getäfelten, mit dicken Teppichen ausgelegten Saal, wo Hors d'œuvres und Weißwein serviert werden. Neben mir steht ein älterer Herr, schwarzer Anzug, Krawatte, er lächelt ein wenig sardonisch: »Sie wissen doch hoffentlich, dass Sie hier im Bauch der Bestie sind?«

Unter dem Dach des Council, dieses außenpolitischen Think-Tanks, dessen Wurzeln bis zu Woodrow Wilson, Präsident während des Ersten Weltkriegs, zurückreichen, hat sich seit damals alles versammelt, was Rang und Namen hat: Präsidenten wie Bill Clinton und George W. Bush, Banker wie Paul Warburg und Alan Greenspan, Geheimdienstler wie Allen Welsh Dulles und John McCloy, Journalisten wie Walter Lippmann, Dan Rather und Fareed Zakaria, Regierungsmitglieder wie Zbigniew Brzezinski, Henry Kissinger und Condoleezza Rice und selbst Hollywoodpromis wie Angelina Jolie. Der Council hat Demokraten und Republikaner unter seinem Dach, unterstützt wird er durch die Stiftungen von Ford, Carnegie und Rockefeller. David Rockefeller, Enkel des Standard-Oil-Gründers John D. Rockefeller, war hier einst Chairman.

Der Council on Foreign Relations ist nur eine von mehreren Organisationen, in denen informell Politik gemacht wird. Eine andere ist die Trilateral Commission, wo sich Politiker und Banker aus Amerika, Europa und Asien treffen. Sie wurde von David Rockefeller und Zbigniew Brzezinski gegründet; US-Vorstand ist der Harvard-Professor David Nye, sein europäischer Counterpart war lange Zeit der Goldman-Sachs-Banker und BP-Chairman Peter Sutherland. Der dritte Zirkel sind die Bilderbergers, wo sich die gleichen üblichen Verdächtigen treffen.

Tea Partier und eigentlich alle Erzkonservativen und Religiösen Rechten halten diese Think-Tanks für die Personifizierung der liberalen Elite und der *New World Order*. Barry Goldwater, der frühere erzkonservative Senator von Arizona, meinte, die Trilateristen wollten eine weltweite ökonomische Supermacht schaffen, die an den gewählten Strukturen vorbeiagiere. Verwunderlich erscheint allerdings, dass Tea Partier diese Zirkel dem linken Spektrum zurechnen. Aber aus der Sicht von amerikanischen Ultrakonservativen wäre selbst der bayrische Ministerpräsident Horst Seehofer ein halber Kommunist. Zudem steckt dahinter auch ein antielitäres Bewusstsein, das sich gegen die »Ostküsten-Eierköpfe« richtet.

Hardcore-Verschwörungstheoretiker gehen noch weiter. Manche glauben, dass die Regierung geheime Arbeitslager errichtet und dass deren Beamte, aber auch Vertreter der Vereinten Nationen mit schwarzen, unregistrierten Helikoptern durch Amerika fliegen, um Regimegegner aufzugreifen und in diese Lager zu schaffen. Dabei denken viele, es mache keinen Unterschied, wer in Washington am Ruder sei, Demokraten oder Republikaner – beide verrieten die Interessen des Volkes. Eine weitere Variante sind ganz, ganz Rechte, die an die ZOG (Zionist Occupation Government) glauben, eine von Zionisten kontrollierte US-Regierung. Hier tummeln sich *white supremacists* und Neonazis, die sich in Gruppierungen oder Parteien organisieren wie dem National Socialist Movement (NSM) mit seiner Jugendorganisation Viking Youth Corps. Das NSM geht ursprünglich auf die American Nazi Party zurück, die 1959 von George Lincoln Rockwell ins Leben gerufen wurde. Eine ähnliche Neonazigruppe ist die National Alliance, die von William Luther Pierce gegründet wurde, einem Enkel von Thomas H. Watts, der in Sklavenhalterzeiten Gouverneur von Alabama war. Pierce ist der Autor der ›Turner Tagebücher‹, einem Endzeitroman, in dem Weiße, Schwarze und Juden einander in Rassenkämpfen abschlachten.

Als Pierce die National Alliance allzu diktatorisch regierte, spaltete sich unter Kevin Strom die National Vanguard ab, die von der Website Stormfront.org unterstützt wird. Sie hatte Kontakte zum Ku-Klux-Klan und dessen *Grand Wizard* David Duke, dem bekanntesten Gesicht der US-Rechten. Duke schaffte es einmal sogar, ins Parlament von Louisiana einzuziehen. Vanguard löste sich auf, als Strom wegen Besitzes von Kinderpornographie verurteilt wurde.

Offizielle Vertreter der Tea Party distanzieren sich entschieden von solchen antisemitischen Sumpfblüten; wenngleich gelegentlich einer ihrer Anhänger aus der Rolle fällt. So kam einmal heraus, dass Rich Iott, ein Republikaner aus Ohio, der der Tea Party zugerechnet wird, ein seltsames Hobby hatte: Er beteiligte sich an *war re-enactments*, Kriegsspielen im Wald, wobei er eine Uniform der Waffen-SS trug (er sagte, es gehe um Erziehung zum Geschichtsverständnis). Aber um Vorwürfe abzuwehren, dass sie Nazi-Ideologien anhängen, drehen Tea Partier den

Spieß einfach um: Sie bezeichnen ihre Gegner als Nazis; selbst in Fällen, wo das absurd klingt, wie bei Obama. So tauchen beispielsweise auf Tea-Party-Rallys Plakate von Obama mit Hitlerbärtchen auf. Rush Limbaugh spricht gerne von Feministinnen als »Feminazis«; Ann Coulter nannte die Betreiber von linken Medienwebseiten »kleine Nazi-Blockwarte«. Und als Studenten der University of Connecticut gegen einen Auftritt von Ann Coulter protestierten, nannte Bill O'Reilly sie »linke Nazis«, die man verhaften sollte.

Diesen US-Konservativen geht es nicht um Logik, sondern um die Lufthoheit an den Stammtischen, sie wollen die Nationalsozialisten in eine liberale Bewegung umdeuten, in eine Partei der starken Zentralregierung und des Wohlfahrtsstaates, womit sie den Wohlfahrtsstaat an sich zu denunzieren suchen. So behaupten sie gerne, Hitler habe in Deutschland die Krankenversicherung eingeführt (obwohl das unter Bismarck war) oder unter Hitler sei es verboten gewesen, Waffen zu tragen (was nur für Juden galt), oder dass es einen staatlich verordneten Atheismus gegeben habe (was nicht der Fall war). Lauscht man den Tea Partiern, dann gewinnt man den Eindruck, die Nazis seien eine Diktatur der Sozialversicherungskassen gewesen und die Wehrmacht sei hauptsächlich damit beschäftigt gewesen, deutschen Bauern die Waffen wegzunehmen.

Sie sind auch unhistorisch, soweit es die amerikanische Geschichte betrifft. Waren es doch die Demokraten unter Franklin D. Roosevelt, die die Nazis bekämpften, während republikanische Politiker wie John Foster Dulles zur Kooperation rieten. Aber der Nazi-Vergleich wird nur gezogen, wo er genehm ist: Noch kein Konservativer hat sich gegen das bundesstaatliche Highway-Programm gewandt mit der Begründung, Autobahnen seien Hitlers Idee gewesen.

Die Uminterpretation der Nazis – und der italienischen Faschisten – als linke Volkspartei beschränkt sich freilich nicht auf die Tea Party, daran stricken viele Rechte mit. So behauptet Jonah Goldberg, Chefredakteur der neokonservativen ›National Review‹ in seinem Bestseller ›Liberal Fascism‹, dass Mussolini ein Liberaler gewesen sei. Denn der Duce habe in den USA linke Anhänger unter den Demokraten gehabt. Das stimmt zwar, aber Mussolini hatte damals in allen politischen Lagern in Amerika Freunde, von Hollywood bis zu Prescott Bush, dem Großvater des letzten Präsidenten. Nur weiß das keiner mehr.

Dabei erinnert gerade die Blut-und-Boden-Rhetorik der Tea Party, personifiziert in Glenn Beck, an die Nazis. Die richtet sich genauso gegen eine liberale, urbane Elite, gefällt sich in der Rolle des stets beleidigten, betrogenen Kleinbürgers, lehnt alles Ausländisch-Fremde ab und verwendet antisemitische Stereotypen von Strippenziehern an der Wall Street und in Geheimzirkeln, die nun lediglich ohne das Wort »Jude« formuliert werden. Frank Rich, ein langjähriger Kolumnist der ›New York Times‹, der heute für das ›New York Magazine‹ schreibt, warnte schon früh: »Jeder, der den Feuersturm von Timothy McVeigh bewusst erlebt hat, wird die alten Warnzeichen erkennen, die sich aus dem Nebel der Geschichte formen: Die patriotische Bewegung; die Kritik an der »Neuen Weltordnung« mit ihren schattenhaften Verschwörungen, ausgebrütet vom Council on Foreign Relations und von der Trilateral Commission Sandpoint, Idaho. Weiße *supremacists*. Militias. Dass Palin gerade bei solchen Wählerschichten beliebt ist, hat seine Gründe. »Sie ist deren geborener Avatar, weil sie diesen hässlichen Emotionen ein glückliches, hübsches Gesicht gibt«, meint Rich.

MKULTRA oder Wie die CIA Gedanken kontrolliert

In mancher Hinsicht haben diese Verschwörungstheoretiker nicht unrecht. Die USA sind, insbesondere seit 9/11 und dem *Patriot Act*, tatsächlich ein Kontrollstaat, mit dem stärksten Militär in der Geschichte der Menschheit, Überwachungskameras auf öffentlichen Plätzen, einer allgegenwärtigen Polizei, einem Justizsystem, das drei Millionen Menschen inhaftiert hält, sowie einem krakenartigen Geheimdienst. Der ›Washington Post‹ zufolge gibt es in Amerika 1271 Behörden und 1931 Unternehmen, die mit Geheimdienstarbeit und Terrorismusabwehr bzw. *Homeland security* befasst sind; die meisten davon agieren im Verborgenen. Es sind Republikaner wie Demokraten gleichermaßen, unter denen dieser Polizeistaat wächst.

Und es hat in der Geschichte der USA durchaus geheime Operationen – man könnte auch sagen: Verschwörungen – unter Beteiligung von staatlichen Institutionen gegeben, die allesamt eines Oliver-Stone-Filmes würdig wären: Dazu zählen die Edgewood Arsenal Experiments alias »Project 112«, wo die CIA chemische und biologische Waffen an GIs testete, oder MK-ULTRA, Experimente zur Bewusstseinskontrolle mittels Drogen wie LSD; die Operation Paperclip (als der US-Militärgeheimdienst Nazi-Wissenschaftler in die USA holte), die Operation Northwoods (eine Serie von terroristischen Anschlägen, die Kuba in die Schuhe geschoben werden sollten, was aber am Veto des Präsidenten scheiterte) oder neuere Verschwörungen wie Watergate (der Einbruch von Republikanern in das Wahlkampfquartier der Demokraten) und Iran-Contra (der Verkauf von Waffen an die iranischen Mullahs, um die Contras in Nicaragua zu finanzieren).

Selbstredend sind auch Think-Tanks und informelle Zirkel wie der Council on Foreign Relations, die Trilateral Commission und die Bilderberger einflussreich. Das kritisieren Rechte und Linke. Aber natürlich treffen sich deren Mitglieder nicht dauernd in Geheimlogen und befehlen dem Präsidenten gemeinsam, was er als Nächstes zu tun hat. Vor allem aber geht es den Rechten, die diese Vereine für die Drahtzieher hinter der Weltverschwörung halten, sowieso nicht um Demokratie und Transparenz. Sie haben keine Probleme mit konservativen Vereinen, die ihre Tentakel überallhin ausstrecken. Es geht ihnen um die Ablehnung all dessen, was »unamerikanisch« ist. Sie warnen vor der *New World Order*, weil dann, so glauben sie, die Vereinten Nationen – »Ausländer« also, »Dunkelhäutige, Moslems und Asiaten« – versuchen werden, die USA zu dominieren. (Auch hierin ist eine gewisse Parallele zu den Nationalsozialisten zu sehen: Das Dritte Reich ist 1933 aus der Vorgängerorganisation, der League of Nations, ausgetreten.) Eigentlich ist das eine erstaunliche Phantasie, sind es doch die USA, die ihre Truppen in mehr als hundert Ländern stationiert haben.

Die Birther oder Ist Obama überhaupt ein Amerikaner?

Für Menschen, die von solchen Verschwörungstheorien überzeugt sind, kulminiert in Obama alles, was sie ablehnen: Er ist ein schwarzer, »elitärer«, »städtischer« Präsident mit einem kenianisch-moslemischen Vater, der angeblich Kontakte zu »radikalen Linken« hat, wie dem Anti-Vietnam-Aktivisten Bill Ayers, einer, der Rapper ins Weiße Haus einlädt und eine Kirche besucht, deren Pfarrer sagte, 9/11 sei das Resultat amerikanischer Außenpolitik. Oder, wie es ein anonymer Blogger ausdrückte, Obama ist ein »illegales, ausländisches, muslimisches, kommunistisches, drogensüchtiges, schwules Arschloch«, das »nach Hause nach Afrika« gehen solle, mitsamt seinem »Hausschwein Michelle«. Dies ist nicht nur der klassische Rassismus gegen Afroamerikaner. Gerade die Tatsache, dass Obama belesen, beredt, erfolgreich und elitär wirkt, macht Rednecks so misstrauisch. »Es geht um die in 400 Jahren zementierten Annahmen über den Charakter und die Fähigkeiten des amerikanischen Negers, um den Glauben, dass der Präsident, der dem nicht entspricht, ein Fremder sein muss von Geburt«, schrieb Charles Blow in der ›New York Times‹. Aus Obamas »Fremdheit« leiten manche Rechte her, dass Obama gar keine Geburtsurkunde hat oder nur eine gefälschte, weil er in Wirklichkeit in Kenia geboren sei. Daher auch der Name dieser Gruppierung: »Birther«. Eine Steigerung der Verschwörungstheorie lautet so, dass Obama mit einer gefälschten Sozialversicherungsnummer Präsident wurde. Oder aber – die höchste Stufe – dass er eine Art *manchurian candidate* ist, nach dem gleichnamigen Film, ein Präsident, der vom Ausland aus ferngesteuert wird.

An der Spitze der Birther steht Orly Taitz, eine wasserstoffblonde Juristin, Immobilienmaklerin und Zahnärztin aus der

Sowjetunion, die über Israel in die USA immigriert ist und nun in Kalifornien lebt. Ihre Lebensaufgabe sei es zu verhindern, dass die USA den gleichen Weg gehen wie ihre frühere Heimat, sagte sie bei einem Interview der rechten Website ›WorldNet-Daily‹ (WND). Taitz glaubte schon vor der Wahl, Obama habe nicht das Recht, Präsident zu werden, weil er keine gültige Geburtsurkunde vorgelegt habe. Aber auf ihre Briefe an die kalifornische Staatsregierung und das Weiße Haus bekam sie keine zufriedenstellende Antwort. So fing sie an, Getreue um sich zu scharen, die auf Websites, in Leserbriefen und auf politischen Treffen immer lauter nach der Geburtsurkunde fragten. Als das nichts nützte, reichte sie mehrere Klagen ein, in Sacramento und in Washington beim Supreme Court, die aber alle abgelehnt wurden. Nun fing sie an, einzelnen Verfassungsrichtern aufzulauern und ihnen Petitionen zu überreichen. »Ich fühle mich wie in der Sowjetunion, wie in einem totalitären Regime«, sagte sie zu WND. Aber sie werde recht bekommen, und dann werde Obama seines Amtes enthoben, für seine Verbrechen vor Gericht gestellt, die Wahlen würden annulliert und alle unter Obama verabschiedeten Gesetze würden null und nichtig.

Ein verdammtes Genie auf der härtesten Insel der Welt

Der schwarze Helikopter fliegt über die Hochhäuser von Manhattan und den Long Island Sound, bis er sich auf eine Betonplattform senkt. Die Sonne gleißt und dem Helikopter entsteigt Donald Trump, mit grimmem, wenngleich selbstzufriedenem Blick. Die Haare stehen ab – trägt er nun ein Toupet oder nicht? TV-Kameras und Reporter erwarten ihn schon, denn »The Donald« präsentiert an diesem Apriltag etwas Wichtiges: Obamas Geburtsurkunde!

Nicht, dass er die Geburtsurkunde dabeihätte, aber er hat Obama in den letzten Wochen so lange genervt, bis der Präsident versprochen hat, sie öffentlich vorzulegen. Zum zweiten Mal. Seit der Wahl steht sie im Internet, aber die Birther verlangten, die »lange Form« zu sehen, eine ausführlichere Version. Die Urkunde, die Obama nun im April 2011 vorlegt, ist zwar auch nicht länger, eigentlich sogar kürzer und im Prinzip unterscheidet sie sich auch nicht von der bereits bekannten, aber die Reporter sammeln sich um Trump, als sei er der Messias. Oder der Antichrist. Obama ist tatsächlich auf Hawaii geboren! Nicht, dass es darauf ankommt, schließlich ist jedes Kind, das von einer amerikanischen Mutter geboren wurde, egal wo, Amerikaner und damit berechtigt, Präsident zu werden. Goldwater etwa kam in Arizona zur Welt, als der Staat noch indianisches Territorium war. Aber dieses Detail ging im Eifer des Gefechts verloren. Auch hatte Trump noch vor ein paar Wochen behauptet, er habe private Ermittler nach Hawaii geschickt, die ganz Unglaubliches entdeckt hätten. Fragen danach ignoriert er nun.

»Ich bin sehr stolz auf mich, weil ich etwas erreicht habe, das sonst niemand geschafft hat«, sagt Trump. »Es ist wirklich eine Ehre für mich, eine so große Rolle dabei gespielt zu haben, dass wir über diese Geburtsurkunde nicht mehr reden müssen.« Trump ist auf dem Weg nach New Hampshire, wo die erste Debatte der republikanischen Präsidentschaftskandidaten stattfinden wird. Er will schon mal vorbeischauen und einen guten Eindruck machen. Und das tut er, auf seine Art. Er fragt Gäste in einem Restaurant, ob sie schon von seinem Fund gehört haben; die gleiche Frage stellt er auch Republikanern bei einem Lunch, bei dem Spenden gesammelt werden – und Arbeitern in einer Fabrik, die er besucht.

Schon im Jahr 1988 dachte Trump das erste Mal laut darüber nach, dass er Präsident werden wolle, aber er kandidierte nie. Trump, der Enkel von Immigranten aus Rheinland-Pfalz, ist der ewige Beinahe-Kandidat, mehr noch als Ralph Nader oder Lyndon LaRouche, die es wenigstens ernst meinen. Trump aber machte immer einen Rückzieher, bevor er in die Verlegenheit kam, eigenes Geld ausgeben zu müssen. Auch unter George W. Bush flirtete er mit der Präsidentschaft und sagte, Bush sei der schlechteste Präsident aller Zeiten. Sein vorerst letzter Versuch begann mit seinem Geburtsurkunden-Coup. Damit gelangte er in Umfragen unter den Tea-Party-Sympathisanten an die Spitze, obwohl er für alles steht, was die nicht mögen.

New York City, Trumps Heimatstadt, wird von FIRE (Finance, Insurance, Real Estate) regiert, von der Wall Street, den Versicherungen und den Immobilienhaien – von Leuten, die sich in Clubs treffen, im Rathaus ein und aus gehen, den Politikern Karten für den Broadway besorgen und Tickets für die Yankees. Zu denen zählt Donald Trump. Er wird von David Rockefeller zu Feierlichkeiten eingeladen, geht zu Galas im Metropolitan Museum of Art, wo er Vogue-Chefin Anna Wintour die Hand küsst. Er besitzt Hochhäuser an der Wall Street, am Central Park und realisierte zusammen mit chinesischen Investoren »Riverside South«, das größte Neubauprojekt nach dem World Trade Center, er besitzt Casinos in Atlantic City und Eigentumswohnanlagen in Florida; kurz: Er ist ein New Yorker Insider. Trumps letztes Projekt war das Trump SoHo Hotel in New York, das er mit Felix Sater durchführte, einem russischen Immigranten, der beschuldigt wurde, Geldwäsche für die Mafia betrieben zu haben. So ganz rund laufen seine Immobiliengeschäfte seit ein paar Jahren nicht mehr, und niemand weiß genau, wie viel Geld er wirklich besitzt. Ein ›New York Times‹-Reporter behauptete einmal, das seien allenfalls noch 250 Millionen Dollar – Trump drohte daraufhin mit einer Klage.

Aber schon mehrmals meldete er Konkurs an. Das macht aber nichts, da er für seine Wolkenkratzer das Geld von Investoren ausgibt und nicht sein eigenes. Zuletzt ging das Trump-Casino in Atlantic City in Konkurs. Er sagte der NBC, dass er mit dem Tagesgeschäft nichts zu tun habe. Gefragt, warum er dann von dem Casino eine jährliche Zwei-Millionen-Dollar-Apanage bekomme, sagte er: »Because I'm a fucking genius«, weil ich ein verdammtes Genie bin. Eigentlich ist Trump kein Bauunternehmer, sondern ein Selbstdarsteller. Er verkauft Trump-Parfüm, Trump-Herrenmode, Trump-Wodka und Trump-Schokolade. Steven Spielberg – dem ein Apartment im Trump Tower gehört – drehte mit ›Gremlins II‹ eine Parodie auf Donald Trump, der gegen Gruselkobolde kämpfen muss. Trump trat auch in ›Sex and the City‹ und Woody Allens ›Celebrity‹ auf. Er schrieb mehrere Bücher, Bestseller – in allen geht es darum, wie großartig und erfolgreich Donald Trump ist. Dann wurde er selbst zum Fernsehstar, als er für NBC ›The Apprentice‹ moderierte, eine Version des Reality-TV-Show-Plots, wo Menschen sich auf einsamen Inseln durchschlagen müssen. »Überleben auf der härtesten Insel der Welt – Manhattan!«, war die Eigenwerbung. Am Ende jeder Sendung sprach Trump die Worte: »You're fired!« Eine seltsame Visitenkarte für einen Mann, der Jobs retten will.

Trump stellte sich an die Spitze der Birther, mit der gleichen bulldozerartigen Entschiedenheit, mit der er das höchste Wohnhochhaus Manhattans gegen die einflussreichen Nachbarn durchgesetzt hatte. Und er ordnete seine politischen Ansichten neu, als orientiere er sich an Gallup-Umfragen über die Präferenz von Tea-Party-Wählern. Vor nur wenigen Jahren noch war er für eine allgemeine staatliche Krankenkasse eingetreten, für eine Sondersteuer für Reiche und für das Recht auf Abtreibung. Er war dreimal verheiratet und hat schwule Freunde; es gibt ein Video von ihm, wo er mit Rudy Giuliani schäkert, der Frauenkleider trägt. Nun aber wandelte sich Trump zum wertkonservativen Familienpatriarchen, der sich gegen die Schwulenehe wendet – auf seine Weise: Er verglich sie mit den neumodischen, überlangen Golfschlägern, an die er sich nicht gewöhnen wolle (wozu der Komiker Jon Stewart meinte: »Donald, der Schläger ist der gleiche, nur das Loch ist anders.«). Alle New Yorker waren sich sofort einig, dass es ihm nur um Publicity gehe – für die neue Staffel seiner TV-Serie ›Celebrity Apprentice‹. Aber die Tea Partier waren von Trump begeistert: Endlich ein erfolgreicher Geschäftsmann, der das Land retten kann! Und noch dazu einer, der nicht mit dem »elitären Ostküstenfilz« verbandelt ist! Einer, der der OPEC das Öl sowie den Irakern die Ölfelder wegnehmen wollte und der sagte, China sei der Feind. »Ich bin der, der dafür sorgt, dass die USA nicht vom Rest der Welt übers Ohr gehauen werden«, warb er für sich. Der Einzige, der den Braten roch, war Rand Paul: Er wolle zwar nicht Donalds Geburtsurkunde sehen, sagte er, aber doch einen Beleg, dass dieser Republikaner sei. Tatsächlich ist Trump registrierter Demokrat, der zeit seines Lebens mehr Geld an Demokraten gespendet hat als an die Republikaner.

So wie sein Aufstieg, fand auch Trumps Niedergang im Fernsehen statt. Beim Jahresdinner der Korrespondenten in Washington 2011, das live übertragen wurde, machte sich Obama über Trump und die Geburtsurkunde lustig. Zwei Tage später wurde Osama bin Laden getötet, und Trump war aus den Schlagzeilen. Wenig später sagte Trump, er werde nicht kandidieren, da ihm NBC einen besseren Vertrag für ›Celebrity Apprentice‹ angeboten habe. Trump hat, das muss man ihm zugutehalten, das *Birther*-Drama einem TV-würdigen Höhepunkt samt Katharsis zugeführt. Wer nun noch Birther ist, befindet sich in einem Boot mit denen, die Hüte aus Alufolie tragen, damit die schwarzen Helikopter sie nicht finden. Aber der harte Kern gibt nicht auf. Orly Taitz hat schon wieder eine Klage eingereicht, um die wirklich ganz echte Geburtsurkunde von Obama zu sehen, diesmal auf Hawaii.

Mit Glockenläuten und Schüssen gegen das Establishment

Sarah Palin zwinkert in die Kamera, das braune Haar hochgebunden. Es geht um ihre Qualifikation als Außenpolitikerin. »Ich«, sagt sie, »kann Russland von meinem Haus aus sehen!« Nein, das ist gar nicht Palin, das ist Tina Fey, der ›Saturday Night Live‹-Star, der Palin zum Verwechseln ähnlich sieht. Praktisch sofort, nachdem Palin ins Rampenlicht getreten war, wurde sie zur Zielscheibe der Medien, und das nicht ohne Grund: Sie wusste auf Fragen von TV-Journalisten nicht, welche Zeitungen sie las; sie »begnadigte« vor laufender Kamera einen Thanksgiving-Truthahn, während direkt hinter ihr Truthähne geschlachtet wurden; sie fiel auf einen falschen Nicolas Sarkozy am Telefon herein, hinter dem sich ein kanadischer Komiker verbarg. Und als ihre unverheiratete Tochter Bristol mit siebzehn, mitten im Wahlkampf, schwanger wurde, warf man der treuen Kirchgängerin Heuchelei vor. Sarah Palin fing an, die Presse zu hassen. Und da sie sehr dünnhäutig ist und nachtragend, blieb der Hass. McCain verlor die Wahl, und Palin warf ihren Posten als Gouverneurin hin. Es machte ihr keinen Spaß mehr, denn die Demokraten in Alaska behandelten sie nun als politische Gegnerin und nicht mehr als die fröhliche Schönheitskönigin von nebenan. Manche Republikaner gaben ihr die Schuld am McCain-Debakel, andere hofften, nun seien wenigstens ihre »15 Minuten Ruhm« vorbei. Aber sie war weiterhin beliebt. Sie konnte sich als Opfer der »liberalen, elitären Medien« darstellen, die sie attackierten, weil sie ein Mädchen vom Lande sei. Und auch von den Republikanern, die sie zur »Ostküstenelite« rechnet, grenzt sie sich ab. So unterstützte sie im New Yorker Wahlkampf Doug Hoffman, den Kandidaten der Conservative Party, und rief ihre Anhänger auf, Geld für Hoffman zu spenden. Sein politischer Gegenspieler, ein etablierter Republikaner, sei ihr zu nah dran am »Washingtoner Establishment«, sagte sie.

Ihren Freunden aber steht sie zur Seite; unter anderem mithilfe ihres *Political action committees SarahPAC.* 2010 hat sie damit fast eine Million Dollar eingenommen und sogar 1,7 Millionen Dollar in der ersten Hälfte des Jahres 2011. Mit dem Geld engagierte sie die PR-Firma Orion Strategies von Randy Scheunemann, McCains außenpolitischem Berater. Zu den politischen Freunden, die Geld aus dem SarahPAC bekamen, zählen Rand Paul in Kentucky, Pat Toomey in Pennsylvania und Carly Fiorina in Kalifornien. Auch Christine O'Donnell, die Senatorin von Delaware werden wollte und die einmal gefordert hatte, Masturbation zu verbieten, hatte Palins Unterstützung. Aber O'Donnell kam durch eine alte TV-Aufnahme zu Fall, in der sie bekannte, sie habe sich einmal in »Hexerei« versucht; dass sie hinterher in einem Fernsehspot vor einer wabernden Nebelwand versicherte: »Ich bin keine Hexe«, machte es nicht besser. Nachdem die meisten der »Palin-Freunde« (außer Paul und Toomey) verloren, fing Palin an, Kandidaten zu unterstützen, die keine erklärten Tea Partier sind, wie Terry Branstad in Iowa und Kelly Ayotte in New Hampshire. »Ich denke«, sagte der Wahlanalyst Andy Smith der ›New York Times‹, »sie will Gewinner unterstützen, die ihr später mal helfen können.«

Auf ihrer »One Nation«-Bustour besucht Palin auch Boston. Dort erzählt sie Reportern, Paul Revere, ein Held des amerikanischen Unabhängigkeitskriegs, habe 1775 die Briten gewarnt: »Er warnte die Briten davor, uns unsere Waffen wegzunehmen, indem er Glocken läutete, durch die Stadt ritt und Warnschüsse feuerte.« Und um es zu verdeutlichen, betont sie gleich noch einmal: »Ihr Briten werdet uns nicht unsere amerikanischen Waffen wegnehmen und auch nicht unsere gut bewaffneten Personen, individuelle private Milizen, besiegen.« Nun hat Paul Revere keineswegs die Briten gewarnt. Auf seinem berühmten Ritt hatte er vielmehr die amerikanischen Revolutionsführer Samuel Adams und John Hancock in Massachusetts gewarnt, dass die Briten anrückten (die Sache mit den Glocken und den Schüssen wurde später hinzugedichtet). Palin aber geht es gar nicht um Geschichte. Sie will Reveres Worte so uminterpretieren, als habe sich der revolutionäre Kurier für den zweiten Zusatzartikel zur Verfassung eingesetzt, in dem es heißt: »Da eine wohlorganisierte Miliz für die Sicherheit eines freien Staates notwendig ist, darf das Recht der Bürger, Waffen zu besitzen und zu tragen, nicht beeinträchtigt werden.« Nicht nur tut sie so, als habe Revere den Briten den Verfassungsartikel zum Waffenbesitz entgegengeschleudert, es geht um mehr: Linke interpretieren den Text so, dass es organisierte Milizen geben dürfe, so wie etwa die National Guard. Rechte hingegen interpretieren ihn so, dass Individuen und Privatpersonen Waffen tragen dürfen. Und ebendiese Worte legt Palin dem revolutionären Reiter in den Mund.

Nun war Revere kein Vertreter der NRA-Waffenlobby, und die revolutionären Kämpfer – ganz gleich, wie man den Verfassungszusatz heute interpretiert – sahen sich damals gewiss nicht als private Individuen mit Gewehren, sondern als Rebellenarmee. Wohl aber treten Sarah Palins Wähler für freien Waffenbesitz ein. Konservative Aktivisten versuchten sogar, den Wikipedia-Eintrag zu Paul Revere im Sinne Palins umzuschreiben, dies wurde aber von der Wikipedia-Community verhindert. Palin beschwerte sich nach der Debatte, die Medien hätten ihr eine »Gotcha-Frage« gestellt, eine schwierige Frage, nur um sie hereinzulegen. Die Frage war gewesen: »Was haben Sie denn heute so gemacht?«

Kurz nach der Bustour – die sie abbrach, weil sie angeblich in Alaska in eine Jury berufen worden war – taucht Palin wieder auf, diesmal in Pella, Iowa, zur Premiere von ›The Undefeated‹. Zufällig hat auch die Tea Party in diesen Wochen eine Bustour durch Iowa organisiert, aber daran nimmt sie nicht teil. Entweder ist es ihr zu mühselig oder die Jury in Alaska ruft schon wieder.

Noch während der Film läuft, versammeln sich die halbe Stadt und Medien aus den ganzen USA vor dem Pella Opera House. Zwei junge Frauen protestieren gegen Palin, weil die immer so boshafte Dinge sage, und ein leicht verrückter Kalifornier, der ein Palin-T-Shirt trägt, ruft laut dazwischen: »Sarah Palin ist meine Meryl Streep, mein Harry Potter, mein Steven Spielberg, meine Julia Roberts!« Zwei Pfarrer warten in erster Reihe, einer hat ein behindertes Kind dabei. Als Palin endlich aus dem Opera House kommt, genießt sie die Aufmerksamkeit. Aber die Fragen der Medien, ob sie kandidiere, beantwortet sie nicht. Sie unterstütze den Film, sagt sie, weil der das Bild geraderücke, das die »lamestream media« von ihr gezeichnet haben. ›The Undefeated‹ stellt sie als Kämpferin gegen die Ölindustrie, die *old boys* in Alaska, dar. Nur rund 100 000 Amerikaner werden den Film sehen. Sie wird gefragt, wie ihr denn ihr neues Zuhause gefalle (sie hatte angekündigt, nach Arizona überzusiedeln). Palin lächelt, fast verlegen. »Ich bin noch gar nicht umgezogen«, sagt sie. Dann schiebt sie hinterher: »So wichtig ist das gar nicht. Viele Familien in Alaska haben einen zweiten Wohnsitz in einem warmen Bundesstaat, für den Winter.« Bloß nicht das Image der Wolfsjägerin beschädigen.

Palin polarisiert. Das macht sie beliebt bei der Tea Party, es wird ihr aber schaden, wenn sie von einer Mehrheit gewählt werden will. Und deshalb hat sie wohl erklärt, sie werde auf eine

Kandidatur verzichten. Diesmal. Aber dass sie keinen kaltlässt, ist eine Qualität, die sie dorthin katapultiert hat, wo sie tatsächlich hinwill: ins Fernsehen. Sie hatte bereits ihre erste eigene Fernsehshow, ›Real American Stories‹ (wo sie »echte Amerikaner« vorstellt, die weder Latte macchiato noch Sushi mögen) sowie die Miniserie ›Sarah Palin's Alaska‹. Nach ihrem Bestseller ›Going Rogue – An American Life‹ ist ein zweites Buch in Vorbereitung und auch Tochter Bristol liebäugelt mit dem Reality-TV.

Aber Sarah Palin wird auch selbst zum Sujet von Filmen und Büchern. Zuletzt schrieb Joe McGinnis über sie; er behauptete, die Gouverneurin habe als junges Mädchen Kokain genommen und mit dem schwarzen Basketballstar Glen Rice geschlafen. Kaum hatte sich die Aufregung darüber gelegt, legte ihr Beinahe-Schwiegersohn Levi Johnston mit einem Buch nach, in dem nun wirklich alle Familiengeheimnisse verraten werden sollten. Sarah Palin wird, daran führt kein Weg vorbei, ein Star, eine Diva des Medien- und Entertainmentkomplexes, den sie zu verachten vorgibt. Sie hat ihren Namen schon mal patentieren lassen, für »Politik, Erziehung und Entertainment«. Nur ein neuer Gig fehlt noch. Aber vielleicht bietet ihr ja Trump eine Hauptrolle in ›Celebrity Apprentice‹ an. Trump ließ übrigens neulich durchblicken, vielleicht werde er doch noch kandidieren – als Parteiloser. Wenn das nicht klappt, kann er ja in Washington ein Casino aufmachen.

Banker und Pleitegeier:
Die Wut um den verlorenen Groschen

Chicago ist eine der legendären Großstädte Amerikas, berühmt für seine Jazzmusik, seine Gangster und seinen politischen Filz. Zu Zeiten der Prohibition lebten hier Al Capone und John Dillinger (der vom FBI erschossen wurde), danach kontrollierten Gangster wie Hymie Weiss und Frank Calabrese die ethnischen Viertel der Stadt. Das Jazz-Musical ›Chicago‹, wo es um Mord, Gier, Korruption, Gewalt, Ausbeutung, Ehebruch und Verrat geht, spielt hier. *Standup comedians* wie Tina Fey und Steven Colbert traten zuerst im Chicagoer Club Second City auf oder im Steppenwolf-Theatre. ›Some Like It Hot‹ wurde in Chicago gedreht, ›Batman‹, ›Emergency Room‹, ›The Blues Brothers‹ und ›The Oprah-Winfrey-Show‹ wird hier aufgezeichnet. Unzählige Clubs für Jazz, House-Music, Blues und Hip Hop besitzt diese Stadt, in der Nat King Cole lebte, genauso wie Benny Goodman, Charlton Heston, Saul Alinsky, Hillary Clinton und Barack Obama.

Chicago ist die stolze Metropole des Mittleren Westens. Hier standen die Schlachthäuser, für die Millionen von Kühen herangekarrt wurden von den Weiden in Kansas, Wisconsin, Iowa, Oklahoma und Texas. Upton Sinclair schrieb darüber in seinem Roman ›Der Dschungel‹. Chicago ist rauer als Los Angeles oder New York. Gegen die berüchtigte South Side von Chicago, ein »schwarzes Viertel«, in dem Michelle Obama aufwuchs, wirkt Harlem zahm. Ein gutes Drittel der Stadt ist schwarz; unter den Weißen sind die drei größten ethnischen Gruppen Deutsche, Iren und Polen. Chicago hat auch zwei arabische Viertel, das moslemische liegt im Südwesten, das christliche Viertel, wo Immigranten aus dem Irak und Palästina leben, im Nordwesten.

Lake Michigan ist einer der fünf Großen Seen im Grenzgebiet zwischen den USA und Kanada, zusammen sind sie so groß wie die Ost- oder die Nordsee. Oft bläst vom See her ein kalter Wind in die Häuserschluchten. Deswegen nennt man Chicago *Windy City*. Allerdings auch deshalb – so schrieb einst der New Yorker Journalist Charles Dana –, weil hier so viele »Windbeutel« lebten, die dauernd davon redeten, wie großartig ihre Stadt sei.

Die Stadt ist berühmt für ihren revolutionären Geist, wie er im Aufstand vom Haymarket, dem *Haymarket Riot*, manifest wurde, aus dem der Tag der Arbeit am 1. Mai hervorging. Hier standen sich im Mai 1886 Polizisten und ein paar Tausend Demonstranten und Streikende gegenüber. Es war der Höhepunkt eines Kampfes um den Achtstundentag, den irische und deutsche Immigranten führten. Plötzlich wurde eine Bombe geworfen, Schüsse fielen, ein Dutzend Menschen, die Mehrzahl Polizisten, wurden getötet. Die Polizei nahm die Aufständischen fest, vier Männer wurden gehenkt.

Im Sommer 1968 protestierten Zehntausende von Studenten während des Parteitags der Demokraten gegen den Vietnamkrieg. Auch hier prügelte die Polizei auf die Demonstranten ein und setzte Tränengas und Wasserwerfer ein. Sieben Studentenführer, die »Chicago Seven«, wurden vor Gericht gestellt, darunter der Anarchist Abbie Hoffman, der Schwarze-Panther-Führer Bobby Seale und der Aktivist Tom Hayden, der 1973 Jane Fonda heiratete.

Die Stadtachse von Chicago ist die Michigan Avenue. Sie läuft vom North Lake Shore Drive nach Süden, bis zum George Washington Memorial. Dort, wo sie den Chicago River kreuzt, steht der neogotische Chicago Tribune Tower. Die ›Chicago Tribune‹ wurde 1847 gegründet. Anfang des 20. Jahrhunderts übernahm sie Colonel Robert McCormick, ein Isolationist, der sie eine »amerikanische Zeitung für Amerikaner« nannte. Als McCormick seinen ersten Korrespondenten nach Europa schickte, wählte er einen aus, der weder Deutsch noch Französisch sprach, damit sein *American boy* nicht durch Ausländer verdorben würde. In der Lobby kann man heute eine kleine Ausstellung über die großen Momente der Zeitung sehen, etwa wie sie zwei Tage vor Pearl Harbor die Kriegspläne von Franklin D. Roosevelt enthüllte. Roosevelt hätte die ›Tribune‹ dann fast dichtgemacht.

Die Michigan Avenue führt am Goodman Theatre und dem Cadillac Palace Theatre vorbei und unter dem *Loop* hindurch, der alten, schon etwas rostigen Hochbahn, die ihre Runden um den Stadtkern dreht. Zur Linken beginnt der Millennium Park, ein Museumspark mit einer Promenade am Lake Michigan. Die alten Landungsbrücken, die in den See hineinragen, wurden schick renoviert, mit Restaurants und Riesenrädern. Moderne Skulpturen stehen hier, darunter *Cloud Gate*, eine riesige verspiegelte Bohne, in die Passanten hineingucken und sich zuwinken, auch das Haus des Chicago Symphony Orchestra liegt hier und das Art Institute of Chicago. Dessen moderner Flügel wurde – wie auf einer Tafel an dem Gebäude steht – von dem langjährigen Bürgermeister Richard M. Daley eröffnet, dem Sohn von Richard J. Daley, der Chicago von 1955 bis 1976 regierte. Als irische Katholiken gingen beide Daleys täglich zur Messe, als *machine politicians* schlossen die beiden Demokraten Hinterzimmerdeals mit Gewerkschaftlern, Geschäftsleuten und irischen, deutschen und polnischen Gemeindeführern. Heute ist Rahm Emanuel Bürgermeister, Obamas früherer Stabschef.

Weiter westlich, am Bahnhof Union Station, steht der Willis Tower, besser bekannt als Sears Tower. Seit dem Anschlag auf das World Trade Center ist er das höchste Hochhaus der USA, knapp gefolgt vom Trump International Hotel and Tower, ebenfalls in Chicago. Nur wenige Schritte weiter liegt die Börse, die drittgrößte der Welt, im Chicago Board of Trade Building von 1930. Der Wolkenkratzer aus rosa Sandstein ist mit Statuen geschmückt, darunter einem Ägypter, der Weizenähren trägt, und einem Indianer mit einem Büschel Mais in der Hand. Von der Spitze grüßt eine fast zehn Meter hohe, vergoldete Statue von Ceres, der römischen Fruchtbarkeitsgöttin. Dies hier ist der Geburtsort der Tea Party.

Die Geburt der Tea Party: Der Aufstand der Derivatehändler

Es war auf dem Parkett der Chicagoer Börse, wo Rick Santelli am 19. Februar 2009 öffentlich einen Wutausbruch hatte. Santelli ist ein Finanzjournalist, der für den NBC-Wirtschaftssender CNBC arbeitet. Gerade war die Nachricht hereingekommen, dass Barack Obama, der vor sechs Wochen sein Amt angetreten hatte, ein Regierungsprogramm aufgelegt hatte, den *Homeowners Affordability and Stability Plan*. Damit sollte Leuten geholfen werden, die ihr Häuschen nach dem Platzen der Immobilienblase zu verlieren drohten. Das fand Santelli empörend. Der Börsenjournalist und gebürtige Chicagoer, der noch immer mit dem Akzent der südosteuropäischen Immigranten spricht, forderte zum Widerstand auf: »Wie wäre es mit einem Referendum darüber, ob wir wirklich die Hypotheken dieser Versager subventionieren sollen?«, rief er, live auf CNBC. »Wollen wir nicht lieber die belohnen, die das Wasser tragen, als die, die es trinken?«

Er wurde bejubelt von den Börsenmaklern, die sich um ihn versammelt hatten. Santelli wurde lauter. »Das ist Amerika!«, rief er und wandte sich direkt an die Börsianer neben ihm. »Wie viele von euch wollen die Hypothek ihres Nachbarn bezahlen, der sich ein zweites Badezimmer geleistet hat? Hebt eure Hand! Präsident Obama, hören Sie zu? Das hier ist moralischer Schiffbruch!« Die Börsenmakler pfiffen und klatschten. »Wie wäre es, wenn wir alle nicht zahlen?«, rief einer in Santellis Mikrofon. »Wie wäre es mit einer Tea Party am Lake Michigan, wo wir einige Derivate in den See werfen!«, schlug Santelli vor. »Ich höre, dass Bürgermeister Daley schon die Polizei mobilisiert!« Dann drehte er sich um und deutete auf ein paar Makler auf dem Börsenparkett, die ihn anfeuerten. »Das hier ist ein typischer Querschnitt Amerikas, die schweigende Mehrheit.« – »Nicht ganz so schweigend«, entgegnete der Moderator im Studio trocken. Und auch nicht die Mehrheit, müsste man hinzufügen. Es handelte sich hier um die gleichen Derivatehändler, die die Krise zu verantworten hatten.

Der Moderator schlug nun vor, Santelli solle als Senator kandidieren – worauf der entgegnete, er wolle sich nicht stündlich duschen müssen. »Na, dann herzlichen Glückwunsch zu deiner Reinkarnation als revolutionärer Führer«, meinte der Moderator daraufhin. Und Santelli: »Lies mal die Gründungsväter, Benjamin Franklin und Thomas Jefferson! Die würden sich im Grab umdrehen, wenn sie wüssten, was wir heute in unserem Land machen.« Derweil warnten die Schlagzeilen am Bildrand davor, dass die Technologiebörse Nasdaq die Hälfte ihres Wertes verloren hatte.

Dabei ist das Programm, über das sich Santelli aufregte, bescheiden. Es waren 75 Milliarden Dollar dafür vorgesehen, von denen der Kongress nur dreißig Milliarden Dollar bewilligte – ein Bruchteil dessen, was der Steuerzahler wenige Monate zuvor den Banken gegeben hatte. Damals ging es darum, eine globale finanzielle Kernschmelze zu verhindern, als am 15. September 2008 die Investmentbank Lehman Brothers zusammengebrochen war, gefolgt von Washington Mutual und Beinahe-Pleiten von Citibank und Merrill Lynch.

Aber unter Hausbesitzern herrschte nun durchaus mehr Not als bei Bankern: Häuser wurden zwangsgeräumt und Amerikaner standen auf der Straße oder mussten in Zeltstädten unterkommen, ganze Stadtviertel waren von Wertverfall bedroht. Die meisten von ihnen waren ganz normale Familien, viele Afroamerikaner, denen die Banken die Zinsen erhöht hatten. In Amerika ist es nicht üblich, dass Hypothekenkredite zu Festzinsen vergeben werden, und wenn Schuldner ins Straucheln kommen, ziehen die Banken die Kreditzinsen an. Zudem waren viele dieser Hypotheken sogenannte *subprime loans*, die von Anfang an überhöht waren, weil der Schuldner als unsolide eingestuft wurde. Santellis Tea Party ist letztlich eine Bewegung von Wall-Street-Bankern, die sich darüber empören, dass der Staat die Leute retten will, die sie durch ihre Spekulationen in den Bankrott getrieben haben.

Die Ursachen der Bankenkrise sind mannigfaltig, aber sie haben viel mit Deregulierung und Überschuldung zu tun. Einer der

Verantwortlichen hierfür ist Alan Greenspan, der bereits von Ronald Reagan ernannte Chairman der Federal Reserve. Greenspan propagierte eine Politik des »leichten Geldes«, er ermunterte Hausbesitzer, ihre Immobilien zu belasten, um das Geld in den privaten Konsum zu stecken. Das setzte sein Nachfolger Ben Bernanke fort. Als die Immobilienblase dann platzte, saßen manche Hausbesitzer plötzlich mit Krediten da, die höher waren als der Wert ihres Heimes. Aber auch die Demokraten sind nicht unschuldig. Bill Clintons Finanzminister Robert Rubin hat kommerziellen Banken, die im Massengeschäft tätig sind, erlaubt, mit schwer verständlichen Produkten wie Derivaten und Credit Default Swaps zu handeln, also Kreditausfallversicherungen, die letztlich nichts anderes waren als Wetten auf einen kommenden Immobiliencrash.

Als Lehman in Konkurs ging, brach Panik aus. Demokraten und Republikaner verabschiedeten gemeinsam das *Troubled Assets Relief Program* (TARP), um die Banken zu retten. Dafür hatte der Kongress zunächst 700 Milliarden Dollar vorgesehen. Bald stellte sich heraus, dass mehr Geld gebraucht wurde, auch für den Versicherungsriesen AIG, der Darlehensausfälle über Credit Default Swaps versichert hatte. Allein AIG bekam 182 Milliarden Dollar an Staatshilfen. Nach und nach wuchs der Betrag auf rund 2,5 Billionen an – so ganz genau weiß es keiner. Millionen von wütenden Wählern schrieben Protestbriefe und beschwerten sich in Anrufen – aber TARP wurde bewilligt.

Kaum hatte sich die Aufregung darüber gelegt, fand die ›New York Times‹ heraus, dass Banken, die TARP-Gelder in Anspruch genommen hatten, ihren eigenen Managern hohe Boni auszahlten. Dafür hatten alleine die Großbanken 36 Milliarden Dollar beiseitegelegt, noch während die TARP-Gelder flossen. Sogar Richard Fuld, der Vorstand von Lehman, hatte für seine letzten acht Dienstjahre noch eine halbe Milliarde Dollar mitgenommen.

Aber es waren nicht diese Milliarden, es waren die Regierungsgelder für Not leidende Hausbesitzer, die aus Santelli den »Katalysator der Tea Party« machten, wie das ›Wall Street Journal‹ schrieb. Aber war der Ausbruch wirklich so spontan, wie er, auch noch Monate später, versicherte?

Als Santelli live vom Leder zog, sahen ihn ein paar Hunderttausend Zuschauer. Vier Tage später waren es bereits 1,7 Millionen. Dabei war damals weder Santelli sonderlich bekannt noch hat CNBC substanzielle Einschaltquoten. Aber das Video von dem Auftritt machte sofort die Runde. Matt Drudge stellte es auf seine Website, die konservative Heritage Foundation lud es auf YouTube, auch die rechte Website WND.com und die ›National Review Online‹ berichteten darüber. Und nicht nur das: Es gab bereits seit 2008 die – inaktive – Website ChicagoTeaParty.com, auch die zeigte binnen Stunden das Video und postete Reaktionen. Zack Christenson hatte sie registrieren lassen, Produzent des konservativen Talkradios ›Extension 720 with Milt Rosenberg‹ und beim Heartland Institute für Web und Social Media verantwortlich. Heartland ist ein Think-Tank aus Chicago, der »freie Marktlösungen« bei Gesundheit und Erziehung sucht und gegen die »Klimalüge« kämpft. Finanziert wird er von der Exxon-Mobil-Stiftung und den Stiftungen von Richard Mellon Scaife und den beiden Koch-Brüdern. Kurze Zeit später wurden weitere derartige Websites registriert, unterstützt von konservativen Geldgebern. Schließlich griffen NBC und die großen Zeitungen das Thema auf.

Innerhalb einer Woche wurden mehr als vierzig Tea Partys gegründet, mit Unterstützung von Dick Armeys FreedomWorks – die dafür eine Facebook-Seite geschaltet hatten – und der von Koch finanzierten Organisation Americans for Prosperity: in Chicago, aber auch in New York, Boston, Atlanta, Dallas, Phoenix, Los Angeles, Denver, Seattle und Oklahoma City. In Pittsburgh stellten empörte Bürger die historische Boston Tea Party nach – allerdings nur mit Teebeuteln, die sie in den Allegheny und Monongahela River warfen.

Die Wut kulminierte am Tax Day, dem 15. April 2009, als rund 750 Tax Day Tea Partys stattfanden. Von Seattle bis Washington, D.C. sammelten sich jeweils Hunderte von erbosten, meistenteils weißen Steuerzahlern, bewaffnet mit Teebeuteln und Klapperschlangenfahnen. Sie protestierten nicht nur gegen die Staatshilfen für Immobilienkredite, sondern auch gegen den »Stimulus«, ein von der Obama-Regierung beschlossenes Paket von 787 Milliarden Dollar, das sich aus Steuernachlässen und neuen Ausgaben zusammensetzte. Der Stimulus enthielt eine Finanzspritze für Medicaid und für Langzeitarbeitslose, aber auch Investitionen für Schulen, Straßen, Brücken und den Umweltschutz. Das, hoffte Obama, werde Arbeitsplätze schaffen. Auch eine »Abwrackprämie« war dabei (*cash for clunckers*), dazu 13 Milliarden Dollar für Hochgeschwindigkeitszüge.

Fox News hatte gleich drei Reporter zu den Demonstrationen geschickt, darunter den Nachrichtensprecher Sean Hannity, der aus Atlanta berichtete. Glenn Beck kommentierte vom Studio aus:»Ich habe lange davor gewarnt«, meinte er.»Diese Entrechtung wird sich irgendwann in Wut verwandeln, und was dann geschieht, weiß nur Gott.« Damit entdeckten auch prominente Republikaner, die bereits im Senat und im Kongress gegen den Stimulus gestimmt hatten, ihre Nähe zur Tea Party. Einer davon war Rick Perry, der Gouverneur von Texas, bald darauf der Präsidentschaftskandidat, der in den Umfragen führte. In New York trat Newt Gingrich vor die Massen. Er meinte, die Bürger sollten ihrer Legislative sagen:»You're fired«, falls sie nicht gegen den Stimulus stimmen würden. Offenbar fühlte er sich wie Donald Trump.

Gingrich, einer der ersten Republikaner, die sich an die Spitze der neuen, revolutionären Tea Party gestellt haben, ist eigentlich Urgestein aus Washington. Der weißhaarige 68-Jährige aus Pennsylvania, der im Gespräch jovial wirkt, ist seit 1978 im Repräsentantenhaus, er vertritt Georgia. In den neunziger Jahren stieg der wortgewaltige Berufspolitiker erst zum Amt des *Minority Whip* auf, verantwortlich dafür, die Fraktion zusammenzuhalten (als Nachfolger von Dick Cheney), und dann zum Fraktionsvorsitzenden, er wurde Bill Clintons Nemesis.

Gingrich ist der geistige Vater des konservativen *Contract with America*, den er zusammen mit sechs Republikanern veröffentlichte, darunter Armey und Tom DeLay, beides ultrarechte Abge-

ordnete aus Texas, sowie John Boehner, der heutige Fraktionschef. Im *Contract with America*, der kurz vor den Kongresswah-
len von 1994 veröffentlicht wurde – damals war Clinton gerade
zwei Jahre Präsident –, forderte die GOP, die *Grand Old Party*,
eine schlankere Regierung, weniger Steuern, einen ausgeglichenen Staatshaushalt und eine Reform des Sozialstaats, was so viel
heißen sollte wie: weniger Sozialausgaben! Es war ein Neuauf-
guss der Politik von Ronald Reagan, der 1976 in einer Wahl-
kampfrede beispielhaft über eine *welfare queen* geschimpft
hatte, eine Frau, die sich mit falschen Papieren und gefälschten
Adressen 150 000 Dollar an Sozialhilfe erschlichen habe, aber
Cadillac fahre. Diese (fiktive) Frau lebte – selbstredend – in der
Chicago South Side, dem berüchtigten schwarzen Ghetto der
Stadt, in das kaum ein weißer Amerikaner seinen Fuß setzen
würde. Reagan setzte damals Einschnitte im sozialen Netz
durch.

Nach Reagan schaffte es auch Gingrich, mit diesen Ideen die
GOP wieder an die Macht im Repräsentantenhaus zu bringen.
Diese »republikanische Revolution« machte ihn zum Star. 1995
kam er auf das Cover des ›Time Magazine‹ als »Mann des Jahres«, ein Jahr später trat er in der TV-Serie ›Murphie Brown‹ auf,
die in Washington spielt. Er stellt sich selbst dar, wie er laut darüber nachdenkt, das First Amendment abzuschaffen, den ersten
Verfassungsartikel, der die Redefreiheit garantiert. Gingrich hatte damals einen Verbündeten hinter den Kulissen: Grover Norquist. Der ›New Yorker‹ nannte den libertären Juristen und Aktivisten einen »Visionär«; seine Vision ist, dass die Regierung so
klcin wird, dass man »sie in einer Badewanne ertränken kann«.
Norquist hat keine Berührungsängste mit Moslems oder Asiaten,
wenn sie nur konservativ sind. Und noch heute ist er einflussreich bei allen Gruppierungen der Rechten: Evangelikalen, Neocons, Libertären, Republikanern des *big business* und der Tea
Party.

Der 55-jährige Norquist, ein WASP aus Boston, der in Harvard studiert hat, kam nach Washington, als Reagan Präsident
war. Er reiste damals nach Afghanistan, um die Mudschaheddin

zu unterstützen, und engagierte sich in der Waffenlobby NRA. Norquist machte sich rasch Freunde, allen voran Karl Rove und den Lobbyisten Jack Abramoff (der später wegen Betrugs im Knast landete). Und er machte Karriere: 1985 berief ihn Reagans Stabschef an die Spitze des Vereins *Americans for Tax Reform*, dessen Ziel es ist, unter keinen Umständen die Steuern zu erhöhen (und der Spenden von einer Koch-Stiftung bekommt). Er gründete auch den Verein *K Street Project*, der Konzerne – erfolgreich – davon abbringt, Geld an die Demokraten zu geben.

Berühmt aber wurde er durch Gingrich, für den er den *Contract with America* formulierte. Damit schaffte es Gingrich, erfolgreich Druck auf Clinton auszuüben. Der Präsident senkte die Kapitalertragssteuer und demontierte die Sozialhilfe. Heute ist die Wohlfahrt praktisch auf ledige Mütter begrenzt.

Außerdem gelang es den Konservativen, die Krankenversicherungspläne der Clinton-Regierung zu sabotieren, die letztlich am Widerstand der Pharma- und der Gesundheitsindustrie und deren Lobbyisten scheiterte. Einer davon war Roger Ailes, heute Chef von Fox News. Ailes wurde damals von zwei Zigarettengiganten bezahlt, die gegen eine Sondersteuer von einem Dollar pro Päckchen opponierten; das Geld sollte in die geplante Krankenkasse fließen. Ailes schaffte Busladungen von empörten Rauchern nach Washington und ließ sie pausenlos bei Kongressmitgliedern anrufen. Aber auch Norquist wirkte hinter den Kulissen daran mit. Die anderen Sozialprogramme – Medicaid, Medicare und Social Security, die Rente also – blieben weitgehend unangetastet. Das will Gingrich heute nachholen. Nun führen die Republikaner den dritten Schlag gegen das Sozialsystem, diesmal mit Hilfe der Tea Party.

Die GOP zwang Clinton auch, einen ausgeglichenen Bundeshaushalt vorzulegen – nach ewigem Tauziehen, das darin gipfelte, dass Behörden wochenlang geschlossen waren und Beamte nicht bezahlt wurden. Letztlich schadete dies den Republikanern, denn sie wurden von den Wählern dafür verantwortlich gemacht. Daraufhin gab es eine innerparteiliche Revolte gegen den Fraktionsvorsitzenden – angeführt von John Boehner –, die

Gingrich jedoch niederschlagen konnte. Als die GOP aber bei den Wahlen 1998 tatsächlich Sitze verlor, trat er von allen Ämtern zurück.

Der Niedergang von Detroit

Die Union Station in Chicago ist ein mächtiger alter Bahnhof, benannt nach der Union Pacific Railroad, der größten Bahngesellschaft Amerikas, die 1869 die erste transkontinentale Linie nach San Francisco eröffnete. Die Union Station ist ein beeindruckendes Bauwerk in Marmor und Granit mit dorischen Säulen; der Verkehr der meisten Bahnlinien wurde allerdings inzwischen eingestellt. Noch drei Mal am Tag fährt hier der *Wolverine* nach Detroit ab. Für den Weg von fast 500 Kilometern braucht der Dieselzug fünfeinhalb Stunden. Das ist für die Verhältnisse von Amtrak, der amerikanischen Eisenbahngesellschaft, noch recht schnell. Eigentlich soll aus der Strecke von Chicago nach Detroit ein Hochgeschwindigkeitskorridor werden, dafür gab es Bundesmittel. Nur gebaut wurde leider noch nichts.

Der *Wolverine* rattert am Ufer des Lake Michigan vorbei, wo die riesigen, Feuer spuckenden Fabriken Indianas stehen. Dies hier ist der nördlichste Teil des sogenannten *Rust Belts* im Nordosten der USA, der von Cleveland und Cincinnati in Ohio bis nach Gary in Indiana reicht. Hier war einst das Kernland der Stahlindustrie. Aber die meisten Arbeitsplätze sind heute nach China ausgelagert. Die Reise geht weiter: durch die Wälder und die Seenlandschaft Michigans, durch Kalamazoo, Battle Creek, die Universitätsstadt Ann Arbor und durch Dearborn, wo Henry Ford seine legendäre Autofabrik gründete; Endstation: Detroit.

Wie Chicago, so hat auch Detroit einen Prachtbahnhof aus Marmor und Granit, mit Säulen und hohen Gewölbegängen, die alte Michigan Central Station. Aber das Gebäude ist leer und verfallen. Der Zug hält an einem provisorischen Bahnhof zwischen dem Henry Ford Hospital und dem Edsel Ford Freeway, an der Woodward Avenue, dem zentralen Boulevard der alten

Autostadt. Auch Detroit liegt an einem der großen Seen, dem Lake Erie. Die Stadt von Ford, Chrysler und General Motors wurde von Franzosen gegründet und als Fort im Indianerland errichtet. Sie ist mehr als 300 Jahre alt und damit fast doppelt so alt wie Chicago.

Detroit – einst das »Paris des Westens« genannt – ist gleichfalls berühmt für seine Architektur, für seine mächtigen Artdéco-Wolkenkratzer, wie das Cadillac Hotel oder das Fisher Building. Albert Kahn hat in Detroit gebaut, Frank Lloyd Wright und Ludwig Mies van der Rohe. An achtspurigen Alleen reihen sich Beaux-Art-Prachtbauten aneinander, wie das Detroit Institute of Arts, das Detroit Science Center und die Wayne State University.

Aber die Straßen der Downtown sind gespenstisch leer, auch tagsüber. Es gibt kaum Geschäfte, nicht einmal Fastfood, außer in ethnischen Vierteln wie Greektown. Am Detroit River, der die USA von Kanada trennt, liegt das Renaissance Center, ein Ensemble von gläsernen Wolkenkratzertürmen. Hier befindet sich das Hauptquartier von General Motors – zumindest *noch*. Der einst größte Autobauer der Welt zieht sich nach und nach aus Detroit zurück. Der Prozess begann bereits in den sechziger Jahren, als japanische, dann auch deutsche und koreanische Autobauer auf den Markt drängten. Bei den »großen Drei« arbeiteten gewerkschaftlich organisierte Arbeiter, die gute Sozialleistungen bis ins Rentenalter bekamen. Toyota, Honda und Mercedes aber bauten Fabriken im Süden, wo es keine Verpflichtung gibt, Gewerkschaftler einzustellen. Die Cadillac-Fertigung in Detroit machte 1987 dicht, weitere Fabriken folgten. Und mit den Autobauern verschwanden die Zulieferbetriebe und die Arbeitsplätze.

Am Tag nach der Lehman-Pleite (der gleichzeitig der Tag nach dem hundertjährigen Bestehen von General Motors war) reisten die drei Vorstandsvorsitzenden von GM, Chrysler und Ford nach Washington, jeder in seinem eigenen Firmenjet, und baten den Kongress um Subventionen von 7,5 Milliarden Dollar. Das war noch unter George W. Bush. Zwei Monate später kamen sie wieder; nun wollten sie 25 Milliarden Dollar haben. Unter Obama sollten dann mehr als achtzig Milliarden Dollar fließen. Das bewahrte GM aber nicht vor einem Konkurs. Gewerkschaften, Aktionäre und natürlich die Steuerzahler verloren viel Geld. General Motors wurde restrukturiert und baut heute wieder Autos, aber als deutlich verschlankter Konzern. Mitt Romney hatte damals in der ›New York Times‹ gefordert, die Autobauer in den Konkurs gehen zu lassen, um sie zum Umbau zu zwingen. Er wurde dafür viel gescholten, aber letztlich war es das, was Obama tat.

Aber nicht nur wegen des Niedergangs von General Motors verließen die Detroiter die Stadt in Scharen, auch die Suburbanisierung Amerikas trug dazu bei. Detroit war einst die viertgrößte Stadt der USA mit fast zwei Millionen Menschen. Heute sind es noch 714 000. Von denen sind achtzig Prozent schwarz (zwölf Prozent hispanisch oder arabisch und acht Prozent weiß) und viele arm. Die Arbeitslosenrate liegt offiziell bei zwanzig Prozent, inoffiziell ist sie jedoch doppelt so hoch. Der Stadtkasse fehlt es an Geld für die Feuerwehr und die Polizei. Detroit liegt in der Kriminalitätsrate an dritter Stelle in den USA (an erster Stelle liegt St. Louis, Missouri, gefolgt von Camden, New Jersey).

Die Schwarzen kamen mit der *Great Migration*, die um 1910 begann. Damals flohen Millionen von Afroamerikanern vor der Diskriminierung in den Südstaaten in die Städte des Nordens: New York, Chicago, Baltimore, Washington, D.C. und Detroit. Sie brachten den Jazz mit, den Blues und die Armut. Die Weißen wehrten sich, erst mit politischen Mitteln, dann mit illegalen, zum Teil mit Gewalt, bis hin zur Brandstiftung. Schließlich zogen sie weg, in die Suburbs, um »bessere Schulen zu finden und um der Kriminalität zu entgehen«, wie der Historiker Thomas Sugrue in der ›New York Times‹ darlegte. Das sei die Umschreibung für »von den Schwarzen wegziehen«. Damals verlor Detroit die Hälfte der Bevölkerung, fast ausschließlich Weiße.

Seit den fünfziger Jahren subventionierte Washington Häuslebauer in den Suburbs, aber Schwarze bekamen in solchen

Wohngegenden keinen Bankkredit für den Hauskauf. Banken und Makler betrieben das sogenannte *redlining*, rote Linien markierten auf einem Stadtplan, wo Kredite restriktiv gehandhabt wurden. Das sollte sich jedoch ändern, als mit der Bürgerrechtsbewegung auch Lobbys wie die NAACP (National Association for the Advancement of Colored People) Einfluss gewannen. Die Clinton-Regierung und ihr Wohnungsbauminister Henry Cisneros setzten sich gegen *redlining* ein, mit Subventionen und Sanktionen, Zuckerbrot und Peitsche. Nun konnten endlich auch Mittelklasse-Afroamerikaner Häuser in den Suburbs erwerben.

In den letzten zehn Jahren zog die schwarze Mittelklasse aus Detroit fort, also noch einmal ein Viertel der Bevölkerung und damit mehr als aus jeder anderen US-amerikanischen Stadt – New Orleans ausgenommen. Zurück blieben die Menschen, von denen Rick Santelli glaubt, dass sie durch ihre Anspruchshaltung »den amerikanischen Staat ausplündern«. Aber auch die Schwarzen, die in die Suburbs gezogen waren, fanden »zu ihrem Ärger heraus, dass Integration nur eine vorübergehende Phase meinte«, schreibt Sugrue. »Nämlich die Phase zwischen dem Tag, an dem die ersten Schwarzen einzogen, und dem Tag, an dem die letzten Weißen ihre Kinder aus den öffentlichen Schulen nahmen.«

Im Sommer 2011 kommt eine Gruppe von Stadtplanern von der New Yorker Columbia University zu einer Tagung nach Detroit. Sue Mosey von der örtlichen halbstaatlichen Gesellschaft Midtown Development Group Inc., eine resolute Frau, führt die Gäste durch mehrere desolate Stadtviertel. Durch Viertel wie »Indian Village« mit seinen Stadtvillen, die trotz der blätternden Farbe noch imposant wirken, und wo die Eigentümergemeinschaften dafür sorgen, dass verlassene Gärten nicht verwahrlosen, damit die Grundstückspreise nicht sinken; aber auch durch einfachere Gegenden, wo jedes dritte Haus verrammelt ist. »Detroit war einmal berühmt dafür, dass sich auch Handwerker ein Häuschen leisten konnten«, sagt Mosey.

Von der Immobilienkrise von 2008 wurde die Stadt härter getroffen als viele andere. Jeder, der es sich noch leisten konnte, zog möglichst schnell weg. Deshalb brachen die Hauspreise in Detroit noch stärker ein als andernorts, im Schnitt fielen sie von 77 000 Dollar auf 45 000 Dollar. Einer von 68 Haushalten ging bankrott, weil die Kreditzinsen zu teuer wurden. »Viele ließen das Haus marode und leer zurück und gingen einfach«, sagt Sue Mosey. Dann fragt sie, ob wir noch mehr *blight*, urbanen Verfall, sehen wollen. Die Stadt habe zwanzig Prozent Brachfläche. Sie könne uns aber auch urbane Gärten zeigen, wo die Detroiter Gemüse züchten, für den eigenen Kochtopf. Die Gärten liegen zwischen Abbruchhäusern; die drei jungen schwarzen Männer, die dort arbeiten, wirken nicht so, als wüssten sie, wie man den Boden bestellt. Ich frage Mosey, ob es hier eine Tea Party gibt. Sie grinst. »Eher nicht«, sagt sie. Es gibt zwar ein message board für eine Detroiter Tea Party im Internet, aber die letzte Nachricht ist Jahre alt.

Am Abend diskutieren vier Bürgermeister aus dem *Rust Belt* über die Krise, darunter David Bing aus Detroit und Dayne Walling, der aus dem nahen Flint kommt, der Heimatstadt von Michael Moore. Alle Städte des *Rust Belt* haben massiv Einwohner verloren, alle Bürgermeister – außer Walling – sind schwarz; und alle klagen, dass die Stadtkassen genauso wenig haben wie die Bewohner: »Früher war der Reichtum in den Städten, heute ist er in den Suburbs«, sagt David Bing. »Deshalb sind die viel besser versorgt, was Schulen, Krankenhäuser oder Polizei angeht. Das muss anders verteilt werden.« Aber die Leute in den Suburbs wollten nichts abgeben, die seien ja gerade deshalb weggezogen. Walling meint, man dürfe noch nicht einmal reden über die *shrinking cities*, die schrumpfenden Städte des *Rust Belt*. »Ich habe den Begriff einmal in der ›New York Times‹ verwendet, danach hat mich Rush Limbaugh im Radio drei Tage lang als Verschwörer, Sozialist und Wachstumsgegner bezeichnet.«

Nun kommt der Stargast des Abends: Henry Cisneros, Bill Clintons Generalsekretär des HUD (Department of Housing and Urban Development). Cisneros, der frühere Bürgermeister von San Antonio, war ein aufstrebender Politstar, bis ihm eine Affäre zum Verhängnis wurde, bei der herauskam, dass er Gelder an seine frühere Geliebte gezahlt hatte. Aus Sicht der Tea Party ist er einer der Hauptschuldigen an der Bankenkrise. Er hat die Politik des *Fair Housing* und die *Fair Lending Laws* zu verantworten; unter ihm wurden die Regeln der Kreditvergabe beim Hausbau gelockert, er ging zudem mit Strafzahlungen gegen Banken vor, die Kredite verweigerten. Am Ende von Clintons Amtszeit besaßen 67,5 Prozent der Amerikaner ihre eigene Bleibe, ein Zuwachs von vier Prozent. Das lag vor allem daran, dass nun auch Ärmere und ethnische Minderheiten Häuser erwerben konnten.

Cisneros ist ein begnadeter Redner. Er schlägt den Bogen von der Großen Depression 1929, dem Zweiten Weltkrieg, der Bürgerrechtsbewegung zu den Krawallen von 1967, als Schwarze in Detroit einen bürgerkriegsartigen Aufstand probten. Erst nach fünf Tagen des Plünderns und Brandschatzens hatte Michigans Gouverneur George Romney – Vater von Mitt Romney – die Nationalgarde geschickt und Präsident Lyndon B. Johnson die Armee. Zurück blieben 43 Tote und mehr als 2000 ausgebrannte Gebäude. Es dauerte auch deshalb so lange (schrieb Geschichtsprofessor Sidney Fine in ›Violence in the Model City‹), weil sich die Verantwortlichen uneins waren: Bürgermeister Jerome Cavanagh, ein irischer Katholik, mochte den Gouverneur, einen Mormonen, nicht um Hilfe bitten, während der Demokrat Johnson mit Hilfe zögerte, weil der Republikaner Romney vorhatte, bei den Präsidentschaftswahlen gegen ihn zu kandidieren. Derweil brannte die Stadt.

Cisneros spricht nun über die Wende in den achtziger Jahren, als die Restaurierung der Innenstädte einsetzte – nur eben leider nicht in Detroit. »Unsere Städte sind unsere Identität«, sagt Cisneros. Ich frage ihn, was er von Sarah Palins Ansicht hält, dass echte Amerikaner aus Suburbs und Kleinstädten kommen. Er schüttelt den Kopf. »Amerika wurde in den Städten geschaffen, von den Immigranten«, sagt er. Aber daraus einen Gegensatz zu konstruieren, sei falsch. »Wir müssen unser Land gemeinsam aufbauen.«

Cisneros war erfolgreich in seinem Kampf gegen das *redlining*, aber leider zeitigte dies unschöne Nebenwirkungen: Drei große Hypothekenbanken hatten das Gros der Kredite vergeben, Fannie Mae und Freddie Mac (die im Rahmen des New Deal gegründet wurden und den Demokraten nahestehen) sowie Countrywide. Allein Countrywide hielt zwanzig Prozent aller Immobilienkredite. Dem Druck aus Washington und den gelockerten Regulierungen geschuldet vergaben die drei nun zwar mehr Hypotheken an ärmere und schwarze Amerikaner, aber eben oft die beklagten *subprime loans* zu schlechteren Konditionen und überhöhten Zinsen. Countrywide hatte sogar gezielt schwarze und hispanische Familien kontaktiert, um ihnen Verträge mit hohen Zinsen anzudienen. Als die Immobilienblase platzte, gingen diese Familien als Erste unter. 2009, auf dem Höhepunkt der Krise, bewilligte der Kongress bis zu anderthalb Billionen Dollar aus Steuergeldern, um Fannie, Freddie, Countrywide und andere Sparkassen aufzufangen – sehr zum Ärger der Tea Party.

Der Ärger war auch deshalb besonders groß, weil die Tea Party diese Hypothekenbanken als Selbstbedienungsläden für die Demokraten ansah. Und nicht zu Unrecht: Noch vor der Lehman-Krise, im Juli 2008, hatte das Wirtschaftsmagazin ›Condé Nast Portfolio‹ herausgefunden, dass Angelo Mozilo, der Vorstand von Countrywide, eine Liste führte: »Friends of Angelo«. Wer daraufstand, bekam bessere Kreditzinsen und musste weniger oder gar keine Gebühren zahlen. Zu diesen »Freunden« zählten Kent Conrad, der Chairman des Senate Budget Committee, und Christopher Dodd, der Chairman des Senate Banking Committee – beides Demokraten; außerdem zwei leitende Manager von Fannie Mae; auch Cisneros selbst, der nach seinem Rücktritt von seinem Amt bei Housing and Urban Development nun Aufsichtsrat von Countrywide geworden war, wurde von Angelo als »Freund« geführt. Allerdings standen auch Republikaner auf der Liste, wie Ed Royce, der dem House Committee on Financial Services vorstand. Countrywide wurde von der Bank of America aufgekauft, die 14 Milliarden Dollar für faule Kredite in die Bilanz einstellen musste.

Und ewig grüßt das Murmeltier: Der Contract from America

Anderthalb Jahre nach dem Zusammenbruch von Lehman Brothers, die von der britischen Barclays Bank aufgekauft wurden, hatten sich die Banken und der Immobilienmarkt noch nicht erholt, aber die Krise hatte die Staatskasse weniger gekostet als vermutet. Viele Banken haben TARP-Gelder zurückgezahlt, als der Kongress ihnen drohte, dass sie sonst keine Millionenboni an Manager mehr zahlen dürften, desgleichen Chrysler und GM. Von den 75 Milliarden Dollar für den *Homeowners Affordability and Stability Plan*, über den sich Rick Santelli so erregt hatte, waren von 750 000 Familien allenfalls vier Milliarden abgerufen worden. Für die Vermittler von Hypotheken, aber auch für Banken war ein Konkurs oft günstiger. Aber die Tea Party hatte ihr Thema gefunden: die Sanierung der Staatsfinanzen. Nur ging es inzwischen nicht mehr um Hilfen für Autobauer und Hausbesitzer, sondern um Medicare, Medicaid, Social Security und ObamaCare.

Um das durchzusetzen, haben die Tea Party Patriots, der organisierte Arm der Bewegung, den *Contract from America* formuliert, der am 12. April 2010 veröffentlicht wurde, drei Tage vor dem Tax Day. Autor dieses Papiers ist der texanische Anwalt Ryan Hecker, ein früherer Mitarbeiter von Rudy Giuliani; beteiligt war auch diesmal Armeys Organisation FreedomWorks. Auch Newt Gingrich hatte im Magazin ›NewsMax‹ ein paar Ideen beigesteuert. Das ist kein Zufall, denn der *Contract from America* ähnelt verflixt dem alten *Contract with America*, den Gingrich, Armey, Boehner und Tom DeLay 16 Jahre zuvor als Leitlinie der Republikaner durchgesetzt hatten. Zu dieser Politik wollten Gingrich, Boehner und Armey nun mit Hilfe der Tea Party zurück. DeLay wurde inzwischen wegen Geldwäsche zu drei

Jahren Haft verurteilt. Immerhin: Er hat die Zeit seit seinem Rückzug aus der aktiven Politik genutzt, um ein Buch zu schreiben, mit Vorworten von Rush Limbaugh und Sean Hannity, wo er Liberale mit Rassisten, Holocaust-Leugnern und Hitler vergleicht.

Gemäß dem *Contract from America* muss der Bundeshaushalt ausgeglichen sein, die Bundesausgaben dürfen nur mit der Inflation und der Bevölkerung wachsen und es soll ein Moratorium für *earmarks* geben, ein vorübergehender Stopp. Earmarks sind Steuergeschenke an Kommunen, die an Gesetze gekoppelt sind, ein klassischer Dreh, den Wahlkreis daheim zu bedienen. Auch die Steuern sollen stark vereinfacht werden. Zu den Ideen, die kursieren, zählt eine *flat tax*, eine Steuer, die für jeden gleich ist, oder aber die gänzliche Abschaffung der Einkommenssteuer und dafür eine sehr viel höhere *sales tax*, die in den USA der Mehrwertsteuer entspricht. Außerdem sollen die unter Bush ergangenen Kürzungen der Einkommenssteuer, der Erbschaftssteuer und der Kapitalertragssteuer beibehalten werden. Und: Die neue ObamaCare soll wieder abgeschafft werden.

Mit dem *Contract* hat die Tea Party die Wende geschafft, von einer außerparlamentarischen Bewegung, die sich über Steuergeschenke für Banker und Staatshilfen für Bankenopfer erregte, zu einer politischen Strömung, die sich gegen Sozialversicherungsprogramme stellt. Der *Contract* wurde im Internet debattiert; nach Angaben von Hecker stimmten 450 000 Leute darüber ab. Aber nur siebzig Republikaner unterschrieben in Washington den *Contract*, denn viele ihrer Anhänger, vor allem Rentner, sind gegen eine Kürzung von Medicare und Social Security.

Wohl auch deshalb sind die Republikaner damit nie erfolgreich gewesen. Nicht nur unter Gingrich, sondern auch danach unter der Präsidentschaft von George W. Bush hat die GOP schon versucht, die Social Security zu privatisieren und die Amerikaner zu veranlassen, stattdessen Aktienpakete zu erwerben. Ihnen wurde versichert, dass sie höhere Erträge bekämen, zudem würde die Social Security angesichts der vielen in Rente gehenden *Babyboomer* austrocknen. Social Security, Medicare und Arbeitslosengeld werden aus der *payroll tax* finanziert, einer Steuer, die der deutschen Sozialversicherung entspricht. Die Rente ist also, fiskalisch gesehen, nicht Teil des Haushalts; in der Praxis ist es aber doch so, dass Washington gelegentlich Anleihen bei der Rentenkasse nimmt. Zudem ist Social Security keine Rücklagenversicherung. Vielmehr werden die Kosten für die gegenwärtige Rentnergeneration aus den laufenden Beiträgen beglichen. Der Vorstoß, dies stattdessen der Wall Street anzuvertrauen, scheiterte jedoch, als die Vorboten des Bankenkrachs schon zu erkennen waren.

Auch für die Tea Party ist es nicht ungefährlich, solche Forderungen zu propagieren. Ihre Anhänger sind in der Anfangsphase vor dem Kapitol mit Schildern aufgezogen, auf denen stand: »Government, hands off my Medicare«, Regierung, Finger weg von meiner Medicare. Offenbar glaubten sie, dass Medicare eine private Versicherung ist, dabei ist es ein Bundesprogramm, wie auch Social Security und Medicaid, im New Deal unter Roosevelt eingeführt. Wenn sich die Tea Party allzu laut auf Kürzungen solcher Programme kapriziert, dürften ihr die Mitglieder davonlaufen. Deshalb wehrt sich Michele Bachmann öffentlich gegen Kürzungen bei Medicare.

Für konservative Christen wie Bachmann, Rick Santorum oder Rick Perry geht es sowieso weniger um das Budget als vielmehr darum, über eine Mittelkürzung bei Medicaid ihre christlich-konservativen Ideen durchzusetzen und damit Abtreibung, Verhütung sowie die »Pille danach« zu verbieten. Allerdings: Teilen wollen die Medicare-Bezieher ungern. Als bei einer Debatte alle Kandidaten gefragt wurden, ob ein verunglückter Dreißigjähriger ohne Krankenversicherung medizinische Hilfe bekommen solle, riefen mehrere Zuschauer: »Let him die«, lasst ıhn sterben.

Das Comeback der alten Garde

Für die alte Republikaner-Garde um Gingrich, Armey und Boehner ist die Tea Party nur ein neues Vehikel, um ein Comeback in Washington zu inszenieren und den Sozialstaat zu demontieren, soweit sie das unter Clinton noch nicht geschafft haben. Als Fraktionsvorsitzender war Gingrich 1998 zurückgetreten, aber im Rampenlicht war er geblieben, er machte nun das, was alle Politiker tun: Geld verdienen. Er schrieb Bücher, darunter eines, in dem er die Ansicht vertrat, dass die Gründungsväter ein christliches Amerika gewollt hatten. Das brachte ihm eine Einladung des Evangelisten Jerry Falwell ein. Er trat in Dokumentarfilmen auf und er ließ sich als Berater von Think-Tanks wie dem neokonservativen American Enterprise Institute und der libertären Hoover Institution engagieren. Er hielt bezahlte Reden und er gab als Gastkommentator bei Fox News seine Meinung zum Besten.

Als Kandidat allerdings hat er ein paar Handicaps: Er ist zwei Mal geschieden, und er hat eine seiner Ehefrauen auf dem Krankenbett verlassen (der zum Katholizismus Konvertierte sagt dazu, Gott habe ihm vergeben). Die Tatsache, dass seine Schwester Candace Gingrich-Jones eine lesbische Aktivistin ist, bringt ihm bei Konservativen auch keine Pluspunkte. Und so recht ist sein Wahlkampf auch nicht vom Fleck gekommen: Er begann ihn damit, indem er auf Wunsch seiner Frau Callista zu einer Kreuzfahrt zu den griechischen Inseln aufbrach, anstatt in Iowa und New Hampshire auf anstrengende Kampagnentour zu gehen. Prompt kündigten sein Wahlkampfchef und fast alle Mitarbeiter, weil sie den Eindruck hatten, er nehme die Wahl nicht ernst und überlasse Callista das Heft. Einige von ihnen liefen zum texanischen Gouverneur Rick Perry über. Dann fanden Zeitungen heraus, dass er beim New Yorker Luxusjuwelier Tiffany einen Kreditrahmen von einer halben Million Dollar hat; auch nicht gerade ein Zeichen für einen Mann des Volkes. Als Nächstes brüskierte er auch noch öffentlich die Tea Party: Im Fernsehen bezeichnete er die geplanten Sozialprogrammreformen als

»right-wing social engineering«, einen radikalen Gesellschaftsumbau von rechts, der nicht gut für eine freiheitliche Gesellschaft sei. Als er sofort zurückruderte, wirkte er, als wisse er nicht, was er sage.

Nun ist Gingrichs Wahlkampagne tief verschuldet. Dabei nutzt er seine neuerliche TV-Präsenz, die er seinem Wahlkampf verdankt, um überall seine vielen Bücher und DVDs anzupreisen. Aber die Erlöse daraus lässt er seiner Privatschatulle zukommen, nicht der Wahlkampfkasse. Beobachter vermuten, dass er nur noch auf die PR aus ist. Und vielleicht geht es dem alten Parteilöwen auch um ein wenig Aufmerksamkeit für seine Person.

Obwohl Gingrich sich laufend im Namen der Tea Party zu Wort meldet, sind es heute doch andere Republikaner, die als Vertreter der Bewegung gelten. Der Tea Party gelang der Durchbruch in Washington mit der Wahl von 2010 zum Repräsentantenhaus, als frustrierte Obama-Wähler und erboste Republikaner der *Grand Old Party* eine parlamentarische Mehrheit bescherten. Das brachte auch ein paar Dutzend Abgeordnete und Senatoren nach Washington, die der Tea Party nahestehen, wie Rand Paul, aber auch David Vitter aus Louisiana, Mike Lee aus Utah und Jim DeMint aus South Carolina. Und als John Boehner der Tea Party seine Ergebenheit versicherte, wurde er Fraktionsvorsitzender im Repräsentantenhaus.

Mit ihrer neuen Mehrheit hatte die Tea Party erstmals seit Obamas Wahl eine reale Chance, den Anstieg der Staatsausgaben tatsächlich zu stoppen. Mit den Republikanern gegen sich konnte der Präsident die gesetzlich vorgeschriebene Schuldenobergrenze von 14,3 Billionen Dollar nicht erhöhen. Und die Tea Partier stellten Bedingungen: keine Steuererhöhungen, vielmehr erhebliche Einsparungen durch Einschnitte ins soziale Netz und das Versprechen, künftig einen ausgeglichenen Haushalt vorzulegen, am besten sichergestellt durch einen neuen Verfassungszusatz.

Das entsprach aber nicht unbedingt dem, was die Republikaner wollten. Denn die standen unter dem Druck von Banken und Wirtschaft, die Staatsschulden zu erhöhen. Zwar wollten sie durchaus an der Wohlfahrt sparen, aber aus politischen Prinzipien, nicht aus fiskalischer Verantwortung. Der Staatshaushalt war vielen Republikanern egal. Unter George W. Bush, als die Staatsschulden mit den beiden Kriegen im Irak und in Afghanistan stiegen, hatte dessen Vize Dick Cheney die Parole ausgegeben, »deficits don't matter«, Haushaltdefizite schaden nicht. Cheney berief sich auf Reagan und Irving Kristol. Auch Boehner gehörte zu dieser Schule, er hatte drei Jahre vorher dem TARP-Programm zugestimmt. Zuvor hatte er übrigens noch Aktien verkauft, von denen er wusste, dass sie mit TARP sinken würden.

Aber die Steuerrebellen hatten einen Washingtoner Insider, der ihnen half: Grover Norquist mit seinem Verein Americans for Tax Reform. Der hatte viele Republikaner einen *pledge*, ein Ehrenwort, unterschreiben lassen, dass sie unter keinen Umständen einer Steuererhöhung zustimmen würden. Nach wochenlangem Streit, oft bis tief in die Nacht hinein, erreichten Boehner und Obama in letzter Minute einen Kompromiss, mit dem niemand zufrieden war, auch nicht die Tea Party: Die Schuldenobergrenze wird zwar um 2,4 Billionen Dollar erhöht, nicht aber die Steuern, nicht einmal Schlupflöcher werden geschlossen. Dafür wird es zwar auch Kürzungen geben, aber gestreckt auf zehn Jahre, und auch dort, wo die Tea Party gar nicht sparen wollte, nicht bei ObamaCare, sondern bei Medicare und beim Pentagon.

Letztlich stimmten die Tea Partier dann diesem Kompromiss doch nicht zu; ihre Senatoren hatten ihre Kollegen sogar dazu aufgerufen, mit Nein zu votieren. Als kurz darauf die Kreditwürdigkeit Amerikas – zum ersten Mal in der Geschichte des Landes – von einer Ratingagentur herabgestuft wurde, gaben viele Amerikaner der Tea Party die Schuld. Die ›New York Times‹ nannte deren Anhänger »Terroristen« und »Geiselnehmer«, und die Beliebtheit der Tea Party fiel bei Amerikanern auf zwanzig Prozent.

Allerdings stieg auch die Politikverdrossenheit insgesamt: Noch mehr Wähler hatten nun einen schlechten Eindruck vom

Kongress, und auch die Beliebtheit von Obama hatte Schaden genommen – ob er sich davon jemals erholt, ist fraglich.

Erst Ende 2011 sollten wieder echte Kritiker der Wall Street und der Banken öffentlich auftreten, als die Initiative »Occupy Wall Street« entstand. New Yorker, viele davon jung, campierten nahe der Börse an der Liberty Street, in einem kleinen Park zwischen dem Neubau des World Trade Centers und dem Hochhaus der Bank Brown Brothers, Harriman. Erst Hunderte, dann Tausende protestierten gegen die Banken, gegen die Arbeitslosigkeit und dagegen, dass ein Prozent der Amerikaner mehr als die Hälfte des Vermögens aller US-Bürger besitzt.

Die »Occupier« halten Versammlungen ab und veranstalten öffentliche Foren, wo »menschliche Megafone« die Redebeiträge in die letzten Ecken des Parks weitertragen. Auf Schildern wird gefordert: »Enteignet die Banken« und »Schafft die Fed ab«. Sie demonstrieren und werden gelegentlich von der New Yorker Polizei mit Pfefferspray und Gummiknüppeln attackiert. Einmal werden sogar 700 Menschen festgenommen, die bei dem Versuch, über die Brooklyn Bridge zu laufen, die Fahrbahn betreten.

Arbeiter von der World-Trade-Center-Baustelle schauen vorbei, sogar ein paar Banker, und als sich auch Mitglieder der städtischen Gewerkschaften dem Protest anschließen, schwillt die Menge der Demonstranten vorübergehend auf 20 000 an. Auch Intellektuelle und Celebrities unterstützen »Occupy Wall Street«: Joseph Stieglitz von der Columbia University in New York, Cornell West von der Princeton University, Susan Sarandon, Roseanne Barr, Alec Baldwin und Yoko Ono. Jon Stewart und Keith Olbermann berichten im Fernsehen über die Demonstrationen, Michael Moore, der Filmemacher aus Flint, Michigan, taucht auf und versichert seine Solidarität. Und auch in anderen Städten Amerikas wird demonstriert, und Zeltstädte sprießen aus dem Boden: in Boston, Washington, Los Angeles, Phoenix, Iowa City, Atlanta, Detroit, Chicago und in vielen mehr. Und, wie die Tea Party, berufen sich die Demonstranten auf die Verfassung, auf die Rede- und Versammlungsfreiheit.

Kein Wunder, dass Journalisten und Politiker – darunter der ›New York Times‹-Kommentator Paul Krugman und Vizepräsident Joe Biden – die neue Protestwelle mit der Tea Party vergleichen. Somit rächt es sich, dass diese immer so getan hat, als sei sie kritisch gegenüber Banken, die Steuergelder einsackten. Dabei sind Tea Partier gar nicht begeistert von der Konkurrenz. Am lautstärksten positioniert sich Herman Cain. »Ich habe keine Fakten, um das zu beweisen, aber ich glaube, dass diese Demonstrationen geplant und orchestriert wurden, um von dem Versagen der Obama-Regierung abzulenken«, meint er und wirft den Demonstranten auch gleich noch »Klassenkampf« vor. Und er fügt hinzu: »Wenn du arm bist und keinen Job hast, beschuldige nicht die Wall Street oder die Großbanken, du bist selber schuld.«

Der republikanische Senator Eric Cantor, der bei der Haushaltsdebatte vom Sommer Obama zu Kürzungen am sozialen Netz gezwungen hatte, nannte die Okkupanten einen »Mob«. Bill O'Reilly fand, die bräuchten eine Dusche und einen Job. Brendan Steinhauser von FreedomWorks sagte, die Okkupanten seien »unglücklich und wütend« und die Tea Partier »glücklich und fröhlich«; eine absurde Behauptung angesichts der Bilder, die waffentragende Rednecks zeigen, die Obama als afrikanischen Hexendoktor mit Hitlerbärtchen abbilden oder schwarze Abgeordnete bespucken. Wall-Street-Okkupanten, fügte Steinhauser hinzu, agierten in der Tradition von Malcolm X, die Tea Party hingegen in der von Martin Luther King. Dabei landeten bei den von King angeführten Protesten Tausende im Gefängnis. Amy Kremer, die Vorsitzende vom »Tea Party Express« war wenigstens ehrlich, als sie erklärte, der Unterschied sei: Die Tea Party kämpfe für den Kapitalismus, die Okkupanten aber dagegen. Vorsichtig ist nur Newt Gingrich, der meinte, unter den Demonstrierenden gebe es auch saubere, ordentliche Leute, die die Tea Party abwerben sollte.

Den Vogel schoss natürlich wieder Glenn Beck ab, der Occupy Wall Street für eine weltweite, von Kommunisten gesteuerte Verschwörung hält, mit dem Ziel, die Wirtschaft der USA zu zerstören, und hinter der letztlich der Oberkommunist im Weißen Haus stecke, Barack Obama. Derweil schoss sich Michele Bachmann auf Becks Erzfeind ein; sie behauptete, Occupy Wall Street werde von George Soros finanziert, während die Tea Party doch eine »echte Grassroots-Bewegung« sei. Der Beweis: Soros hatte vor einigen Jahren 3,5 Millionen Dollar an das liberale Tides Center in San Francisco gegeben, das wiederum 185 000 Dollar an die kanadische Zeitung ›Adbusters‹ spendete. Und ›Adbusters‹ unterstützt Occupy Wall Street. Eine dünne Verbindung, aber für Rush Limbaugh reichte das zu behaupten, das Geld von George Soros stecke hinter alledem. Dass eine Bewegung in den USA von einer kanadischen Zeitung unterstützt wird, gefällt Tea Partiern ohnehin nicht. Immerhin sind ihre großen Vorbilder Thomas Jefferson und James Madison 1812 in Kanada einmarschiert.

Generell versucht die Tea Party, die Demonstranten zu diskreditieren, zu delegitimieren und als fremdgesteuerte Hippies darzustellen, keine richtigen Amerikaner eben. Zeitungen, die der Tea Party nahestehen, wie Murdochs ›New York Post‹, werfen ihnen vor, sie zahlten keine Steuern – war die Tea Party nicht ursprünglich eine Bewegung gegen Steuern? –, und sie posten Bilder von Demonstranten, die ungewaschen aussehen. Und auch Mark Meckler, Gründer der Tea Party Patriots, distanzierte sich von der neuen linken Bewegung. Diese habe, sagte er auf Fox News, ganz und gar keine Ähnlichkeit mit der Tea Party. »Diese Leute sind keine gesetzesfürchtigen Bürger«, meinte er. »Sie campieren in einem Park, was verboten ist. Sie brechen das Gesetz, indem sie die Brooklyn Bridge betreten, was ebenfalls verboten ist. So benimmt sich keiner, der Amerika liebt.«

Damit forderte er Jon Stewart heraus, der Meckler daran erinnerte, worum es bei der ursprünglichen Tea Party in Boston gegangen war: Damals seien Patrioten in ein fremdes Schiff eingedrungen, hätten Lagerräume aufgebrochen, Kisten mit Tee gestohlen und ins Meer geworfen. »Das war ein Verbrechen«, rief Stewart. »Eine Fahrbahn zu betreten ist eine Ordnungswidrigkeit.«

Einen vorsichtigen libertären Unterstützer haben die Wall-Street-Besetzer allerdings: Ron Paul, dessen Anhänger sich von Anfang an bei Occupy Wall Street eingereiht haben und Plakate gegen die Federal Reserve hochhalten. Und der Kandidat selber meinte, die Anliegen der Bewegung seien berechtigt. »Wenn sie friedlich demonstrieren, Argumente haben und sich auf unsere Seite stellen, was die Abschaffung der Federal Reserve betrifft – ich würde sagen, das ist gut!«

Follow the Money:
Wie zwei Milliardäre die Tea Party finanzieren

In Madison, Wisconsin, fegt ein eiskalter, stürmischer Schneeregen über den State Capitol Square hinweg. Mitten auf dem steinernen, viereckigen Platz ragt das Capitol auf, wo die Staatsregierung tagt, erhöht auf einem Hügel, wie in Rom, nur leicht eingeschneit. Es ist ein imposantes Bauwerk aus weißem Marmor mit griechischen Säulen, klassizistischen Figuren und einer weißen Kuppel. Oben auf der Kuppel, hoch über der Stadt, steht eine goldene Statue, die einer Pallas-Athene-Darstellung ähnelt, jedoch »Wisconsin« heißt. Vom State Capitol Square führen sternförmig mehrere Boulevards in alle Richtungen. Auf dem Platz liegen zwei- und dreistöckige Bürgerhäuser, etwas älter, aber durchaus stattlich.

Doch der biedere Eindruck täuscht: Madison hat noch den Geist aus der Revolution von 1848 bewahrt, als viele Deutsche hierherkamen. Vor dem Bürgerkrieg war Madison eine Bastion der Abolitionisten, die die Sklaverei abschaffen wollten. 1924 wurde hier die Progressive Party von Robert La Follette sen. gegründet, dessen Sohn Robert La Follette jr. Wisconsin noch lange danach regierte. Madison ist eine linke Insel im konservativen Meer Wisconsin (das aber wiederum nicht allzu konservativ ist: 2008 haben die Leute aus Wisconsin für Obama gestimmt). Berühmte Linke kommen aus Wisconsin: so zum Beispiel Russ Feingold, der einzige Senator, der gegen den *Patriot Act* stimmte, oder der Filmregisseur, Schauspieler und Schriftsteller Orson Welles, der Architekt Frank Lloyd Wright und die spätere israelische Premierministerin Golda Meir. Wisconsin ist für seine Landwirtschaft bekannt, vor allem Kartoffeln, und für seinen Käse.

Auch die University of Wisconsin liegt in Madison, an einem der vier Seen, die die Stadt umgeben. Das Universitätsgelände ist ein klassischer amerikanischer Campus im Grünen mit roten Ziegelbauten. 230 000 Menschen leben in dieser Stadt, der zweitgrößten Wisconsins, ein knappes Viertel davon sind Studenten oder Mitarbeiter der Universität.

Das Capitol mit seiner weißen Kuppel ist ein Ehrfurcht gebietender Bau; das kalte Aprilwetter und die neblige Luft nehmen ihm jedoch einiges von seiner Wirkung. Trotz des schlechten Wetters haben sich ein paar Tausend Leute auf dem großen Platz versammelt. Der Tax Day steht unmittelbar bevor, und die Tea Party hat zu einer Rally aufgerufen. Unterstützt wird sie von Americans for Prosperity, einer Organisation, die von den Milliardären Charles und David Koch gesponsert wird. Americans for Prosperity hat einen Star einfliegen lassen, der zur Menge spricht: Sarah Palin.

»Hallo, Wisconsin«, ruft Palin von der Bühne herab: »Madison, ich bin stolz, hier zu sein, an der Frontlinie des Kampfes in unserem Land ... als Steuerzahlerin, als frühere Gewerkschaftlerin, als Frau eines Gewerkschaftlers, als Tochter von Lehrern ...« Palin ist schwer zu verstehen, nicht nur wegen des zugig kalten Windes, sondern weil die meisten der dick eingemummten Demonstranten aus vollem Hals brüllen, pfeifen, kreischen, buhen: »Shame!« und »Go home!«, schreien sie. Manche schwenken Plakate, auf denen »Fox News will lie about us!«, Fox News wird über uns Lügen erzählen, und »We love Tina Fey!« steht. Andere blasen in Tröten. Amerikanische Fahnen wehen und fliegende Händler verkaufen T-Shirts, auf denen neben einer geballten Arbeiterfaust Solidarität mit Wisconsin gefordert wird.

Scott Walker und Sarah Palin gegen den Mob

Sarah Palin ist in Madison nicht sonderlich beliebt, denn sie ist gekommen, um Gouverneur Scott Walker zu unterstützen. Der Republikaner Walker, der der Tea Party zugerechnet wird und der seit Januar 2011 im Capitol regiert, versucht, die staatlichen Gewerkschaften kleinzukriegen. Er will ihnen das gesetzlich verankerte Recht wegnehmen, über Tarifverträge zu verhandeln. Damit ist er nur einer von mehreren konservativen Gouverneuren, die gegen Gewerkschaften vorgehen. Seit Monaten gibt es Zoff zwischen Walker und den Gewerkschaften, die von Studenten und Professoren der Universität unterstützt werden. Viele Studenten sind hier, aber auch übergewichtige Gewerkschaftler im Overall. Das Capitol hat schon viele Demonstrationen gesehen, aber schon lange keine mehr mit so vielen Menschen, wie jetzt gegen Walker auf die Straßen gehen.

Palin wird von dem rechten Medienmogul Andrew Breitbart auf die Bühne begleitet, der nachher den Protestierenden zurufen wird, sie sollten doch zur Hölle fahren. Hier kommt Palin nicht mit ihrem Trick durch, sich als die »bessere Amerikanerin« aus dem *heartland* zu präsentieren. Das hier *ist* das *heartland*. So versucht sie es mit fürsorglicher Umarmung. »Gouverneur Scott Walker geht es doch nur darum, dass die Bundesstaaten zahlungsfähig bleiben, er will den Gewerkschaften nicht schaden. Er will eure Jobs und eure Pensionen sichern.« Die Menge buht und ruft wieder: »Shame! Shame!«

Palin, in einem schicken weißen Mantel für das Dreckswetter gänzlich unpassend gekleidet, sieht aus, als friere ihr Gesicht gleich ein. »Die Tea Party steht für echte Solidarität, echte Integrität, echten Mut, euer Gouverneur hat den Mut, trotz Todesdrohungen das Richtige zu tun«, versucht sie es noch mal. Die Menge schreit nun »Lie! Lie!«, Lüge. Palins Stimme wird, um gegen den Lärm anzukommen, hoch und kreischend, sie nennt die Menge einen »gewalttätigen, bestellten Mob«. Das bringt ihr einen noch lauteren Pfeifchor ein. Nun appelliert Palin an ein paar Parteivertreter auf der Bühne: »Das Establishment der GOP sollte uns beistehen«, ruft sie. »Wir werden kämpfen und gewinnen, weil Amerika gewinnt, wir werden nicht lediglich die Liegestühle auf der Titanic neu aufstellen, wie Obama, der das Defizit verdreifacht hat, aber wenn die GOP gar nicht kämpfen will, sollte ich vielleicht das Hockey-Team der Frauen fragen.«

Dann feuert sie noch, verbissen, über die immer lauter werdenden Rufe »Shame!« und »Shut up!!« hinweg: »Die Tea Party gäbe es gar nicht ohne Obama! Und, was ich den Medien noch sagen will: Wir rufen hier nicht zur Gewalt auf. Wir sind hier, wir sind klar, gewöhnt euch an uns!«

Walker selbst hat heute offenbar keine Lust, sich schon wieder ausbuhen zu lassen, dafür tritt Kim Simac auf, eine Republikanerin, die für den Senat von Wisconsin kandidiert. Sie richtet den Blick auf das, was der Grundstein Amerikas sei und was diese Protestler, Gewerkschaftler, Meuterer zerstören wollten: die großen Konzerne. Aber während Amerika wirtschaftlich zu kämpfen habe, blühten andere Länder auf – und zwar solche ohne Bürokratie und ohne Regulierungen. Sie meint offenbar China. Oder den Stadtstaat Singapur. In der Menge ist John Nichols, Korrespondent für die linke Zeitschrift ›The Nation‹, deren Niederlassung sich in New York befindet. Er arbeitet auch für die örtliche ›Capital Times‹. Nichols wird später schreiben, dass die Leute aus Wisconsin es nicht mögen, wenn Lobbys aus dem *beltway* – das heißt aus Washington – ihnen die Agenda von Konzernen aufdrängen wollen.

Nach der Demo treffe ich mich mit Brendan Fischer im Restaurant »The Oldfashioned« am State Capitol Square. Hier gibt es, mit Blick auf die goldene »Wisconsin«-Statue, Kaffee in dicken Keramikpötten und Bisonburger mit einer doppelten Portion Pommes frites. Am Tresen werden Käsestücke verkauft, die die Form des Staates Wisconsin haben. Fischer, blond und hochgewachsen, angehender Anwalt, arbeitet beim Center for Media and Democracy und dessen Online-Ableger Media Matters: eine gemeinnützige Organisation, die investigativen Journalismus betreibt und von mehreren Stiftungen unterstützt wird, darunter George Soros' Open Society Institute und die Rockefeller Family Foundation. Fischer hat den Kampf zwischen Walker und den Gewerkschaften tagtäglich mitgefochten. »Bei einer Demonstration gegen Walker waren hier einige Hunderttausend Menschen«, sagt er.

Wisconsin ist der »deutscheste« Staat in ganz Amerika. Das Land, geringfügig größer als Iowa, liegt im Norden, zwischen Minnesota, Iowa und den Großen Seen. Sechs Millionen Menschen leben hier, davon anderthalb Millionen im Großraum Milwaukee am Lake Michigan. Milwaukee, eine Gründung französischer Pelzjäger, trägt einen indianischen Namen und galt einmal als das »deutsche Athen«. Nach der gescheiterten Märzrevolution immigrierten hierher Zehntausende von Deutschen, die Turnvereine, Bibliotheken und Parteien gründeten. Noch heute sind »Schmidt« und »Schmitt« die häufigsten Nachnamen. Milwaukee hatte, einmalig in der Geschichte der USA, drei sozialistische Bürgermeister; sie waren ebenfalls deutschstämmig. 1912 versuchte hier ein Immigrant aus Bayern, den Präsidentschaftskandidaten Theodore Roosevelt zu erschießen. Auch Victor Luitpold Berger lebte hier, der Gründer der Sozialistischen Partei Amerikas, die in Milwaukee mehr Stimmen als irgendwo sonst in Amerika hatte. Der Deutschlehrer war Chefredakteur des ›Social Democratic Herald‹ und des ›Vorwärts‹, einer seiner Genossen war Eugene Debs, Gewerkschaftler und Gründer der Organisation Industrial Workers of the World, der »Wobblies«. Die beiden hatten sich kennengelernt, als Berger dem Gewerkschaftler ein handsigniertes Exemplar von ›Das Kapital‹ ins Gefängnis sandte. Debs saß im Knast, weil er einen Streik gegen die Eisenbahngesellschaften organisiert hatte. Als Berger gegen den Eintritt der USA in den Ersten Weltkrieg protestierte, wurde er als Spion verurteilt. 1929 überfuhr ihn eine Straßenbahn.

Der berühmteste Linke von Wisconsin ist jedoch Robert La Follette, genannt »Fighting Bob«, der 1901 als Gouverneur ins Madisoner Capitol einzog. Er focht für Frauenrechte und soziale Sicherheit, gegen Eisenbahnbosse, die er stärker besteuern wollte, gegen Großkonzerne, gegen Kinderarbeit, gegen den US-Imperialismus in Südamerika und gegen den Kriegseintritt der USA. Das war 1917, als La Follette bereits Senator in Washington war. Das machte ihn zum meistgehassten Mann Amerikas, fast verlor er seinen Senatssitz. Zeitweise wurde sogar das *First Amendment*, die in der Verfassung garantierte Meinungsfreiheit, für Kriegsgegner ausgesetzt. La Follette kämpfte auch dagegen, aber vergebens. 1924 kandidierte La Follette für die Präsidentschaft der USA. Den Republikanern hatte er sich entfremdet, so versuchte er es mit der neu gegründeten Progressive Party. Wisconsin stimmte für La Follette, aber es reichte nicht für eine bundesweite Mehrheit. Die Familie sollte jedoch in Wisconsin noch lange den Ton angeben. Roberts Sohn Philip, ebenfalls ein Progressiver, regierte zwölf Jahre lang während des New Deal, wo er Franklin D. Roosevelts Sozialreformen noch vor der Bundesregierung umsetzte. Sein ältester Sohn, der ebenfalls Robert hieß, übernahm 1925 den Senatorensitz seines Vaters in Washington, nachdem dieser gestorben war. Er stand dem La Follette Civil Liberties Committee vor, das ermittelte, wie Konzerne mit Drohungen und Bespitzelung verhindern wollten, dass sich Arbeiter organisierten: darunter Bethlehem Steel, Dupont, General Electric, General Motors und Standard Oil, der Ölfirma der Rockefellers. Er wollte verhindern, dass Amerika in den Zweiten Weltkrieg eintrat. 1946 löste sich die Progressive Party auf und La Follette jr. wurde wieder Republikaner. Aber er verlor seinen Senatssitz an Joseph McCarthy, auch aus Wisconsin. McCarthy sollte bald in Washington einen Kampf beginnen gegen das, was er als die »kommunistische Infiltration« Amerikas ansah.

Scott Walker sieht sich also konfrontiert mit einer langen, streitbaren Tradition in Wisconsin, bei der es um Gewerkschaften geht und um Freiheit. Der 44-jährige Sohn eines Baptistenpfarrers aus Colorado und frühere Pfadfinder ist Berufspolitiker, von einem kurzen Job beim Roten Kreuz abgesehen. Er löste einen Demokraten als Gouverneur ab. Die Helden des ultrakonservativen Tea Partiers sind, wie er gerne sagt, Tommy Thompson und Ronald Reagan. Thompson war einer seiner Vorgänger, der Sozialprogramme kürzte. Walker gewann mit dem Versprechen, die Gewerbesteuern und die Steuern auf Kapitalerträge zu senken und den Staatshaushalt zu verschlanken – von 300 Millionen Dollar Sparpotenzial in zwei Jahren war die Rede. Durch die Steuersenkungen wollte er eine Viertelmillion Jobs im privaten Sektor schaffen.

Aber schon kurz nach der Wahl brach Streit aus. Nachdem Walker den Unternehmen 117 Millionen Dollar an Steuern erlassen hatte, erfuhren die Wähler, wo das Geld eingespart wer-

den sollte: bei Lehrern, Sozialarbeitern, Waldhütern, Straßen-
bauarbeitern und anderen staatlichen Angestellten. Walker wollte deren Gehälter, Zuschüsse zur Krankenversicherung und
Pensionen kürzen, aber auch Stellen streichen. »Dabei hat Wisconsin gerade mal 200 000 Staatsbedienstete, nur noch halb so
viel wie vor zwanzig Jahren«, sagt Brendan Fischer vom Center
for Media and Democracy. Vor allem wollte Walker den Gewerkschaften das Recht nehmen, über Manteltarifverträge zu
verhandeln und über Lohnerhöhungen, was Robert La Follette
sen. durchgesetzt hatte. Und er wollte die Regelung ändern, dass
die Gewerkschaftsbeiträge der staatlichen Angestellten direkt
vom Lohn abgezogen werden, was in Amerika üblich ist. »Nur
die Feuerwehr und die Polizei waren davon ausgenommen«,
sagt Fischer. »Angeblich aus Gründen der inneren Sicherheit,
aber welcher Gouverneur legt sich schon gerne mit der Polizei
an?« Auch bei Schulbauten und Universitäten will Walker sparen. Er weigerte sich sogar, einen Zuschuss von 800 Millionen
Dollar aus Washington für den Bau eines Hochgeschwindig-
keitszuges von Milwaukee nach Madison anzunehmen. Er wolle
nicht, sagte er, dass der Staat womöglich den laufenden Betrieb
der Bahn subventionieren müsse.

Madison erlebte daraufhin einen Aufruhr, der seinesgleichen
suchte. Im bitterkalten Februar belagerten Zehntausende von
Gewerkschaftlern das Capitol, darunter viele Lehrer. »Wir standen wochenlang in der Kälte und im Schneetreiben«, sagt Fischer. Die Demokraten im Senat von Wisconsin weigerten sich,
dem Gesetzesentwurf zuzustimmen. Zwischendurch verließen
14 demokratische Senatoren sogar den Staat und passierten die
Grenze nach Illinois; sie wollten, dass bei der Abstimmung nicht
die notwendige Mindestzahl an Abgeordneten vertreten war.
Walker drohte, ihnen das FBI hinterherzuschicken, was dann
doch nicht geschah. Aber auch die staatlichen Gewerkschaften
weigerten sich, ihre Tarifrechte aufzugeben. Letztlich stimmten
die Republikaner einfach alleine ab. Die Demokraten gingen
dagegen vor Gericht; und es gibt nun auch Klagen gegen einzelne Senatoren, ob sie überhaupt rechtmäßig gewählt wurden. Al-

les Weitere hänge jetzt vom Supreme Court in Wisconsin ab, sagt Fischer. Das könne noch etwas dauern.

Bei dem Kampf zwischen Gewerkschaften und Scott Walker geht es nicht nur um Wisconsin. Der Staat am Lake Michigan ist nur der Vorreiter in einem amerikaweiten Kampf gegen gewerkschaftlich organisierte Arbeitnehmer, der von Industriellen finanziell unterstützt wird.»Und der richtet sich nicht nur gegen die Gewerkschaften, sondern noch mehr gegen die Demokraten«, sagt Fischer.»Die meisten Konzerne unterstützen heute den Wahlkampf von Republikanern, deshalb sind die Gewerkschaften die letzte Bastion, nur sie können aus ihren Beiträgen noch größere Spenden an die Demokraten abführen.« Ähnlich hat es der abtrünnig gewordene Demokrat Dick Morris auf der Tea Party Convention in Phoenix formuliert:»Die Lehrergewerkschaften sind das Rückgrat der Demokratischen Partei – und wir werden dieses Rückgrat brechen.«

Milliardäre im Hintergrund: Die Koch-Brüder

Die wichtigsten Industriellen, die Scott Walker, aber auch andere der Tea Party nahestehende Politiker unterstützen, sind die Brüder Charles und David Koch mit ihrer Firma Koch Industries. Das Unternehmen sitzt in Wichita, Kansas, und ist in der Chemie-, Energie-, Kunststoff- und Ölbranche tätig; der Konzern besitzt Ölraffinerien, Pipelines und Fabriken. Mit hundert Milliarden Dollar Jahresumsatz sind Koch Industries laut dem Wirtschaftsmagazin ›Forbes‹ das zweitgrößte Unternehmen der USA in Privatbesitz, das also nicht börsennotiert ist. Bis vor Kurzem kannten nur Insider die Koch-Brüder, obwohl sie seit Jahrzehnten konservative, libertäre und businessfreundliche Politiker, Vereine, Lehrinstitute und Think-Tanks unterstützen. Mehr als hundert Millionen Dollar haben sie dafür ausgegeben. Charles Lewis vom Center for Public Integrity sagte zum ›New Yorker‹, er arbeite seit Watergate in Washington, aber er habe noch nie eine derartige Ballung von Ungesetzlichkeit, politischer Manipulation und Vertuschung erlebt. »Die Kochs«, so schreibt ›New Yorker‹-Autorin Jane Mayer, »waren schon immer Libertäre, die glauben, Steuern müssten drastisch gesenkt werden, für die Armen reiche minimale Wohlfahrt und für die Industrie solle es viel weniger Regulierungen geben, vor allem im Umweltbereich.« Greenpeace zufolge hat noch nicht einmal der Ölkonzern ExxonMobil so viel Geld ausgegeben wie Koch Industries, um Klimaschutzgesetze zu verhindern. Das ist kein Zufall: Nach einer Studie der University of Massachusetts zählen Koch Industries zu den zehn größten Luftverschmutzern Amerikas.

Auch in Wisconsin sind sie tätig: Koch Industries besitzen hier eine Kohlegesellschaft mit vier Minen, sechs Holzfabriken und mehrere Pipelines, und es könnten noch mehr werden. Walker hat durchgesetzt, dass der Staat seine Elektrizitätswerke privatisieren darf – und zwar ohne öffentliche Ausschreibung. Dafür zeigten sich die Kochs erkenntlich. Walker, so berichtete die linke Organisation Common Cause, habe vom Koch-Industries-PAC 43 000 Dollar für seinen Wahlkampf bekommen. Zudem habe der PAC der Republican Governors Association eine Million Dollar überlassen. Die Association reichte davon 65 000 Dollar an Walker weiter und investierte insgesamt 3,4 Millionen Dollar in TV-Werbung für Walker. Und das soll so beibehalten werden: »Wir sind fest entschlossen, weiterhin für Politiker wie Scott Walker zu spenden, die für einen Sparkurs eintreten, und öffentlich für sie einzustehen«, erklärte Charles Koch im ›Wall Street Journal‹.

Der 76-jährige Charles de Ganahl Koch lebt mit seiner Familie in Wichita, inmitten der spärlich besiedelten Prärien des *heartland*. Wie viele Libertäre ist er ein Fan des liberalen Ökonomen Ludwig von Mises. Er findet, dass Lohnerhöhungen, die nur wegen steigender Lebenshaltungskosten gewährt werden, »destruktiv« seien, schrieb das ›New York Magazine‹ in einem Koch-Porträt. Charles' Bruder hingegen, der 72-jährige David Hamilton Koch, lebt im urdemokratischen Manhattan, allerdings standesgemäß: Er besitzt eine Maisonette-Wohnung im berühmten Apartmenthaus 740 Park Avenue, das der Literat Tom Wolfe im

›Fegefeuer der Eitelkeiten‹ abbildet. Vor dem Haus demonstrierten im Oktober 2011 die Aktivisten von Occupy Wall Street. Zu Kochs Nachbarn zählen Milliardäre wie Ronald Lauder, aber auch der deutsche Konsul. Auch David Rockefeller lebte einst hier. Zuvor hatte Koch an der Fifth Avenue residiert, im früheren Apartment von Jacqueline Kennedy Onassis – aber das war ihm für seine 23 Jahre jüngere Frau, seine drei Kinder, deren Kindermädchen und seine Schwiegermutter zu klein geworden.

Die beiden Kochs sind laut Forbes zusammen fünfzig Milliarden Dollar schwer, das macht David Koch zum reichsten Mann New Yorks (vor George Soros, Bürgermeister Michael Bloomberg und Rupert Murdoch). David Koch wird von den Kultur-, Bildungs- und Forschungsinstitutionen der Ostküste sehr geschätzt: Immerhin hat er hundert Millionen Dollar für das Lincoln Center for the Performing Arts gespendet sowie zwanzig Millionen für das American Museum of Natural History; dem berühmten Massachusetts Institute of Technology gab er hundert Millionen Dollar für die Krebsforschung, nachdem er selbst an Prostatakrebs erkrankt war, der Johns Hopkins University in Baltimore zwanzig Millionen Dollar. Zudem sitzt er in mehreren Aufsichtsräten kultureller Einrichtungen, darunter dem des American Ballet Theatre, und er war Ehrengast bei der jährlichen Gala des Metropolitan Museum of Art. Er hat einmal sogar der Bürgerrechtsorganisation ACLU Geld gegeben, das war zu George W. Bushs Zeiten.

David Koch ist durchaus kein Reaktionär. Er unterstützt Stammzellenforschung, ist für die Schwulenehe und war sogar gegen den Irakkrieg, wenngleich nur leise. 1980 machte er seinen ersten Ausflug in die Politik, als *running mate* (Kandidat für die Vizepräsidentschaft) für den libertären Kandidaten Ed Clark. Die beiden traten mit dem Wahlversprechen an, die Rente abzuschaffen, die Sozialhilfe, den Mindestlohn, auch Unternehmenssteuern und Agrarsubventionen; dafür wollten sie Prostitution und weiche Drogen legalisieren. Auch wollten sie die US-Notenbank Federal Reserve abschaffen, das FBI, die CIA, die Börsenaufsicht SEC und die Umweltschutzbehörde EPA.

Sie bekamen ein Prozent der Stimmen. Danach trat Koch den Republikanern bei und beschränkte sich darauf, zusammen mit seinem Bruder Charles jene Institute zu fördern, die ihre Politik verbreiteten. Das wichtigste davon ist das libertäre und heute noch einflussreiche Cato Institute, das 1977 gegründet wurde.

Das Cato Institute liegt an der Massachusetts Avenue im nordwestlichen Teil des Washingtoner Regierungsviertels, nahe der K-Street, wo sich so viele Lobbygruppen, Think-Tanks und Anwaltskanzleien sammeln, dass George Clooney und Stephen Soderbergh der Straße einmal eine ganze (wenngleich kurzlebige) Serie gewidmet haben. Das Institut tritt für weniger Steuern, weniger Wohlfahrt und weniger Umweltschutz ein. Unter Bush wollte das Cato Institute die Rente privatisieren, allerdings vergebens. Cato wird, wie der medienkritische Verein FAIR feststellte, von der Tabakindustrie, der Pharmaindustrie, Energiekonzernen und Wall-Street-Banken gesponsert, auch von Volkswagen. Im Aufsichtsrat sitzen Rupert Murdoch, John Malone (Vorstand von Liberty Media) und David Koch. Die Kochs spendeten dem Cato Institute insgesamt elf Millionen Dollar.

Doch Cato ist nicht das einzige Institut, das ihre Unterstützung erfährt. Die 1980 gegründete Charles G. Koch Charitable Foundation listet auf ihrer Website mehrere Dutzend Think-Tanks und Stiftungen als Partnerorganisationen auf, darunter auch die Heritage Foundation. Heritage, ein wenig älter und konservativer als Cato, formulierte die *Reagan Doctrine*, worin die Unterstützung antikommunistischer Bewegungen von Nicaragua bis Afghanistan proklamiert wurde, und plädierte für Reagans »Star-Wars-Programm«. Personell ist Heritage prominent aufgestellt: Chairman ist der JP-Morgan-Banker Thomas A. Saunders III; im Aufsichtsrat sitzen Richard Mellon Scaife (Verleger der ›Tribune-Review‹) und Steven Forbes (Verleger des ›Forbes Magazine‹). Der mittlerweile verstorbene Gründer von Heritage war der Bierbrauer Joseph Coors, der zu Reagans Küchenkabinett gehörte und von seinem privaten Geld einmal ein Frachtflugzeug für die Contras in Nicaragua kaufte. Heritage gibt jedes Jahr den ›Index of Economic Freedom‹ heraus; an dessen Spitze stand 2011 das chinesische Hongkong. Der größte Unterschied zwischen Cato und Heritage ist, dass Letztere für eine interventionistische Außenpolitik eintritt.

Mitte der achtziger Jahre gründeten die Kochs einen weiteren Think-Tank in Washington, das Mercatus Center. Es gehört zur George Mason University, der die Kochs dafür dreißig Millionen Dollar gaben. Mercatus ist der »wichtigste Think-Tank, von dem Sie noch nie gehört haben«, meinte das ›Wall Street Journal‹. »Das Mercatus Center ist der Ground Zero der Deregulationspolitik in Washington«, sagte der demokratische Stratege Rob Stein dem ›New Yorker‹. Mercatus' wichtigstes Anliegen ist es, den schädlichen Einfluss von Umweltschutzgesetzen auf die Wirtschaft anzuprangern. So veröffentlichte Mercatus 1997 eine Studie, in der neue Gesetze zur Smog-Bekämpfung attackiert wurden, denn weniger Smog, so hieß es, bedeute mehr Hautkrebs.

An der Spitze des Think-Tanks steht der Koch-Vertraute Richard Fink. Fink und David Koch gründeten auch Citizens for a Sound Economy (CSE), in den Think-Tank steckten beide Kochs fast acht Millionen Dollar. Auch CSE kämpfte gegen Umweltgesetze – in den Neunzigern ging es in erster Linie um sauren Regen – und gegen Energiesteuern. Das geschah vor allem unter Bill Clinton, während sie Bush unterstützten, unter dem die Ölindustrie florierte. Aufgrund der Lobbyarbeit von CSE – so schreibt John Nichols in der ›Nation‹ – wurden die Bankenregulationsgesetze aus den dreißiger Jahren widerrufen.

2004 spaltete sich CSE nach einem internen Streit in zwei Organisationen: FreedomWorks und Americans for Prosperity (AFP); Letztere wurde lange von Nancy Pfotenhauer geführt, der Cheflobbyistin von Koch Industries. (Pfotenhauer wechselte 2008 in die Wahlkampftruppe von John McCain und wurde danach Kommentatorin für Fox News.) AFP unterstützte nicht nur die Rally von Palin in Wisconsin, sondern auch viele Aktivitäten, die gegen Gewerkschaften gerichtet waren. Chairman von FreedomWorks ist Dick Armey, der zusammen mit Newt Gingrich einer der Vordenker der »Republican Revolution« von 1994 war.

Im Aufsichtsrat sitzt auch hier Steven Forbes. FreedomWorks geriet etwas in Verruf, als die ›Washington Post‹ Verträge mit privaten Krankenversicherern aufdeckte; wer bei diesen eine Versicherung abschloss, wurde automatisch zahlendes Mitglied bei FreedomWorks, allerdings ohne dass er vorher davon erfuhr. Präsident des Vereins ist Matt Kibbe; er hat, so sagt er, die Methoden von Mahatma Gandhi, Martin Luther King und Saul Alinsky studiert.

»Wir haben lange über die Idee einer ›Boston Tea Party‹ nachgedacht, als Beispiel für einen gewaltlosen sozialen Umbruch«, erzählte Kibbe dem ›New Yorker‹. Man habe gelernt, dass man Leute brauche, um Ideen zu verkaufen. Folgerichtig stellte FreedomWorks achtzig Außendienstmitarbeiter ein, die zur Wahl von 2007 Wähler in 26 Staaten mobilisierten. Und das war auch nötig: »Das Problem der Libertären ist, dass sie nur Häuptlinge haben und keine Indianer«, meinte der konservative Wirtschaftshistoriker Bruce Bartlett, der für einen von Koch finanzierten Think-Tank arbeitet. Dem durchschnittlichen Wähler seien deren Ziele egal. Deswegen sei es auch so schwer für die Kochs, eine Volksbewegung zu schaffen. Aber das habe sich dank der Tea Party geändert. »Jetzt kann jeder sehen: Es gibt auch Indianer«, sagt Bartlett. Eben deshalb versuchten die Kochs, die populistische Tea Party zu kanalisieren.

Schon bald, nachdem Obama angetreten war, organisierte oder unterstützte AFP überall Rallys, sie richteten sich vornehmlich gegen das Stimulus-Paket aus Washington, das als Geldverschwendung dargestellt wurde. Tea Partier demonstrierten damals in Sacramento, Austin und Madison. AFP organisierte auch einen National Tea Party Tax Day in Washington, D.C. Und das Mercatus Center veröffentlichte gleichzeitig eine Studie, wonach der Stimulus vornehmlich demokratischen Bezirken zugutekomme. Das musste zwar später berichtigt werden; was aber Rush Limbaugh nicht davon abhielt, den Stimulus als »Obamas Krokodils-Fond« zu bezeichnen, als ob der illegitim wäre.

Am Tag nachdem sich Rick Santelli im April 2009 im Fernsehen über den *Homeowners Affordability and Stability Plan* echauffiert hatte, meldete AFP eine Website an, die für Sympathisanten »Tea Party Talking Points« auflistete. In North Carolina kreierte sie eine »Tea Party Finder«-Website. In Arizona schlugen AFP-Vertreter Wählern vor, Obama Teebeutel zu schicken, und in Missouri warben sie für Wählerregistrierung. Im Frühjahr 2010 organisierte Peggy Venable eine Veranstaltung in Austin, Texas. Venable arbeitet sowohl für AFP als auch für die Koch-Gründung Americans for Prosperity Foundation. Auf der Bühne huldigte sie der Tea Party: »Wir lieben das, was die Tea Party tut, denn so werden wir uns unser Amerika zurückholen«, rief sie den jubelnden Massen zu.

Die Liberty League und die Black Legion

Es ist durchaus nicht das erste Mal, dass amerikanische Industrielle eine »Freiheitsbewegung« gegen einen demokratischen Präsidenten ins Leben rufen. 1934 gründeten mehrere Wirtschaftsbosse die American Liberty League mit Sitz in New York, die Front gegen Franklin D. Roosevelts New Deal machen sollte, vor allem gegen die Einführung der Sozialversicherung. Der mächtige Mann dahinter war Irénée du Pont, Erbe des Konzerns »E. I. du Pont de Nemours and Company«, kurz: DuPont (DuPont ist, wie Koch Industries, ein Chemiegigant und stellt auch Sprengstoff her). In ihrer Hochzeit hatte die Liberty League 36 000 Mitglieder. Sie kämpfte gegen den New Deal und gegen Gewerkschaften. So wollte sie den *National Labor Relations Act*, den Roosevelt 1935 unterzeichnet hatte und in dem es um das Streik- und Organisationsrecht ging, wieder abschaffen. Aber sie scheiterte damit vor dem Supreme Court, dem Verfassungsgericht.

Irénée du Pont, einer der zwanzig reichsten Männer Amerikas, war ein Mussolini-Anhänger; er behauptete, Roosevelt sei ein Kommunist, der von Juden kontrolliert werde. Er und seine Brüder Pierre und Lammot finanzierten die Liberty League mit mehr als einer halben Million Dollar, damals eine beträchtliche

Summe. Außerdem gab du Pont auch Geld an die Crusaders und die Black Legion, die dem Ku-Klux-Klan nahestand. Beides waren Bürgerwehren, die gelegentlich Gewerkschaftler überfielen. Anfang 1934 planten die Du-Pont-Brüder gar einen Putsch gegen Roosevelt, zusammen mit dem Präsidenten von General Motors und einem J.-P.-Morgan-Banker. Lammot du Pont fragte Smedley Butler, General im Ersten Weltkrieg und ein bekannter Gegner des New Deal, ob er den Putsch anführen wolle. Der aber weihte Roosevelt ein und die Pläne gelangten an die Presse, du Pont stritt daraufhin ab, dass irgendetwas an diesen Putschgerüchten wahr sei. Als Roosevelt 1936 wiedergewählt wurde, löste sich die Liberty League auf.

In dieser Zeit wurde auch der Grundstein des Koch-Vermögens gelegt, erstaunlicherweise unter dem sowjetischen Diktator Josef Stalin. Fred Koch, der Vater von David und Charles, war der Sohn eines holländischen Immigranten, der nach der Jahrhundertwende nach Texas gekommen war. 1927 erfand Koch eine effizientere und preiswertere Art, aus Öl Benzin zu gewinnen. Aber die großen Ölgesellschaften der USA, allen voran Standard Oil, drängten den jungen Konkurrenten aus dem Markt. Koch ging in die Sowjetunion und lehrte dort bolschewikische Ingenieure, moderne Ölraffinerien zu bauen (während die Rockefellers von Standard Oil mit den Nazis kooperierten). Aber als Stalin anfing, seine Ingenieure in Gulags zu stecken, kehrte ein reuiger Fred Koch nach Wichita, Kansas, zurück und wandelte sich zum strammen Antikommunisten. 1958 gehörte Fred Koch zu den Gründungsmitgliedern der John Birch Society (JBS), führend war Robert Welch, der ihr erster Vorsitzender wurde. Die JBS, die ursprünglich in Indianapolis saß, kämpfte gegen einen Wohlfahrtsstaat, gegen Bürgerrechte für Schwarze sowie gegen »Rassenmischung« und eine Machtübernahme durch die Kommunisten. Sie trieb es so weit, dass sie in dem Stanley-Kubrick-Klassiker ›Dr. Seltsam oder wie ich lernte, die Bombe zu lieben‹ parodiert wurde. Welch glaubte, dass die USA und die Sowjetunion von demselben verschwörerischen Zusammenschluss aus Internationalisten, gierigen Bankern und korrupten Politikern kontrolliert werde. Dazu zählte er Roosevelt, Truman und Dwight D. Eisenhower, die Rockefellers und die »Bilderberger«. Die JBS, auch »Bircher« genannt, unterstützten Barry Goldwater als Präsidentschaftskandidaten gegen Richard Nixon, welcher ihnen zu links war. Fred Koch warnte damals davor, der »farbige Mann« spiele »im Plan der Kommunisten, Amerika zu übernehmen«, eine wichtige Rolle. Deren Geheimplan sei, dank der sozialen Wohlfahrt Schwarze vom Land in die Städte zu locken, wo sie dann Rassenkriege führen würden. »Die Kommunisten werden die USA so lange infiltrieren, bis auch der Präsident ein Kommunist ist, aber im Verborgenen«, meinte er. Er klingt wie ein Tea Partier von heute.

Die JBS gibt es heute noch. Mittlerweile sitzt sie in Wisconsin, in einem Vorort von Appleton, dem Geburtsort von Joe McCarthy. Noch immer warnen die Bircher vor der *New World Order*, die angeblich von den Vereinten Nationen, den Rockefellers, den Rothschilds, den Kommunisten und der übrigen Medienelite der Ostküste angestrebt wird. Eigentlich müsste David Koch mit seinen New Yorker Freunden eines ihrer Feindbilder sein. Die neueste Bedrohung ist, wie sie glauben, die Vereinigung von Mexiko, den USA und Kanada – dieser Plan sei schon vor 200 Jahren von den Illuminati ausgeheckt worden. Heutiger Präsident der Bircher ist John F. McManus, ein ultrakonservativer Katholik. Seine Lieblingsgegner sind die Freimaurer, die, sagte er einmal, von militanten Juden infiltriert worden seien und hinter den Illuminati steckten.

McManus klingt wie ein Funktionär der Tea Party auf Anabolika. Er imitiert auch gerne deren Verfassungs-Rhetorik: Er sagt, in der US-Verfassung stehe nichts von einer Demokratie, Amerika sei eine Republik. Das müsse auch so sein, denn die Demokratie sei die Herrschaft eines Mobs, der sich nicht an Gesetze halte. (Das Wort »Demokratie« kommt übrigens tatsächlich nicht in der Verfassung vor.) Die Bircher scheren Nazis und Kommunisten über einen Kamm und lehnen ein *big government* ab. Mit der Wahl von Obama hat die Organisation – die zwischendurch von der politischen Bildfläche verschwunden war –

neuen Zulauf bekommen. Die Mitgliederzahl habe sich verdoppelt, sagte JBS-Geschäftsführer Arthur Thompson der ›New York Times‹.

Auch bei den Tea Partiern, die auf den Straßen von Madison für Gouverneur Scott Walker demonstrieren, klängen manchmal rassistische Untertöne durch, meint Brendan Fischer vom Center for Media and Democracy. Wisconsin ist ein fast »weißer Staat«. Aber, so Fischer: »Es wandern immer mehr Hispanics zu, und in Milwaukee leben bereits ein paar Schwarze. Das beunruhigt manche. Außerdem fühlen sie sich eingeschüchtert von einem schwarzen Präsidenten.« Für das *big business* allerdings seien Rassisten und Verschwörungstheoretiker ein Klotz am Bein. Das sähen auch die Tea-Party-Funktionäre so: »Die haben schlaue Leute an der Spitze, die ein paar Schwarze ins Scheinwerferlicht stellen, aber von denen haben sie halt nicht viele«, sagt Fischer. Die großen Konzerne hätten auch nichts gegen Immigranten. »Die bedienen nur die Rhetorik der Nativisten.«

Warum lassen sich seiner Meinung nach so viele Bürger vor den Karren des *big business* spannen? »Die glauben an den Trickle-down-Effekt, daran, dass irgendetwas finanziell auch bei ihnen ankommt«, erklärt Fischer. Viele hielten es für realistisch, einmal mehr als eine Viertelmillion Dollar im Jahr zu verdienen – das ist die untere Einkommensgrenze für Besserverdienende, für die unter Bush die Steuern gesenkt wurden. »Dabei sind die meisten viel ärmer.« Und für freie Märkte seien Tea Partier auch nur im Inland. Im Außenhandel wollten sie durchaus Restriktionen und Strafzölle. »Die Industriellen sehen das natürlich anders, aber das erzählen sie den Tea Partiern auf der Straße nicht.«

Leibeigenschaft und Cocktails

Die Koch-Brüder selbst streiten ab, etwas mit der Tea Party zu tun zu haben. Vor allem David Koch ärgert sich darüber, dass er als Finanzier dieser »weißen, männlichen, wütenden Massen«

dargestellt werde, wie er dem ›New York Magazine‹ anvertraute. »Ich war noch nie auf einer Tea-Party-Veranstaltung und niemand, der die Tea Party repräsentiert, hat mich jemals angesprochen«, versicherte er. »Das ist nur die radikale Presse, die gegen uns hetzt.« Inzwischen haben die Kochs Lobbyisten engagiert, die ihr negatives Bild in der Öffentlichkeit korrigieren sollen. Im rechten Internetmedium NewsMax erklärten die Kochs, es sei eine »Verschwörungstheorie«, dass Americans for Prosperity die Tea-Party-Bewegung finanziere. Tatsächlich würden sie mit ihren Stiftungen schon seit vierzig Jahren Organisationen fördern, die für freie Märkte eintreten. Außerdem seien die AFP und die Americans for Prosperity Foundation rechtlich getrennte Einheiten, und gegenwärtig gäben Koch-Stiftungen der AFP keine Gelder.

Freilich: Die Brüder bestreiten nicht, dass sie gegen Obama sind, gegen ObamaCare, gegen Klimaschutzgesetze und gegen Regularien für die Wall Street sowie gegen den *Dodd-Frank Act*, der nach dem Beinahe-Crash der amerikanischen Banken von 2008 verabschiedet wurde, um die Finanzmärkte strenger zu kontrollieren. Im Oktober 2010 hielt David Koch eine Rede im Marriott Hotel in Arlington, Virginia, auf dem *Defending the American Dream Summit*. Zu diesem Treffen, das von der AFP Foundation organisiert worden war, kamen 2000 Teilnehmer. Der Festredner war Newt Gingrich. »Als wir diese Organisation vor fünf Jahren gegründet haben, hatten wir eine Massenbewegung vor Augen, bei der Hunderttausende von amerikanischen Bürgern von überall her sich erheben und für die Freiheit der Wirtschaft kämpfen, die unser Land zum wohlhabendsten in der Weltgeschichte gemacht hat«, sagte Koch. »Und zum Glück zeigen die Unruhen von Kalifornien bis Virginia, von Texas bis Michigan, dass immer mehr unserer Mitbürger die gleichen Wahrheiten erkennen wie wir.«

Die Kochs sind tatsächlich nicht alleine. Das liberale Blog ›ThinkProgress‹ veröffentlichte ein Memo, wonach sich im Juni 2010 rund hundert Konzernchefs, Banker und Ölmogule, Chefs von Unternehmen wie Merrill Lynch, Goldman Sachs, Blackstone, Gulfstream Aerospace und die Bechtel Group auf Einladung der Kochs getroffen haben. In Aspen, Colorado, wo David Koch eine seiner vier Sommerresidenzen hat, diskutierten die Industriellen zwei Tage lang über die beste Strategie, Obama loszuwerden. Programmpunkte wie ein Vortrag von Glenn Beck mit dem Titel »Ist Amerika auf dem Weg in die Leibeigenschaft«, lose basierend auf dem Buch von Friedrich Hayek, ›The Road to Serfdom‹, wechselten sich ab mit einem Cocktailempfang und mit Reden von Nancy Pfotenhauer, Richard Fink und Vorträgen von Experten des Cato Institute, des Mercatus Center, des American Enterprise Institute, der Charles G. Koch Charitable Foundation und AFP, die entlarvenderweise im Programm »front group« genannt wurde. Einer der Gäste war Eric O'Keefe, Buchautor und konservativer Aktivist aus Wisconsin.

Der Herr der Think-Tanks

O'Keefe ist ein dunkelblonder Naturbursche, der auf den ersten Blick sympathisch wirkt und gar nicht wie ein Erzkonservativer aussieht. Aber er steht im Mittelpunkt einer schwindelerregenden Zahl von Initiativen in Wisconsin, die alle sehr wirtschaftsfreundlich agieren und miteinander zusammenhängen. Darunter der Wisconsin Club for Growth, Americans for Limited Government und das Institute for Humane Studies, eine Schwesterorganisation des Mercatus Center, in dessen Aufsichtsrat Charles Koch sitzt.

O'Keefe – der bereits bei der Tea Party Convention im Februar 2011 in Phoenix auftrat – ist ein privater Investor, politischer Aktivist und Autor. 1999 erschien sein Buch ›Who Rules America‹. Darin spricht er sich gegen Berufspolitiker aus, die ihre Karriere über den Willen des Volkes stellen, und fordert, deren Amtszeit zu begrenzen. Milton Friedman von der University of Chicago, Reagan-Berater und einer der wichtigsten Fürsprecher freier Märkte (und damit Hassfigur der Linken), lobte das Buch.

Sieben Fähigkeiten müsse ein erfolgreicher Stratege haben, sagte O'Keefe zu dem neokonservativen ›Weekly Standard‹. Eine davon sei, Vorurteile in den »alten Medien« zu bekämpfen und in den »neuen Medien« präsent zu sein. In der Praxis heißt das, YouTube, Facebook und Wikipedia zu infiltrieren. Dazu hat O'Keefe die Sam Adams Alliance (SAM) mit Sitz in Chicago gegründet, benannt nach dem *Founding Father* Sam Adams.

Die Sam Adams Alliance organisiert sogenannte *samspheres* in verschiedenen Städten, wo sich Gleichgesinnte treffen. Außerdem unterhält sie mehrere Websites, die linken Sites wie MoveOn.org und DailyKos.com Konkurrenz machen sollen: Dazu gehört zum Beispiel die Website von Rightonline, einem Institut, das von der AFP finanziell unterstützt wird und das konservative Blogger in Google-Suchmaschinenoptimierung schult; außerdem die Website ›Blogivists‹, die rechte Blogger vernetzt, auch Websites, die sich als Gegengewicht zu Wikipedia verstehen, wie ›Judgepedia‹, ›Ballotpedia‹ und ›Sunshine Review‹. Eine weitere SAM-Gründung ist das Franklin Center for Government and Public Integrity, benannt nach dem Gründungsvater Benjamin Franklin, der Journalist war. Das Franklin Center, das in North Dakota sitzt, lehrt nach eigenen Angaben Journalisten, wie man »vorurteilsfrei« berichtet. Außerdem gibt es Studien in Auftrag, beispielsweise eine, wonach eine große Mehrheit der Bevölkerung Wisconsins hinter den Sparplänen ihres Gouverneurs stehe.

Präsident des Franklin Center ist Jason Stverak, der zuvor für die SAM gearbeitet hat, aber auch für Republikaner wie den New Yorker Law-and-Order-Bürgermeister Rudy Giuliani. Stverak will Politik und Journalismus trennen. Deshalb hat er es begrüßt, als der US-Kongress in Washington im Mai 2011 beschlossen hat, dem öffentlich-rechtlichen Radio NPR die Fördergelder zu entziehen. Das geschah, nachdem das Video des als Moslem auftretenden Aktivisten James O'Keefe (vermutlich nicht verwandt mit Eric O'Keefe, aber wer weiß?) die Runde auf konservativen Blogs und auf YouTube gemacht hatte. Neueste Projekte des Franklin Center sind die ›Statehouse News‹ und der ›Wisconsin Reporter‹, Online-Publikationen für Leser, denen die ›Capital Times‹ zu links ist. Der ›Wisconsin Reporter‹ enthüllte beispielsweise, dass die Gewerkschaften den Demokraten Millionen von Dollar für den Wahlkampf zuschießen.

Seit Neuestem finanziert SAM ein politisches Trainingsinstitut namens »American Majority«, das ebenfalls einen dieser erkennbar orwellesken Namen trägt. Dieses Institut schult Politiker der Tea Party, wie sie am besten gegenüber der Presse und vor Fernsehkameras auftreten. Seinen Mitgliedern, also dem Fußvolk, bringen die Strategen von der Majority bei, wie sie das »liberale Meinungsmonopol« der *mainstream media* brechen: etwa, indem sie Bücher von liberalen Autoren bei Amazon kritisch rezensieren. Gegründet wurde das Institut von den Brüdern Drew und Ned Ryun, der eine ein Funktionär des Republican National Committee, der andere ein Redenschreiber von George W. Bush.

Auch die American Majority steht im Kampf um Wisconsin an vorderster Front. Am 19. Februar 2010 hatte die Majority über Facebook Anhänger der Tea Party mobilisiert, die mit Bussen zu einer Demonstration für Gouverneur Scott Walker nach Madison gebracht wurden. Zur Menge sprachen Herman Cain, der schwarze Pizzakönig und Präsidentschaftskandidat der Tea Party, sowie der rechte Internetmogul Andrew Breitbart. Walker, so ärgerten sich Tea Partier, schaffe es nicht, selbst genügend Leute zu aktivieren, die gegen »die vielen demonstrierenden Lehrer« auf die Straße gingen. Eine merkwürdige Einstellung von Leuten, die von sich sagen, sie verträten das Volk.

Wie nahe Scott Walker den Kochs wirklich steht, erfuhr Wisconsin, als ein Reporter des ›Daily Beast‹ (der Webpostille von ›Newsweek‹) beim Gouverneur anrief und sich als David Koch ausgab. Walker gab dem vermeintlichen Industriellen brav Auskunft. Er erzählte ihm, dass er den demokratischen Senatoren keine Schecks mehr schicke, die müssten sie nun selbst in seinem Büro abholen (in den USA wurde die Überweisung noch nicht erfunden); außerdem werde er ein paar Tausend Staatsangestellten die Kündigung zustellen, nur um sie einzuschüchtern;

nebenbei erwähnte er seinen Baseballschläger, den er für politische Gegner in seinem Büro aufbewahre.

Brendan Fischer vom Center for Media and Democracy muss nun wieder in sein Büro. Er bringt mich noch zur »Memorial Union«, einem wuchtigen Universitätsbau von 1928. Hier sitzt das amerikanische Äquivalent des Studentenwerks: Es gibt eine Mensa, ein Café und einen »Rathskeller«, eine Kneipe in deutschem Stil. Vor der Memorial Union halten auch die Busse nach Chicago, Milwaukee und Dubuque. Einen Bahnhof hat Madison schon lange nicht mehr. Fischer arbeitet gerade an einer Studie über ALEC, den American Legislative Exchange Council. Das ist eine Lobbygruppe aus Industriellen sowie Abgeordneten und Senatoren aus mehreren Bundesstaaten und Washington. Diese Public Private Partnership formuliert Mustergesetze, um sie in den jeweiligen Staatskapitolen durchzusetzen. Die Lobby hat 2000 Mitglieder, viele davon sind Reaganites. Auch Scott Walkers Vorgänger Tommy Thompson gehörte dazu. Die Organisation wurde bereits 1973 gegründet, operierte aber bisher eher hinter den Kulissen.

Nun nicht mehr: Dem Center for Media and Democracy wurden rund 800 Gesetzesvorlagen zugespielt, die von ALEC formuliert wurden, und es hat diese, in Zusammenarbeit mit ›The Nation‹, ins Internet gestellt. Zu den Gesetzen, die auf ALEC-Vorlagen zurückgehen, zählen beispielsweise der *Senate Bill 1070* in Arizona, der die Rechte von Ausländern einschränkt, außerdem Gesetze, die es Schülern leichter machen, von einer öffentlichen auf eine private Schule zu wechseln; aber auch die Anti-Gewerkschaftsgesetze von Walker. ALEC hat einen Etat von sieben Millionen Dollar aus Spenden der Industrie. Zu den Finanziers von ALEC gehören – es ist kaum nötig, das noch zu erwähnen – Koch Industries. Wie viel sie ALEC zugeschoben haben, weiß keiner, aber John Nichols von ›The Nation‹ schätzt den Betrag auf eine Million Dollar.

Nicht nur in Wisconsin spielt sich ein solcher Prozess ab. Bislang sind 19 Gouverneure dabei, ähnliche Gesetze gegen Gewerkschaften durchzusetzen, darunter die in Ohio, Michigan,

New Hampshire und Florida, sagt Brendan Fischer. In Tennessee ist der Gesetzgeber sogar noch weiter gegangen: Dort wurde es den Lehrergewerkschaften verboten, für Parteien zu spenden. »Aber Konzerne dürfen weiter Geld in Wahlkämpfe stecken«, meint Fischer. »Und nicht nur das, der Supreme Court hat neulich geurteilt, dass Konzerne wie individuelle Spender behandelt werden müssen, sodass es für die nun praktisch keine Obergrenzen mehr gibt.« Die große Zeit der Gewerkschaften sei ohnehin vorbei, diagnostiziert Fischer, schon aufgrund der Globalisierung. »Deren Niedergang fing an, als Ronald Reagan den Streik der Gewerkschaft der Fluglotsen gebrochen hat.« Das war in den siebziger Jahren. Heute sind nur noch sieben Prozent der Amerikaner gewerkschaftlich organisiert. Und viele Staaten, vor allem im Süden, sind heute »Right-to-Work«-Staaten, was bedeutet, Konzerne sind nicht verpflichtet, Gewerkschaftler einzustellen.

Die Koch-Brüder haben sich noch nicht entschieden, wen sie in der kommenden Wahl finanziell unterstützen werden: Sie haben Michele Bachmann 25 000 Dollar gegeben, liebäugeln aber auch mit Sarah Palin; Rick Perry haben sie für seine Wiederwahl in Texas 76 000 Dollar gespendet; es kann auch sein, dass sie sich mit Mitt Romney oder Herman Cain anfreunden. Auch Rand Paul hat Koch-Spenden bekommen. Nur einen lassen sie links liegen: Ron Paul. Das ist verwunderlich, denn Paul ist der einzige echt Libertäre, der in den kommenden Wahlen antritt, und die Kochs teilen eigentlich seine Ansichten über Wirtschaftspolitik. Aber Paul ist der einzige Republikaner, der in Zukunft weniger Geld in das Pentagon und damit in die Rüstungsindustrie stecken will. Vielleicht sind die Koch-Brüder ja letztendlich doch waschechte Republikaner und keine Libertären.

Dass Charles Koch ideologisch flexibel ist, bewies er bereits 1973. Damals lud er Friedrich Hayek nach Kalifornien ein. Hayek aber lehnte ab: Er warte in Österreich auf eine von der Kasse bezahlten Gallenoperation. Nun riet Koch dem Wirtschaftsliberalen, er solle doch Medicare in Anspruch nehmen.

Black & White: Politik, Geschichte und Rassismus

Von der Schlacht am Lookout Mountain in Chattanooga, Tennessee, spricht man im Süden heute noch. Die Armee der Union, der Nordstaaten, lagerte im Herbst 1863 in Chattanooga, 40 000 Soldaten hatten sich in die Kleinstadt am Tennessee River zurückgezogen. Sie wollten sich von einer der schwersten Niederlagen im Bürgerkrieg erholen, der Schlacht am Chickamauga, dem »Fluss des Todes«, wo Tausende Tote zurückgeblieben waren. Die Konföderierten jedoch, die Südstaatenarmee, belagerten Chattanooga. Sie schnitten der Union den Nachschub ab und postierten 1200 Soldaten auf dem Lookout Mountain, einem Hochplateau, das einen weiten Blick bis hinein nach Georgia bietet.

Aber Ulysses S. Grant, der Befehlshaber der Union, schickte Verstärkung über den Tennessee River. Am 24. November 1863, morgens um drei, stürmten mehr als 10 000 Unionssoldaten den Lookout Mountain. Die Verteidiger wurden überrascht, weil die Hänge so steil waren, dass sie die hochkletternden Feinde, die Yankees, nicht bemerkten. Die Schlacht dauerte den ganzen Tag, Tausende starben; endlich eroberte die Nordarmee den Berg. Die Union schaffte es auch, die Belagerung von Chattanooga zu brechen. Von nun an kontrollierten die Yankees den Tennessee River und den Zugverkehr nach Nashville und Memphis (Tennessee), Atlanta (Georgia) sowie nach Bridgeport (Alabama). Nicht einmal anderthalb Jahre später sollte der Süden die Waffen strecken und sich ergeben.

Tennessee liegt zwischen den Staaten des *Old South*, die zu den ursprünglich 13 Kolonien gehörten, und dem *Deep South* mit den großen Baumwollplantagen, in denen die Mehrheit der Sklaven lebte, vor allem in Mississippi und Alabama. Die Hauptstadt ist Nashville. Memphis, die Stadt von Elvis Presley, befindet sich an der unteren westlichen Spitze von Tennessee am Mississippi. In Tennessee ist es warm im Sommer, die feuchte

Hitze des Südens. Der Staat hat etwas Kleinstädtisches, »Ur-amerikanisches«, wie Springfield in der TV-Serie ›The Simpsons‹.

Den Lookout Mountain fährt heute eine schwindelerregend steile Zahnradbahn hoch. Ganz oben liegt der Point Park mit einem Denkmal der Schlacht und gleich daneben das Battles-for-Chattanooga-Museum, hier wird die Schlacht in einem saalgroßen Diorama nachgestellt. Zum Museum gehört ein Souvenirshop mit Pfeilspitzen, Postkarten, Silberlöffeln sowie Büchern. In ihnen steht, wie der Bürgerkrieg für den Süden hätte gewonnen werden können, was die Lehrer den Schulkindern im Geschichtsunterricht leider nicht über den Bürgerkrieg beibringen und warum der Süden doch irgendwie im Recht war. In einem Regal stapeln sich T-Shirts mit der amerikanischen Flagge, aber auch solche mit der Südstaatenflagge (einem rechteckigen blauen Kreuz mit weißen Sternen auf rotem Grund), sowie Klapperschlangenflaggen der Tea Party und vielen anderen Tea-Party-Motiven. Ja, die kaufen die Leute gerne, sagt die Frau hinter dem Tresen, die selbst für amerikanische Verhältnisse erstaunlich schadhafte Zähne hat. Sie lächelt. Ob die Tea Party hier viele Anhänger habe? *Absolutely*.

Am Abend fahre ich nach Whitwell, das Dorf ist 35 Meilen von Chattanooga entfernt. In einer weiß gekalkten ehemaligen Kirche aus der »guten alten Zeit« vor dem Bürgerkrieg spielt das Civil War Dinner Theatre. Eine südliche Version des Bürgerkriegs wird dargeboten, genauer gesagt dozieren zwei kostümierte Menschen darüber, nämlich das Ehepaar Steve und Allison Gipson. Sie stellen Geschwister dar, sie unterstützt den Süden, er den Norden. Das Stück basiert auf Tagebüchern und anderen Aufzeichnungen aus dieser Zeit, die Steve Gipson ausgewertet hat. Dazu wird ein authentisches Dinner serviert, Hühnchen, Kartoffelbrei und Apfelkuchen, Rezepte aus dem Kochbuch von Varina Davis, der Frau des Südstaatenpräsidenten Jefferson Davis, die Kellnerinnen tragen historische Kostüme. Der hohe, helle Raum ist mit Schülern gefüllt. Das Theaterstück ist, darauf wird hingewiesen, für christliche Zuschauer geeignet.

Steve Gipson ist ein hochgewachsener, kräftiger Mann mit einem Vollbart, und die Geschichte, die er erzählt, ist wahrhaft alternativ. Im Bürgerkrieg, sagt er, sei es gar nicht um die Sklaverei gegangen, denn der Norden habe wenige Jahre zuvor noch selbst Sklaven gehalten. Nach dem Verbot der Sklaverei habe der Norden seine Sklaven nicht etwa freigelassen, sondern in den Süden verkauft. In Wirklichkeit sei es um *states' rights* gegangen, die Rechte der Bundesstaaten, die Abraham Lincoln verletzt habe. »Lincoln hat beide Seiten angelogen«, meint Gipson. Dabei habe es in den USA immer schon Sezessionsbestrebungen einzelner Staaten gegeben. Die Bundesstaaten seien der Union freiwillig beigetreten und sie könnten auch wieder austreten, wenn sie das wollten.

Aber der eigentliche Grund für den Einmarsch des Nordens in den Süden seien die Staatsfinanzen gewesen. Damals, sagt Gipson, habe es keine Einkommenssteuern gegeben, sondern nur Ein- und Ausfuhrzölle. Und der Süden, mit seiner blühenden Wirtschaft und seinen vielen Häfen (wo Sklaven importiert und Baumwolle exportiert wurden), habe siebzig Prozent der Staatseinnahmen erwirtschaftet, die nach Washington gingen. Diese seien mit dem Austritt der Südstaaten weggefallen. »Im Prinzip war das ein Wirtschaftskrieg«, sagt Gipson. Auch dem Süden sei es um die Erhaltung seiner Wirtschaftskraft gegangen. »Ein Sklave war damals viel wert, um die 2000 Dollar, das wären heute gut 20 000 Dollar«, sagt Gipson. »Die Aufhebung der Sklaverei, das war eine Enteignung im Milliardenwert, das konnten sich die Plantagenbesitzer nicht gefallen lassen.«

Glaubt er ernsthaft, dass Schwarze auf Dauer Sklaven, also »Besitz« hätten bleiben können? »Natürlich nicht«, sagt er. Aber die Lage sei damals nicht so eindeutig gewesen. »Einige Schwarze und auch Indianer haben sogar Sklaven gehalten.« Und die Beziehungen zwischen Schwarz und Weiß seien im Süden viel besser, viel familiärer gewesen, als das heute dargestellt werde. »Es gab auch Schwarze, die für die Armee der Konföderierten gekämpft haben, weil sie ihre Heimat verteidigen wollten.« Er klingt nun wie eine Südstaatenversion von Michele

Bachmann. Das eigentliche Problem seien sowieso die irischen Einwanderer gewesen, fährt er fort. »Die Iren, die vor der Kartoffelfäule flohen, waren bereit, für sehr wenig Geld zu arbeiten.« Aber die Iren wollten nicht im heißen Süden leben, die blieben im Norden. »Plötzlich war es für den Norden billiger, Iren anzustellen, als für den Süden, Sklaven zu kaufen, das brachte die ganze Wirtschaft durcheinander.« Als letzter Kämpfer im Bürgerkrieg habe sich übrigens Stand Watie ergeben, ein Häuptling der Cherokee und Brigadegeneral der Konföderiertenarmee.

Die Schulkinder hängen gebannt an Gipsons Lippen. Er lächelt eines der Mädchen an, eine vielleicht zwölfjährige Schwarze mit sehr langen krausen Haaren. »Du bist Halbindianerin, Chickasaw, ursprünglich aus Mississippi, stimmt's?«, fragt er. »Das sehe ich an deinen Wangenknochen.« Seine eigenen Kinder, erklärt er mir später, werde er selbst erziehen und sie nicht in staatlichen, unchristlichen Schulen verderben lassen. Solange er das noch dürfe. Im Übrigen – er klingt immer mehr wie ein Tea Partier – sei auch ObamaCare illegal, davon stehe nämlich nichts in der Verfassung. »Die Regierung darf uns nicht zwingen, eine Krankenversicherung abzuschließen.« Ich weise ihn darauf hin, dass in der Verfassung auch nichts von einer Begrenzung der Einwanderung steht, da wird er ungehalten. »Ja, aber die Verfassung kann durch Gesetze ergänzt werden. Wir sind ein Land der Gesetze.« Dann beschwert er sich über die Medien, die seien alle schwer links. »Die Einzigen, die ausgewogen berichten, sind Fox News.« Von anderen Sendern würden die Konservativen immer verzerrt dargestellt: »Beispielsweise waren es die Dixiecrats, die Demokraten des Südens, die nach dem Zweiten Weltkrieg mit der Konföderiertenfahne auf dem Pick-up herumgefahren sind«, sagt Steve Gipson. »Und nun tun die Liberalen so, als sei die Fahne ein Symbol der Republikaner.«

Vom »Marsch durch Georgia« zu segregierten Blutbanken: Der amerikanische Bürgerkrieg und die Folgen

Steve Gipson ist mit seinen Ansichten nicht alleine. Der Bürgerkrieg wird im Süden weiter ausgetragen, in Büchern, in Zeitungen, im Fernsehen. Noch immer schreiben Südstaatler die Geschichte um, und viele sind den Yankees gram. Und auch die Tea Party ist zu einem guten Teil eine »Anti-Yankee«-Bewegung. Kein Wunder: In keinem Krieg sind so viele Amerikaner umgekommen wie während des Bürgerkriegs. Von damals rund dreißig Millionen Amerikanern starben insgesamt 625 000 Soldaten sowie eine unbekannte Zahl an Zivilisten in den Südstaaten. Die Unionsarmee unter General William Tecumseh Sherman zerstörte Atlanta, Richmond, Columbia und andere Städte bis auf die Grundmauern. Beim »Marsch durch Georgia« schlugen Unionssoldaten eine Schneise der Verwüstung, brannten jedes Dorf und jedes Feld nieder, stahlen Pferde und rissen Bahngleise aus der Erde. Unionssoldaten vergewaltigten Frauen und sperrten Kinder ein. Allerdings ging es auf Seiten der Südstaatler nicht zivilisierter zu: Auch sie richteten Massaker an – beispielsweise unter Zivilisten in grenznahen Staaten, die entlaufene Sklaven versteckt hatten.

In einigen Punkten hat Gipson recht: Der Norden hielt selbst lange Zeit Sklaven und ließ entlaufene Sklaven auch nach dem Verbot der Sklaverei in den Süden deportieren. In New York etwa, das gegen den Bürgerkrieg gestimmt hatte, herrschte mehr als 200 Jahre Sklaverei. Schwarze Sklaven bauten das erste Rathaus und das Fort am Battery Park sowie den Befestigungswall gegen Indianer, entlang der heutigen Wall Street. New Yorker Zeitungen druckten Anzeigen für Sklavenauktionen, im Hafen von New York lagen Schiffe, deren menschliche Fracht in den Süden geschafft wurde, und der Sklavenhandel wurde von New Yorker Banken finanziert. Dem Norden, der nach der Industrialisierung keine Verwendung für Sklaven mehr hatte, ging es auch darum, die verhassten Briten von der preiswerten Baumwolle der Südstaaten abzuschneiden. Immerhin hatte der Kongress noch 1854 beschlossen, es den Territorien im Westen – Kansas, Nebraska, Utah, Arizona – freizustellen, Sklaven zu halten. Die Geschichte der Beziehung zwischen Schwarzen und Weißen betrifft ganz Amerika und nicht nur den Süden.

Der Bürgerkrieg in der Mitte des 19. Jahrhunderts und die Bürgerrechtsbewegung rund hundert Jahre später haben das Parteiensystem der USA zwei Mal vollständig umgewälzt. Die originären Demokraten und erst recht die Dixiecrats des Südens haben mit der Tea Party sehr viel mehr Ähnlichkeit als die ursprünglichen Republikaner unter Abraham Lincoln.

Die Demokraten wurden um 1800 von zwei der *Founding Fathers* gegründet: Thomas Jefferson und James Madison, die damals schon »zurück zur Verfassung« wollten. Sie glaubten, dass Alexander Hamilton, ebenfalls ein Gründungsvater, der seinerseits der kurzlebigen Federal Party angehörte, davon abgewichen sei. Hamilton, der Schatzmeister von George Washington, trat für einen starken Bundesstaat ein und er gründete die erste Zentralbank der USA.

Ursprünglich hieß die Demokratische Partei »Democratic-Republican Party«; in »Democratic Party« wurde sie erst 1812 umbenannt. Das war das Jahr, in dem Madison, der inzwischen Präsident war, Großbritannien den Krieg erklärte. Die USA wollten eine britische Seeblockade auf dem Atlantik brechen, aber auch unterbinden, dass Kanada – damals eine britische Kolonie – entlaufene Sklaven aufnahm und indianische Stämme gegen die USA unterstützte. Großbritannien hatte zudem 1807 zum Ärger der Amerikaner den transatlantischen Sklavenhandel verboten.

Der Krieg begann, als die USA in Kanada einmarschierten. Die Kanadier wehrten den Angriff zwar ab, aber die USA eroberten halb Ontario, um die Gründung eines Indianerstaats unter Häuptling Tecumseh zu verhindern. Derweil gelang es den Briten, Washington, D.C., zu besetzen und das Weiße Haus niederzubrennen. Um New Orleans zu erobern, sandten sie eine Flotte in den Golf von Mexiko. Aber Generalmajor Andrew Jackson, der schon als 13-Jähriger im Unabhängigkeitskrieg gedient hatte, schlug die Briten 1815 in der berühmten Schlacht um New Orleans zurück. Danach verjagte er sie aus New York und Washington. In den Kriegen dieser Jahre vertrieb Jackson auch die Seminole aus Florida und die Creek aus Alabama.

Andrew Jackson lebte in Tennessee, in der Nähe von Nashville, wo er eine Plantage mit 44 Sklaven besaß, und er war einer der Gründer von Memphis. 1822 ging er nach Washington, wo er Tennessee als Senator vertrat. Sechs Jahre später wurde der Populist zum ersten demokratischen Präsidenten der USA gewählt. Und erst mit ihm wurden die Demokraten zu der Partei, wie man sie heute kennt: als die Interessenvertretung der armen Einwanderermassen, die damals aus Irland, Schottland und Deutschland kamen. Jacksons Eltern waren Scotch-Irish Americans, protestantische Schotten, die über Nordirland nach Amerika gelangt waren.

Jackson wurde von Bauern und Soldaten glühend verehrt, die ihn als ihren Mann gegen die Elite in Washington sahen. War Jackson in dieser Hinsicht also der erste Tea Partier? Ein Musical in New York, ›Bloody, Bloody Andrew Jackson‹, lässt den General-Präsidenten und seine Anhänger in Tea-Party-Manier singen: »Take the country back!« Immerhin: Jackson trat gegen die korrupte Washingtoner Elite an, brachte – als einziger Präsident – die Staatsschulden auf null und schaffte die Nationalbank der USA, die Hamilton gegründet hatte, wieder ab, da er glaubte, sie diene nur den Interessen einer Handvoll reicher Familien (das muss Ron Paul erst einmal nachmachen). In der Folge brach eine längere Wirtschaftskrise aus. 1864, nach Jacksons Tod, schuf Abraham Lincoln wieder eine Nationalbank.

Jacksons bitterstes Erbe ist der *trail of tears*, der Pfad der Tränen: Der Präsident vertrieb mithilfe des Militärs fünf indianische Stämme aus Georgia, Alabama und Tennessee – die Cherokee, die Creek, die Seminole, die Choctaw und die Chickasaw. Bei einer monatelangen Internierung und einem Gewaltmarsch im bitterkalten Winter starb etwa die Hälfte der Indianer. Jackson handelte auf Drängen seiner Wähler in Tennessee, die sich das Indianerland aneignen wollten.

Die Republican Party, die GOP, wurde 1854 von Sklaverei-gegnern der Whigs gegründet, einer Partei, die sich gegen den »diktatorischen« Andrew Jackson gebildet hatte, sowie von »Free Soilers«, deren Ziel es war, die Ausbreitung der Sklaverei in dem neugewonnenen Wilden Westen zu verhindern. Abraham Lincoln war Parteichef der Whigs in Illinois; er wurde der erste republikanische Präsident. Schon zuvor hatte es die American-Republican Party gegeben, besser bekannt als »Know Nothings«. Das war ein nativistischer Geheimbund, der nur protestantische Männer englischen Ursprungs aufnahm und gegen die Immigration von Katholiken aus Deutschland und Irland kämpfte, auch mit Gewalt. Aber wenn sie gefragt wurden, was ihre Partei eigentlich so tue, sagten sie, »I know nothing«, ich weiß nichts. Die GOP war zunächst eine Konkurrenz zu den Know Nothings, aber die zerstritten sich kurz nach deren Gründung. Der Anti-Sklaverei-Flügel der Know Nothings im Norden schloss sich der GOP an, während der Pro-Slaverei-Flügel der Südstaaten demokratisch wurde. Noch heute werden Tea Partier von Liberalen gerne mit Know Nothings verglichen (wobei die Insinuation natürlich ist, diese hätten von nichts eine Ahnung).

Nach dem Bürgerkrieg wurde der Süden zum Armenhaus. Der Norden verordnete die *Reconstruction*. Yankees kamen in den Süden und bereicherten sich; nach ihren Koffern, die aus gebrauchten Teppichen gemacht waren, nannte man sie *carpetbaggers* – im Süden wurde das Wort zu einem Synonym für »fremde Plünderer«. Einige der *carpetbaggers* kauften billig Plantagen auf, andere sorgten dafür, dass die früheren Sklaven Posten in Rathäusern und Staatsregierungen bekamen. Derweil rotteten sich unzufriedene Weiße im Ku-Klux-Klan zusammen. Unter den Männern mit den weißen Hauben, die Schwarze mit Gewalt, Mord und Totschlag einschüchterten, waren viele konföderierte Veteranen. Rund 5000 Menschen wurden in den Folgejahren gelyncht, darunter mehr als 3500 Schwarze. (In Margaret Mitchells Südstaatenepos ›Vom Winde verweht‹, das in Georgia spielt, sind alle Männer Klan-Mitglieder, auch der romantische Ashley.)

Die Republikaner sahen sich fortan als Partei der Bildungselite der Ostküste, während die Demokraten als die Partei der barfüßigen Südstaatenfarmer galt. Noch lange nach dem Bürgerkrieg sollten die Republikaner in Washington regieren. Aber ganz so eilig hatte es der Norden nicht, für gleiche Rechte zu sorgen. Selbst Lincoln – der 1865 ermordet wurde – unterstützte lieber eine Initiative, Sklaven nach Afrika zu schicken. 1870 verabschiedete zwar der Kongress den 15. Verfassungszusatz, der verbot, Wähler aufgrund ihrer Hautfarbe zu diskriminieren. Aber die Südstaaten, wo die Demokraten nach und nach wieder an die Macht kamen, unterliefen dieses Gesetz. Sie verabschiedeten die *Jim Crow Laws*, wonach nur wählen durfte, wer lesen konnte, Steuern zahlte oder wessen Großvater schon gewählt hatte.

Das schloss viele Schwarze von der Wahl aus – und damit auch von dem Recht, als Politiker oder Sheriff gewählt zu werden oder als Geschworener in einer Jury zu sitzen. Gleichzeitig wurden überall Gesetze erlassen, welche die Rassentrennung in Schulen, Universitäten, Krankenhäusern, Restaurants, Bussen, Bahnen, bei der Eisenbahn und bei Greyhound, in öffentlichen Toiletten und sogar bei Trinkbrunnen vorschrieben. Schulen und Kliniken für Schwarze waren von minderer Qualität. Auch das Militär war bis 1948 segregiert. Noch im Zweiten Weltkrieg durften schwarze Soldaten keine Bluttransfusionen von weißen Soldaten bekommen und umgekehrt. Ehen zwischen Schwarz und Weiß waren verboten, in vielen Staaten auch die Ehe zwischen Weißen und Asiaten, Mulatten oder Indianern. Aber diese Gesetze beschränkten sich nicht auf den Süden: Auch in Nordstaaten wie Maine oder westlichen Territorien wie Arizona und Utah galten *Jim Crow Laws*.

Mit dem Bürgerkrieg hat sich Amerika aber auch religiös entzweit. Im Zuge der zunehmenden Spannungen zwischen dem Süden und dem Norden begannen die im Süden verbreiteten Baptisten – anders als die Kirchen im Norden –, die Slaverei zu verteidigen. Das führte letztlich zu einer Trennung innerhalb der Baptisten: Im Süden spalteten sich um 1845 die »Southern Baptists« ab, eine damals rein weiße Kirche. Heute sind sie die zweit stärkste Konfession in den USA nach dem Katholizismus. Mit dieser neuen Kirche, zu der auch viele Katholiken und Anglikaner konvertierten, hatte der weiße Süden eine gemeinsame religiöse und damit auch kulturelle Identität gefunden. Southern Baptists gehören zu den Evangelikalen oder den »Born Agains«, sind getaufte Christen, die als Erwachsene ein neuerliches Erweckungserlebnis als Christ erlebt haben (oder, soweit es sich um Politiker handelt, wenigstens so tun). Die meisten von ihnen sind konservativ, auch bibeltreue Christen sind darunter.

Aber auch im Norden änderte sich einiges. Es gab eine nicht-protestantische Masseneinwanderung von Italienern, Juden und Slawen, vor allem in die Großstädte des Nordens – New York, Chicago, Detroit –, und diese schlossen sich größtenteils den Demokraten an. Das führte letztlich dazu, dass die Demokraten des Nordens für viele Jahrzehnte zu einer ganz anderen Partei wurden als die des Südens. Derweil gewannen die Republikaner Wähler in den ländlichen, protestantisch-pietistischen Staaten des Nordwestens, wo Skandinavier und deutsche Protestanten siedelten.

Neben diesen beiden großen gibt es kleinere Parteien wie die Progressiven; diese wurden gleich drei Mal gegründet: von Theodore Roosevelt, von Robert La Follette und noch einmal 1948 durch Henry Wallace, den Vizepräsidenten von Franklin D. Roosevelt. Es gibt die Sozialisten, die Libertären und die Conservative Party, die 2009 gegründet wurde und zurück zur originalen Konstitution will. Sie richtet sich an Wähler, denen die Republikaner »zu links« sind. Sowohl die Libertarians als auch die Conservative Party reklamieren die Anhänger der Tea Party für sich, aber beide haben in der Bewegung noch nicht so recht Fuß gefasst. Dazu kommt eine Unzahl von kleinen Parteien für bestimmte Interessengruppen: für Nazis, Grüne, Frauen, Vegetarier, Puerto Ricaner und Afroamerikaner (Black Panther); sogar Royalisten gibt es, die glauben, die Revolution gegen England sei ein Fehler gewesen.

Die meisten dieser Parteien sind kurzlebig und regional begrenzt, ihre Politiker erreichen kaum mehr als ein oder zwei Prozent der Stimmen – wenn überhaupt. Die einzigen Ausnahmen waren Ross Perot und Theodore Roosevelt. Roosevelt trat 1912 für die Progressiven an und landete auf dem zweiten Platz, aber er war immerhin schon einmal Präsident gewesen. Der Libertäre Ross Perot gewann 1992 knapp zwanzig Prozent, bekam aber keinen einzigen Wahlmann des Electoral College. Denn die USA haben wegen des Mehrheitswahlrechts zwar nicht de jure, aber doch de facto ein Zwei-Parteien-System: Nur Senatoren und Abgeordnete, die mehr als fünfzig Prozent der Stimmen in ihrem Wahlkreis bekommen, dürfen nach Washington.

»Alle sollen vor uns zittern«:
Mike Huckabee und seine Fans in Georgia

Südlich von Chattanooga, Georgia, liegt die Kleinstadt Rome. Im Bürgerkrieg war Rome von Unionssoldaten besetzt. Auch General Sherman kreuzte Rome auf seinem Marsch durch Georgia: Seine Soldaten schleiften das Fort, zerstörten die Krankenhäuser, demontierten die Bahnlinien und setzten die Stadt in Brand, bevor sie nach Atlanta weiterzogen.

Davon ist heute wenig zu sehen. Am Riverbend Market Place von Rome erstreckt sich eine dieser Malls mit endlosen Parkplätzen und immergleichen Geschäften, darunter eine Filiale von Barnes&Noble, der größten und inzwischen einzigen Buchhandelskette der USA. Hier liest Mike Huckabee, der frühere Gouverneur von Arkansas, der heute als Country-Musiker und Moderator auf Fox News auftritt. Huckabee hatte sich 2008 um die Nominierung für die Republikaner beworben, aber gegen John McCain verloren, obwohl er die Unterstützung der Evangelikalen gegen McCain hatte. Huckabee stellt sein neues Buch vor: ›A Simple Government – Twelve Things We Really Need from Washington (and a Trillion That We Don't!)‹; zwölf Dinge, die wir wirklich von Washington brauchen (und eine Billion, die wir nicht brauchen). Es geht hauptsächlich darum, wie wichtig die Familie und das Christentum seien. Das Buch könnte eine

Art »Bibel« der Tea Party werden, hofft Huckabee. Erschienen ist es bei Penguin, einer Tochter der britischen Mediengruppe Pearson, die die ›Financial Times‹ herausgibt.

Arkansas, wo Huckabee lebt, ist ein mittelgroßer Staat westlich des Mississippi. Er gehört zum *Bible Belt* und ist eine Bastion der Southern Baptists, für die Huckabee lange als Pastor tätig war. Im Bürgerkrieg gehörte Arkansas zu den Konföderierten, aber große Kämpfe spielten sich hier erst zur Zeit der *Reconstruction* ab. Radical Republicans, eine Fraktion der Republikaner, wollten damals gleiche Rechte für Schwarze durchsetzen, wurden aber bald vom Ku-Klux-Klan vertrieben, der den Schwarzen das Wählen verbot. Bis in die sechziger Jahre war Arkansas eine Domäne der Demokraten.

1954 gelangte Arkansas in die nationalen Schlagzeilen. Der Supreme Court hatte die Staatsregierung verpflichtet, neun schwarze Schüler in eine weiße Schule in der Hauptstadt Little Rock aufzunehmen. Doch Gouverneur Orval Faubus, auch er ein Demokrat, weigerte sich. Mehr noch, er ließ die Nationalgarde auffahren, um das zu verhindern. Daraufhin schickte Präsident Dwight D. Eisenhower – ein Republikaner – tausend Soldaten der 101st Airborne, der Luftlandedivision, um die schwarzen Schüler zu eskortieren (wohl auch deswegen halten Konservative des Südens Eisenhower für einen Kommunisten). Der Gouverneur gab nach, ließ danach die Schule aber einfach schließen. Aber letztlich setzte sich die *desegregation*, die Aufhebung der Rassentrennung, in Arkansas durch.

Als sich Mike Huckabee an die Spitze seines Staates setzte, löste er als Republikaner eine lange Reihe von demokratischen Gouverneuren ab, darunter auch Bill Clinton. Aber Huckabee ist kein gewendeter Dixiecrat. Schon früh distanzierte er sich vom Council of Conservative Citizens, einer weißen Organisation von *supremacists*, die gegen *desegregation* kämpft und seine Wahl unterstützt hatte. »Alle Menschen sind Gottes Kinder«, sagt er gerne. Als er noch auf der Kanzel der Immanuel Baptist Church stand, überzeugte er seine ausschließlich weiße Gemeinde, auch Schwarze aufzunehmen.

Huckabee ist kein erklärter Tea Partier, sondern ein Evangelikaler, aber für die Anhänger der Tea Party im Süden ist er ein Hoffnungsträger. Er spricht die Sprache der Leute, denen er *southern pride*, den Stolz des Südens attestiert. Wohl deshalb hat er viele Fans in Rome. Hunderte von Menschen warten zwischen den Bücherregalen von Barnes&Noble, manche sind seit Stunden hier, um einen guten Platz in der Schlange zu bekommen und das Buch signieren zu lassen. Alle, wirklich alle, sind weiß, obwohl ein Drittel der Einwohner schwarz ist. Ich frage einen Lokalreporter, ob es in Rome keine Afroamerikaner gebe, er grinst. »Nicht hier.«

Huckabee signiert tatsächlich jedes einzelne Buch und spricht mit jedem in der Schlange ein paar persönliche Worte, lässt einen Scherz oder ein aufmunterndes Wort fallen. Gerne posiert er auch für ein Foto – am liebsten, wenn Kinder oder Rollstuhlfahrer mit ihm ins Bild wollen. »Ich trete sehr gerne in kleinen Städten auf, da kommen so viele Fans wie sonst nie«, sagt er. Eine blondlockige Frau, bestimmt über sechzig, die in der Schlange wartet, hat eine Schleife in den Farben der amerikanischen Flagge ans Revers gesteckt: »Die trage ich seit 9/11«, sagt sie. Sie wolle, dass Obama, der keinen Finger rühre, aus dem Weißen Haus geworfen werde, und dass ein Mann ins Weiße Haus einziehe, der die Wirtschaft ankurbelt. Wie Huckabee eben. Eine Frau neben ihr, jünger, aber genauso bieder gekleidet, hofft gleichfalls, dass Huckabee als Präsident kandidiert. »Ich finde ihn gut, weil er ehrlich und authentisch ist und für konservative Familienwerte steht, und weil er in Washington etwas für uns tun wird«, sagt sie. Beide sympathisieren mit der Tea Party.

Huckabee wehrt Fragen nach seiner politischen Zukunft ab, aber er kritisiert Obama. »Obama liegt falsch, wenn er sagt, dass keiner vor Amerika Angst haben soll. Im Gegenteil, alle sollen vor uns zittern. Wir brauchen ein starkes Militär. Das ist wichtig für unsere Außenpolitik.« Nun kommt, die Schlange ist schon so gut wie abgearbeitet, tatsächlich ein junger Schwarzer, ein Angestellter von Barnes&Noble, der auch ein Buch signiert haben will. Huckabee ist begeistert und nimmt sich noch einmal extra Zeit, seine Hand zu schütteln und nach seinem Befinden zu fragen. Ein paar Wochen später wird er auf Fox News erklären, er habe lange darüber nachgedacht, aber er werde nicht als Präsidentschaftskandidat antreten.

Brennende Kirchen, geifernde Hunde: Der Kampf gegen die Rassentrennung

In den fünfziger und sechziger Jahren geschah die zweite große Umwälzung im Parteienspektrum der USA, die letztlich im Zweiten Weltkrieg wurzelt, wo sich die Lage der Afroamerikaner beträchtlich verbessert hatte: Als die Industrie auf Hochtouren lief, bekamen viele von ihnen gut bezahlte Jobs in den Rüstungsfabriken des Nordens, und nach dem Krieg kehrten schwarze Soldaten als hochdekorierte Veteranen zurück. Aber danach kam es zu einem Rollback, sie wurden wieder diskriminiert. Das Gesetz *G.I. Bill of Rights*, das helfen sollte, Soldaten durch Jobs und Immobilienkredite wieder einzugliedern, galt für Schwarze nur eingeschränkt. Der Ku-Klux-Klan, der nun eine neue Blüte erlebte, lynchte sogar schwarze Veteranen, von denen vermutet wurde, sie hätten in Europa mit weißen Frauen geschlafen. Ein besonders schreckliches Verbrechen geschah in Mississippi: Hier wurde der 14-jährige Emmett Till, ein schwarzer Junge aus Chicago, von Klan-Männern gefoltert und erschlagen, weil er einer weißen Frau hinterhergepfiffen hatte.

Aber nach den Erfahrungen im Krieg wollten sich Schwarze das nicht länger gefallen lassen. Damals entstand das Civil Rights Movement, eine Bewegung schwarzer Bürgerrechtler und Organisationen wie der National Association for the Advancement of Colored People (NAACP), angeführt von schwarzen Pfarrern; der bekannteste von ihnen ist der Republikaner Martin Luther King jr. Liberale Weiße aus dem Norden unterstützten das Civil Rights Movement. Der Protest kam ins Rollen, nachdem sich Rosa Parks, eine Aktivistin aus Montgomery, Alabama, am 1. Dezember 1955 geweigert hatte, ihren Platz im Bus für eine weiße Frau zu räumen. Parks wurde verhaftet. Darauf bestreikten alle Schwarzen die Busse und Martin Luther King rief zu Sitzblockaden auf. Die Polizei hetzte Hunde auf die Streikenden, und eine Welle des Protestes erschütterte über Jahre das ganze Land, vor allem den Süden. Nicht nur die Polizei wurde gewalttätig: Um den Widerstand der Schwarzen zu brechen, brachten Weiße, darunter viele Klan-Mitglieder, schwarze Führer um oder warfen Brandbomben auf deren Wohnhäuser und Kirchen.

Im August 1963 marschierte Martin Luther King nach Washington, D.C., wo er am Lincoln Memorial vor Hunderttausenden seine berühmte ›I have a Dream‹-Rede hielt. Er forderte Gleichberechtigung für Schwarze. Im September warfen Klan-Mitglieder kurz vor dem Gottesdienst eine Bombe in eine Baptistenkirche in Birmingham, Alabama. Vier schwarze Mädchen verbrannten, es war ein Verbrechen, an das heute noch erinnert wird. Alabama war, neben Mississippi, das größte »Schlachtfeld« der Bürgerrechtsbewegung. Beide Staaten gehören zum *Deep South*, wo Schwarze nach dem Bürgerkrieg in manchen Städten die Mehrheit erlangt hatten.

Der Gouverneur von Alabama war damals George Wallace. Der Demokrat, der im Zweiten Weltkrieg Luftwaffenpilot gewesen war, sollte den Staat (mit Unterbrechungen) bis 1987 regieren. Wallace, ein entschiedener Befürworter der Rassentrennung, hielt bei seiner Amtseinführung eine Rede, die sich heute so anhört, als rede ein Tea Partier: »Im Namen des großartigsten Volkes, das jemals auf der Erde gewandelt ist, werfe ich der Tyrannei den Fehdehandschuh vor die Füße und sage: Segregation heute, Segregation morgen, Segregation für immer. Lasst uns diese Botschaft nach Washington senden!« Bei diesen Worten stand er auf den Stufen des State Capitol in Montgomery, dort, wo Jefferson Davis, der erste und einzige Konföderierten-Präsident, 102 Jahre zuvor vereidigt worden war.

Wallace beließ es nicht bei Worten: Er stellte sich selbst vor das Tor der University of Alabama und vor Schulen, um schwarzen Kindern den Eintritt zu verwehren, bis er von *Federal Mar-*

shalls abgeführt wurde. Er hielt Martin Luther King für einen Kommunisten und John F. Kennedy, den jungen katholischen Präsidenten, der die Bürgerrechtsbewegung unterstützte, für einen Verräter. Er hatte sogar vor, Kennedy als Präsidentschaftskandidat herauszufordern, für die Demokraten. Aber dazu kam es nicht. Kurz nach dem Brandanschlag von Birmingham wurde Kennedy in Dallas erschossen. Das Land stand unter Schock, und die Rassisten der Südstaaten, die Kennedy bekämpft hatten, wurden nun vorübergehend stiller.

Ein dreiviertel Jahr später, im Juli, wurde der *Civil Rights Act of 1964* verabschiedet, der die Rassentrennung aufhob und verbot, Schwarze als Wähler zu diskriminieren. Es war ein harter Kampf gewesen: 18 demokratische und ein republikanischer Senator hatten 54 Tage lang gegen das Gesetz »filibustert« – was hieß, sie hielten ununterbrochen Reden, um eine Abstimmung zu verhindern. Am heftigsten kämpfte Strom Thurmond dagegen, der sagte, die Aufhebung der Rassentrennung verstoße gegen die Verfassung der USA. Thurmond war ein damals noch demokratischer Senator aus Colorado, später wurde er Republikaner. Nach seinem Tod im Jahr 2003 stellte sich heraus, dass er eine uneheliche Tochter mit dem schwarzen Dienstmädchen seiner Eltern hatte. Aber letztlich konnte Kennedys Nachfolger Lyndon B. Johnson den *Civil Rights Act* unterzeichnen.

In den sechziger Jahren wandelten sich die Demokraten. Viele Dixiecrats, die für Rassentrennung kämpften, liefen zu den Republikanern über – was die Democratic Party zu der liberalen großstädtischen Partei werden ließ, als die sie heute bekannt ist. Aber auch die Republikaner änderten ihren Kurs: Sie sahen die Umwälzung bei den Demokraten als Chance, im Süden Land zu gewinnen. 1964, als Lyndon B. Johnson für die Wiederwahl kandidierte, stellte die GOP einen Gegenkandidaten auf, der für die Rassentrennung eintrat und der, so hoffte man, im Süden Stimmen sammeln konnte: Barry Goldwater aus Arizona. Goldwater führte einen Wahlkampf gegen den *Civil Rights Act*; nicht, weil er Rassist war – in Arizona gab es damals ohnehin kaum Schwarze –, sondern weil er glaubte, dass Washington damit die *states' rights* aushebeln würde. So brachte er erstmals seit dem Bürgerkrieg die Südstaaten wieder in das Lager der Republikaner.

Aber Präsident wurde Goldwater nicht, denn Johnson manövrierte ihn aus: Johnson stellte Goldwater in der TV-Werbekampagne, die im Norden ausgestrahlt wurde, als Ku-Klux-Klan-Anhänger dar, während er ihn in der Wahlwerbung im Süden als Wendehals porträtierte, der sich erst für, dann gegen die *desegregation* gestellt habe, als er in den Wahlkampf zog. Obwohl Goldwater von führenden Konservativen unterstützt wurde, gelang Johnson ein Erdrutschsieg.

Die Kämpfe um die Rassentrennung waren aber noch lange nicht zu Ende. Viele weiße Politiker in den Südstaaten weigerten sich, den *Civil Rights Act of 1964* umzusetzen, der Widerstand der Schwarzen wurde gewalttätig und mischte sich mit den Protesten gegen den Vietnamkrieg. Städte wie Newark und Detroit oder Watts, das Ghetto von Los Angeles, brannten. Radikalere Gruppen wie die Black Panther und die Nation of Islam versuchten, die politische Macht an sich zu reißen. Letztere hatte einen Führer vorzuweisen, der so bekannt war wie Martin Luther King: Malcolm X. Er wurde 1965 erschossen – von seinen eigenen Anhängern. Als King 1968 in Memphis ermordet wurde, brachen Aufstände in mehr als hundert Städten aus, darunter Chicago, Baltimore und Washington. Sie dauerten tagelang an. Wenige Wochen später fiel auch Robert F. Kennedy einem Attentat zum Opfer – nur knapp fünf Jahre nach seinem Bruder John F. Kennedy.

Einer aber gab nicht auf: George Wallace. Er verließ die Demokraten, um 1968 für die American Independent Party als Präsident zu kandidieren, eine neue rechte Partei, die eigens für ihn gegründet wurde und die sich später in mehrere kleine Parteien zersplitterte. Das blieb erfolglos. Aber nach einer extrem rassistischen Kampagne wurde er als Gouverneur von Alabama wiedergewählt. Vier Jahre später versuchte er nochmals, die Nominierung für das Präsidentenamt zu erlangen – diesmal wieder für die Demokraten. Aber seine Kampagne war jäh beendet, als ihn ein

Attentäter niederschoss. Wallace landete im Rollstuhl, wurde »wiedergeborener« Christ und entschuldigte sich bei schwarzen Gemeindeführern.

Amerika sollte letztlich doch wieder einen konservativen Rollback erleben, als 1981 ein Republikaner ins Weiße Haus einzog: Ronald Reagan. Er ist heute der Held der Tea Party, nicht George Wallace. Das hat eine gewisse Ironie. »Reagan hat sich in libertärer Rhetorik geübt, aber tatsächlich hat er einen starken Staat, *big government*, praktiziert«, sagt Jake Shannon, libertärer Radiomoderator und Politiker aus Utah. Reagan habe nicht nur die Steuern erhöht, unter ihm seien auch die Miltärausgaben und die staatliche Schuldendecke gestiegen – Letztere sogar 17 Mal. »Außerdem hat Reagan den kostspieligen ›Krieg gegen Drogen‹ geführt, der hat überhaupt erst die Probleme mit den Schmugglern an der Grenze geschaffen.« Aber Reagans siegreicher Kampf gegen die Welfare Queens aus dem schwarzen Ghetto von Chicago reichte offenbar aus, um ihn zum Liebling der Tea Party zu machen.

Die Downtown von Birmingham ist ein bisschen alte Pracht, mit Art-déco-Bauten wie der Alabama Jazz Hall of Fame, außerdem gibt es ein paar moderne Hochhäuser, aber auch abgewrackte, halb leere Blocks. Am Sonntagnachmittag sitzen hier nur ein paar junge schwarze Männer herum; kein einziger Weißer. Neben einem kleinen Park wurde 1992 das Birmingham Civil Rights Institute eröffnet, das wichtigste Museum der Bürgerrechtsbewegung. Im Park erinnert ein Denkmal an diese Zeit; in der Mitte der Fußweg, rechts und links zwei Betonmauern, aus denen drei geifernde Polizeihunde aus Stahl und Beton hervorbrechen. Man spürt sofort den Schrecken, den solche Hunde damals verbreitet haben müssen.

Beim Civil Rights Institute arbeitet Washington Booker, ein dunkelhäutiger Mann mit geflochtenen Haaren, dem man das Alter nicht ansieht. Als der Kampf gegen die Rassentrennung anfing, war er 14. »Der Süden war extrem segregiert«, sagt er. »Es gab nur Schwarz oder Weiß, keine Mexikaner, keine Asiaten, keine Mulatten.« Nach dem Brandbombenangriff auf die Baptist Church, als die vier Mädchen starben, sei Birmingham explodiert. »Wir haben alle weißen Geschäfte – und alle Geschäfte in den schwarzen Vierteln gehörten Weißen – geplündert und niedergebrannt. Es war ein richtiger Aufstand. Die Polizei setzte Hunde ein und schlug Kinder zusammen. Wir haben Steine geworfen, und als wir sahen, wie schwarze Bürgerrechtler freiwillig ins Gefängnis gingen, dachten wir, die sind verrückt. Aber dann mobilisierten die Bürgerrechtler die Kinder in den Schulen, und bald waren alle Gefängnisse voll mit schwarzen Kindern.«

Verglichen damit sei es heute viel besser, wenn auch noch nicht perfekt. »Bis in die sechziger Jahre gab es für Schwarze keine Notaufnahme, und es konnte passieren, dass sie vor dem Krankenhaus verblutet sind.« Heute gebe es immerhin Krankenhäuser für Schwarze, auch wenn die für Weiße besser seien. Und auch in den Schulen sei die Rassentrennung nun aufgehoben. »Aber de facto sind sie noch getrennt: Weiße Kinder gehen in private Schulen in den Vororten, schwarze Kinder in öffentliche Schulen in der Stadt.« In den siebziger Jahren wurde *busing* versucht, da wurden schwarze Kinder in weiße Schulen gefahren, aber das sei eingeschlafen, als die Weißen in die Privatschulen auswichen. »Deshalb fördern die Republikaner heute die Privatschulen und die public schools verkommen.«

Obama als Schimpansenbaby: Rassismus und die Tea Party

Bis heute ist die Kluft in Amerika zwischen Schwarz und Weiß nicht ganz verschwunden, wenngleich ungeheure Fortschritte gemacht wurden. Doch mit der Wahl von Barack Obama hat der Rassismus erneut sein hässliches Haupt erhoben. Es gab Demonstrationen der Tea Party, bei denen schwarze Politiker bespuckt wurden, Plakate, die Obama als »Buschneger« zeigten, sowie verbale Ausfälle von Tea-Party-Politikern. So hat Mark Williams, der Pressesprecher des Tea-Party-Express-PAC, der National Association for the Advancement of Colored People

(NAACP) vorgeworfen, dass sie heute mit der Instrumentalisierung von Rassenproblemen mehr Geld verdiene, als jemals beim Sklavenhandel geflossen sei. Und er schickte einen fiktiven Brief an Abraham Lincoln hinterher, den er mit »Ben Jealous« unterschrieb, das ist der Name des Präsidenten der NAACP. In dem Brief hieß es: »Lieber Herr Lincoln, wir Farbigen haben beschlossen, dass wir dieses ganze Emanzipations-Dings nicht baumwollen. Freiheit heißt für uns, dass wir tatsächlich arbeiten, selber denken und die Konsequenzen dafür tragen müssen, anstatt Geld von der Wohlfahrt zu bekommen. Das kann man von uns Farbigen nicht verlangen – und wir fordern, dass es aufhört.«

Für Mark Williams sind derartige Affronts nichts Fremdes: Er hatte von Barack Obama und dem demokratischen Präsidenten Jimmy Carter als »Nazis« gesprochen, Carter eine »Schwuchtel« genannt sowie Obama einen »Rassisten« und »indonesischen Moslem, der sich vom Wohlfahrtsgauner zum Gesalbten gewandelt hat«. Zuletzt verglich er Obama mit Stalin und dem kambodschanischen Diktator Pol Pot. Aber erst mit dem Brief an Lincoln war das Fass übergelaufen: Williams musste als Pressesprecher des Tea Party Express zurücktreten. Er maulte daraufhin, seine Gegner hätten seine lediglich humoristisch gemeinten Worte instrumentalisiert, um der Tea Party zu schaden.

Ähnlich beleidigend wurde Marilyn Davenport, eine Tea-Party-Aktivistin aus Orange County. Orange County ist ein konservativer weißer Landkreis südlich von Los Angeles, wo auch Orly Taitz politisch aktiv ist, die »Königin der Birther«. Davenport verschickte eine E-Mail an andere Republikaner, mit einem Foto von Obama als Schimpansenbaby und dem Kommentar: »Jetzt wissen wir, warum es keine Geburtsurkunde gibt.« Als das Foto an eine breitere Öffentlichkeit gelangte, entschuldigte sie sich. Sie habe das schlicht amüsant gefunden; dass Obama halb schwarz sei, sei ihr gar nicht bewusst gewesen. Kaum hatte sich die Aufregung darüber gelegt, nannte Doug Lamborn, ein Republikaner aus Colorado, Obama ein »tar baby«, ein Teerbaby, das niemand anfassen wolle, aus Angst, kleben zu bleiben. (»Tar Baby« ist ursprünglich eine Figur aus einer Kindergeschichte, heutzutage wird dieser Begriff jedoch auch als rassistische Beleidigung gebraucht.)

Allerdings agiert nur eine kleine Minderheit der Tea Partier offen rassistisch. Was die meisten eher umtreibt, ist eine Abneigung gegen staatliche Sozialausgaben, zumal sie nach Ansicht vieler vornehmlich Afroamerikanern zugutekommt. Der Fox-News-Moderator John Stossel brachte die libertäre Meinung zu diesem Thema auf den Punkt, als er sagte, früher sei es gerechter zugegangen, als die koreanischen Immigrantenorganisationen für die Wohlfahrt der Koreaner gesorgt hätten, die irischen für die Wohlfahrt der Iren und die polnischen für die polnischen Immigranten, anstatt diese Fürsorge einem Zentralstaat zu überlassen.

Für manche Tea Partier ist aber nicht nur der Wohlfahrtsgedanke falsch, sondern bereits das mühsam erkämpfte Verbot der Diskriminierung. Zu diesen zählt Rand Paul, Senator von Kentucky, der im Mai 2010 erklärt hatte, die Rassentrennung in den Restaurants des Südens wäre besser mithilfe des freien Marktes abgeschafft worden anstatt mit Gesetzen. Zuvor hatte er geschrieben, zumindest private Betriebe müssten es sich aussuchen dürfen, ob sie Schwarze bedienten. Nach einem Aufschrei der Empörung ruderte er zurück. Nein, versicherte er der Presse, er wolle den *Civil Rights Act of 1964* nicht außer Kraft setzen; denn die Situation in den Südstaaten sei nach 120 Jahren Rassentrennung ja doch so dramatisch gewesen, dass eine Intervention der Bundesregierung notwendig gewesen sei.

Manche konservative Weiße drehen den Spieß auch um und beschuldigen Afroamerikaner, Rassisten zu sein. Das macht besonders Glenn Beck gerne. Auf Fox News nannte er den Präsidenten einen Rassisten und fügte hinzu, Obama hasse Weiße, er hasse sogar seine weiße Großmutter. Der rechte Radiomoderator Rush Limbaugh beschuldigte Obama ebenfalls, ein Rassist zu sein, der die Amerikaner nötigen wolle, Reparationen an die Nachkommen der schwarzen Sklaven zu zahlen, als Rache für die Sklaverei. »Wenn die davon reden, dass sie ihr Land wieder zurückhaben wollen«, meint ›New York Times‹-Kolumnist Frank Rich, »dann sprechen sie in Wirklichkeit über die Privilegien der Weißen.«

Kristallelefanten im »Big Easy«

Von Birmingham aus fährt der Greyhound nach New Orleans, Louisiana. Wer diesen Bus nimmt, zählt zu den Ärmsten der Armen. Die meisten Passagiere haben Übergewicht und schlechte Zähne, viele sind schwarz, aber sie sind alle höflich und bemühen sich, ruhig zu sein. Nur zwei schwarze Frauen mit einem lange schreienden Baby zanken sich, aber auch das leise. Alle sehen ziemlich abgekämpft aus. Eine junge Frau erzählt mir, sie vertreibe Spielzeug und ziehe deshalb durch das Land. Ein Musikpromoter sucht für Bands Auftrittsmöglichkeiten. Beide hassen den Greyhound. Nicht nur sei das mühselig, manchmal fielen die Busse auch aus oder blieben am Wegesrand liegen. Es ist verwunderlich, wie viele Menschen mit dem Greyhound fahren, denn die Bahn kostet fast dasselbe und ist wesentlich bequemer. Der Bus macht in Montgomery eine halbstündige Pause, in einem Imbiss gibt es fettiges Essen. Die Kassiererin ruft sofort nach der Security, nur weil ein Mann sich etwas seltsam benimmt. Ich bekomme langsam das Gefühl, Teil eines Gefangenentransports zu sein, der in den nächsten Knast führt. Am frühen Morgen rollt der Bus hinter der Union Station in New Orleans ein.

Louisiana gehört ebenfalls zum *Deep South*, aber es ist anders als alle anderen Staaten, vielleicht aufgrund seiner langen Geschichte unter den Franzosen und den Spaniern. In dem Ölstaat, der für Korruption berüchtigt ist, gab es in den dreißiger Jahren des 20. Jahrhunderts unter dem demokratischen Gouverneur Huey Long eine populistische Bewegung. Der begnadete Redner, der noch linker war als Roosevelt, vertrat das Motto, »Share Our Wealth«, teilt unseren Wohlstand. Er wollte die Reichen exponentiell besteuern, um jedem Bürger ein garantiertes

Grundeinkommen zu zahlen. Das ist eine No-go-Zone für die Tea Party, aber Rand Paul hält Huey Long trotzdem für ein Vorbild. Long, der sich mit dem antisemitischen Pfarrer Father Coughlin zusammentat, wurde 1935 erschossen.

New Orleans ist weniger segregiert als alle anderen Städte des Südens, im *Big Easy* leben Schwarz und Weiß in denselben Vierteln. Laut Nicholas Lemann von der Columbia School of Journalism, der aus New Orleans stammt, liegt das zwar eher daran, dass die weißen Hausbesitzer früher ihre schwarzen Sklaven in ihrer Nähe haben wollten. Trotzdem: In New Orleans gibt es eine gemeinsame Kultur, Weiße begeistern sich für Jazz und Blues, die in den Clubs gespielt werden, und auch die Schwarzen feiern den Mardi Gras, den Faschingsdienstag, mit seinen Umzügen und Bällen. Auch die kreolische Küche eint Schwarz und Weiß. New Orleans ist überhaupt anders als Amerika: Hier ist es legal, Alkohol auf der Straße zu trinken, an der Bourbon Street liegen Nachtclubs wie »Rick's Cabaret«, wo halb nackte junge Mädchen vor der Tür eine Zigarettenpause machen (der Stripclub gehörte einst Jack Ruby, dem Mörder von Lee Harvey Oswald). Mit »Storyville« hatte die Stadt eines der berühmtesten Rotlichtviertel Amerikas. Und mit David Vitter hat sie einen Politiker, der mit einer Prostituierten erwischt wurde, dazu nur »Na, und?« sagte und trotzdem wiedergewählt wurde – als Garant einer »positiven, konservativen« Veränderung. Vitter ist ein Anhänger der Tea Party, die sei, sagte er, »der Sprit«, der die Republikaner antreibe.

In New Orleans findet im Juli 2011, in der glühenden, feuchten Hitze, die Leadership Conference der Republikaner statt; ein Schaulaufen für die Präsidentschaftswahlen. In den eisgekühlten Hallen des Hilton haben die üblichen Verdächtigen ihre Stände aufgebaut: die Heritage Foundation, die Liberty University (ein christliches College, gegründet von Jerry Falwell) und eine Anti-Abtreibungsgruppe, die Buttons mit Babyfüßchen darauf verteilt. FreedomWorks verschenkt schicke bunte Mappen, in denen erklärt wird, wie man in den *social media* die Botschaft verbreiten kann, dass Mitt Romney des Teufels ist. Es gibt

T-Shirts, auf denen »Fox News Fan« und »Capitalism« im Schriftzug von Coca-Cola steht, auch solche mit Marx, Lenin und Obama. Ich könnte mir einen Ohrring aus rot-weiß-blauen Kristallen in Form eines Elefanten kaufen, dem Symbol der GOP, oder auch die Klapperschlangenfahne, Michele-Bachmann-DVDs im Dreierpack für 45 Dollar und, als Höhepunkt, Ronald Reagan als Ölgemälde, für zwei Riesen. Am Eingang befindet sich der Stand einer Werbefirma, die *social-media*-Kampagnen organisieren kann, falls einem das Talent dazu fehlt oder die Zeit.

Mittendrin signiert Rick Perry, der Gouverneur von Texas, sein Buch. Es heißt ›Fed Up!: Our Fight to Save America from Washington‹, Wir haben es satt! Unser Kampf zum Schutz vor Washington, und ist nicht zufällig eine Anspielung auf die Federal Reserve, aber auch auf das Federal Government, das die Tea Party ebenfalls satt hat. Das Vorwort hat Newt Gingrich geschrieben und Rush Limbaugh findet, jeder amerikanische Bürger sollte es lesen. In dem Buch fordert Perry, alles, was nicht der amerikanischen Verfassung entspreche, wieder abzuschaffen, eingeschlossen die Social Security, die Börsenaufsicht SEC und die Gesetze gegen Kinderarbeit. Immerhin hätten die früheren Kolonisten für die Freiheit gekämpft, während die Regierung uns heute vorschreiben wolle, wie viel Salz wir auf unser Essen streuen und auf welche Art wir beten dürfen.

Später findet auf der Konferenz eine *straw poll* statt, eine informelle Abstimmung. Ein junger Mann trägt ein Ron-Paul-T-Shirt und mehrere Ron-Paul-Buttons, auf seinem Rücken prangen Ron-Paul-Aufkleber. Er sieht aus wie eine wandelnde Litfaßsäule. Für wen wird er stimmen? Er grinst. »Ich denke noch darüber nach.« Die Ron-Paul-Anhänger sind hoffnungsfroh: »Romney hat mehr Geld aus Spenden, die ihm versprochen wurden, aber wir haben echtes Geld auf der Bank«, sagt einer. Hinter mir unterhalten sich zwei ältere Frauen über Paul. Die eine findet ihn gar nicht so schlecht. Die andere schüttelt den Kopf. »He has the chance of a Chinaman«, sagt sie: Ein Chinese habe die gleiche Chance, gewählt zu werden.

Neben dem Stand von FreedomWorks sammelt ein Verein Unterschriften, der sich »Pro Marriage« nennt, aber gegen die Schwulenehe ist. Ich frage die beiden ein wenig dicklichen weißen Männer, ob sie auch dagegen wären, wenn ein schwarzer Mann eine weiße Frau heiratet, und sie versichern mir, nein, nein, das sei schon seit 1967 in Louisiana legal. Und das solle auch so bleiben. Sowohl Mitglieder der Tea Party wie auch der Republikaner leisten sich zwar immer wieder Ausrutscher, aber die Parteiführung scheut das Label des Rassismus wie der Tour-de-France-Fahrer die Urinprobe. Deshalb fördern sie gerne »Vorzeige-Schwarze«. Einer davon kandidiert sogar als Präsident: Herman Cain, der ebenfalls in New Orleans auftritt.

Herman Cain stammt aus Atlanta, Georgia. Der Baptisten-Pfarrer, der früher im Vorstand der Federal Reserve Bank von Kansas war und eine Talkshow im Radio hatte, ist heute auch Kommentator bei Fox News (wo er seine Kandidatur sogar ankündigte) und schreibt eine Kolumne für mehrere Zeitungen. Lange Zeit war er auch Geschäftsführer von Godfather's Pizza (benannt in Reminiszenz an den Mafiafilm) und davor Manager für Coca-Cola und Burger King. Nebenbei bekämpfte er als Lobbyist die Gesundheitsreform von Bill Clinton. Kurz: Cain ist ein erfolgreicher Geschäftsmann, »genau das, was Amerika als Präsident braucht«, das hat er schon auf Dutzenden von Tea-Party-Rallys im ganzen Land erklärt. Und er ist ein Fan einfacher Lösungen: So will er, dass Gesetze nur noch drei Seiten haben dürfen.

Cain ist nicht nur schwarz, er ist richtig schwarz, anders als der hellhäutige Obama. Sein Auftritt gleicht einem Donnerhall, er predigt wie ein Pfarrer in einer schwarzen Baptistenkirche. Er klingt wie Bill Cosby, nur lauter und ungeschliffener. Schon im Februar 2011 ist Cain in Phoenix, Arizona, wie ein schwarzer Erlöser vor die Massen getreten und hat für Begeisterung gesorgt. »Die Liberalen, die Mainstream-Medien, die nennen euch Rassisten?«, donnerte er da von der Bühne herab. »Was glaubt ihr, was die mich erst nennen?« Der ganze Saal lachte befreit auf. »Amerika hat so viel durchgemacht, die Sklaverei, den Bürgerkrieg, den Ersten und den Zweiten Weltkrieg, die Depression, aber die Gründungsväter wollten immer, dass alle Menschen gleich sind.« Zumindest alle weißen amerikanischen Männer.

Auch in New Orleans wird Cain mit Jubel und »We love you«-Rufen empfangen. Für die Seele der als Rassisten verdächtigen Tea Partier ist er Balsam, so ähnlich wie der jüdische Sozialdemokrat Bruno Kreisky einst für das postfaschistische Österreich. Der in Memphis geborene Prediger fängt auch an wie weiland Martin Luther King. »I have a dream!«, donnert er und fährt fort: »Um genau zu sein, habe ich zwei Träume: Die Republikaner stellen 2012 die Mehrheit im Repräsentantenhaus sowie im Senat und ihr seht gerade den nächsten Präsidenten der USA!« Cain weiß, dass das Establishment der Republikaner ihm keine Chance gibt, und deshalb verkauft er sich als Underdog: »Bill O'Reilly, Mitt Romney und Karl Rove, der einen so großartigen Job für George W. Bush erledigt hat« – hier fängt seine Stimme an, vor Sarkasmus zu triefen –, »alle haben sie gesagt: ›Cain hat keine Chance und er ist nicht ernst zu nehmen.‹ Aber mir geht es wie der Hummel, von der sagen die Experten auch, sie könne gar nicht fliegen!« Und dann noch mal: »Ich bin die Hummel, man sagt mir, ich kann nicht fliegen, aber ich fliege!«

Cain setzt auf alles noch einen drauf, eben wie ein schwarzer Pfarrer bei einer Predigt. Er ist nicht nur gegen die Schwulenehe, nein, er glaubt, Homosexualität sei eine Sünde und Schwule kämen in die Hölle. Er will nicht nur die Scharia verbieten, er würde auch niemals einem Moslem in seiner Verwaltung einen Job geben und er will den Bau von Moscheen verhindern. Er hält nicht nur die übliche Pro-Israel-Rede, er sagt, Israel sei der einzige Freund, den Amerika in der Welt habe. »Und ich schwöre euch, wer Israel angreift, der greift auch die USA an.«

Aber am meisten Beifall bekommt er, wenn er den *American Exceptionalism* hochhält, die Theorie, dass Amerika das großartigste Land der Welt sei, in dem die großartigsten Menschen leben. Er spricht von der »Shining City on the Hill«, der leuchtenden Stadt auf dem Berg, wie Ronald Reagan Amerika in Anlehnung an die Bibel genannt habe, und wozu das Land wieder werden müsse. »Wir Amerikaner haben es satt, dass sich unser Präsident überall entschuldigt. Ich werde mich niemals entschuldigen. Meine Mutter hat mir beigebracht, dass Amerika das großartigste Land der Welt ist. Und wenn ihr die richtige Person ins Weiße Haus wählt, *moi*, dann wird der American Exceptionalism wieder gelten.« Er schiebt hastig hinterher, dass er nur »moi« gesagt habe, weil wir hier im French Quarter von New Orleans seien, was nicht stimmt, das French Quarter ist eine halbe Meile entfernt. Aber er will natürlich nicht, dass das Publikum denkt, er habe Sympathien für die *cheese eating surrender monkeys* – die »Käse essenden Kapitulationsaffen« –, wie Amerikaner die Franzosen gerne nennen (die abwertende Phrase stammt aus der TV-Serie ›The Simpsons‹ und wurde zum geflügelten Wort). Dann sagt er noch: »Die Vereinigten Staaten werden nicht die Vereinigten Staaten von Europa werden, solange wir am Ruder sind.« Nun steht das Volk auf und Beifall bricht los.

Cain ist wirklich kein Kämpfer für die Bürgerrechtsbewegung. Als Martin Luther King nach Washington marschierte und vor Hunderttausenden seine berühmte Rede hielt, war er 18 Jahre alt, und er marschierte nicht mit: »Mein Vater hat mir gesagt, ich solle mich aus Schwierigkeiten heraushalten und keinen Ärger bekommen«, sagte er dazu. Anfangs wurden ihm wenig Chancen gegeben, aber er schaffte es, alle anderen Kandidaten in den Umfragen zu überholen, als er seinen 9-9-9-Steuerplan vorstellte; neun Prozent föderale Einkommensteuer, neun Prozent föderale Mehrwertsteuer (die es bisher überhaupt nicht gibt) und neun Prozent Gewerbesteuer. Dafür soll die *payroll tax* wegfallen, aus der Medicare und die Rente finanziert werden. Es ist eine Steuererhöhung für die Armen, denn deren Grundfreibetrag fiele weg, und eine Steuererleichterung für die Reichen.

Der Plan ist eigentlich das Gegenteil von dem, was die Tea Party fordert; denn die zog bisher gegen den Verfassungszusatz zu Felde, der die föderale Einkommensteuer erlaubt. Und hinter dem 9-9-9-Plan stehen auch keine Teebeutelwerfer, sondern ein bekanntes Brüderpaar: Charles und David Koch. Die Idee zu 9-9-9 stammt von Mark Block, einem Republikaner aus Wisconsin und Funktionär der Koch-Organisation Americans For Prosperity (AFP). Block, der mit Cain zeitweise durch die Lande zog und im Namen des AFP-Ablegers »Prosperity Expansion Project« für freie Märkte warb, ist heute Cains Wahlkampf-manager.

Als Nächster spricht ein Präsidentschaftskandidat aus Louisiana: Buddy Roemer, früherer Demokrat und Gouverneur des Staats, jetzt wiedergeborener libertärer Tea Partier. Die Konzerne, wettert Roemer, hätten noch nie so viel Profit gemacht wie heute, General Electric zahle keine Steuern, Wall-Street-Banken steckten Billionen an Steuergeldern ein – alleine Goldman Sachs verdiene sich eine goldene Nase! –, und die Pharmariesen zahlten Millionen an die Regierung, um die Gesundheitsreform zu verwässern. Er klingt wie Huey Long. Alle gucken verschreckt. Huh, ein Kommunist? Beifall bekommt Roemer erst, als er fordert, überall in Amerika Ölbohrungen zu erlauben, anstatt Öl bei den Scheichs zu kaufen oder die Armee zu schicken. Weil hier Louisiana ist, reden auch die nächsten Politiker über das Öl. Eine Republikanerin aus der Hauptstadt Baton Rouge meint, wir würden Waffen an die Länder des Mittleren Ostens verkaufen, um »unser Öl zu verteidigen ... äh, deren Öl«.

Dann folgt noch ein wortgewaltiger Redner: Haley Barbour, Gouverneur von Mississippi, der einen deutlichen Südstaaten-akzent hat. Barbour ist ein großes Tier bei den Republikanern, er war Wahlhelfer von Ronald Reagan und Chairman des Republican National Committee; heute steht er der Republican Governors Association vor, doch im Herzen ist er ein Dixiecrat. »Unter Obama ist es das erste Mal, dass Leute Angst haben, ihre Kinder und Enkelkinder werden einmal in einem anderen Land leben als sie.« Wirklich? Barbour stammt aus Yazoo, wo in den fünfziger Jahren der White Citizens' Council die schwarze Mehrheit unterdrückte. Im Mai 1970, als er noch studierte, ging die Staatspolizei von Mississippi mit Gewalt gegen mehr als hundert protestierende schwarze Studenten vor. Zwei starben dabei. Es ist unwahrscheinlich, dass Barbour nicht weiß, dass Amerika damals ganz anders aussah als heute. Andererseits, als CNN ihn einmal zur Geschichte des Südens befragte, meinte er, beim Gedenken die Sklaverei zu erwähnen, sei nicht so wichtig.

Barbour geht es darum, die Einheit der Republikaner zu beschwören, die Tea Partier sollen die Partei bloß nicht verlassen. Offenbar hat die Taktik der Tea Party, den Republikanern Angst einzuflößen, gewirkt. »Das Allerwichtigste ist zu gewinnen!«, ruft er. Man müsse sich in dem Kandidaten nicht zu hundert Prozent wiederfinden, entscheidend sei, dass dieser Obama schlagen kann. Die Tea Party dürfe nicht die gleichen Fehler machen wie Ross Perot und George Wallace. Sie solle keine dritte Partei bilden, sie müsse ihre Ziele innerhalb der Republican Party durchsetzen. Denn wenn sich die Stimmen splitten würden, würde das nur den Linken nutzen. »Obama betet, dass aus der Tea Party eine dritte Partei wird.«

Dann schimpft Barbour noch über die Wall Street, die im Süden noch nie beliebt war, und erinnert uns daran, dass das Benzin heute doppelt so teuer ist wie damals, als Obama gewählt wurde. Wie bitte? Eine kurze Suche ergibt Folgendes: Im Sommer 2008 lagen die Benzinpreise bei rund vier Dollar pro Gallone. Ende September stürzten sie von 3,85 Dollar auf 1,65 Dollar ab – innerhalb weniger Wochen, just zu dem Zeitpunkt, als in Amerika gewählt wurde. Direkt nach der Wahl zogen sie sofort zügig an, auf 2,70 Dollar pro Gallone, und haben nun ihren alten Wert wieder erreicht. Man könnte meinen, irgendwer habe an der Schraube gedreht.

Roemer hat natürlich keine Chance und Barbour will nicht kandidieren. Aber alle Zuhörer bleiben, weil sie auf den Star warten: Rick Perry. Endlich ist der Gouverneur von Texas mit dem Signieren fertig, er betritt den Saal. Die Leute springen von den Stühlen und jubeln. »Run!«, schreien sie, stürze dich in den Wahlkampf. Perry grinst breit, als er auf die Bühne stapft und dabei winkt. Trüge er einen Cowboyhut, er würde damit wedeln. »Ich grüße New Orleans«, sagt er mit leichtem, nicht übertriebenem texanischen Akzent, ähnlich wie George W. Bush. In dieser Stadt hätten die Bürger bewiesen, dass sie besser mit einer Katastrophe wie dem Hurrikan Katrina fertigwerden können als die

Regierung. Aber Obama glaube tatsächlich, die Regierung könne so was besser, und das bedrohe unsere Freiheit!

Perry ist ein lauter, aber kein guter Redner. Er wirft alle Reizwörter in die Menge: Freiheit, Gründungsväter, liberale Medien, ausgeglichener Haushalt, große Nation, *American Exceptionalism*. Wir müssten aufhören, Geld auszugeben sowie uns zu entschuldigen. Wir bräuchten mehr Freiheit – und natürlich mehr Ronald Reagan. Bei jedem Stichwort bekommt er Beifall. Perry argumentiert mit den *states' rights*. »Die Gründungväter wollten Dezentralisierung, deshalb müssen die Feds in Washington den Staaten mehr Rechte geben!«, ruft er. Der Beifall verstärkt sich, Perry fängt Feuer: »Wir brauchen den richtigen Führer für unser Land! Es gibt keine größere Zeit als das Jetzt, wir können das schaffen und wir werden es schaffen.« Er schließt mit einem Zitat: »If not now, when?«, Wann, wenn nicht jetzt?, dem Titel eines Romans von Primo Levi, in dem es um das Überleben von jüdisch-kommunistischen Partisanen in Russland geht. (Levi war von der Roten Armee in Auschwitz befreit worden.) Ein seltsames Zitat für einen Konservativen.

Interessanter ist, was Perry nicht sagt: kein Wort zur Immigration, weder zur legalen noch zur illegalen. Denn: Er kann es sich nicht leisten, hispanische Wähler zu verärgern, immerhin machen die ganze vierzig Prozent der Texaner aus. Sonst gründen die womöglich noch eine eigene Partei. Als Letzter spricht George P. Bush, der Neffe von George W. Bush, der das Publikum bittet, das neue Buch des früheren Präsidenten zu kaufen. Der Saal leert sich rascher, als er reden kann. Draußen wartet die »sündige Stadt«. Zum Schluss wird das Ergebnis der *straw poll* verkündet: Ron Paul hat gewonnen – die Michele-Bachmann- und Rick-Perry-Fans buhen.

Rick Perry wird ein paar Wochen später erklären, er werde als Präsident der USA kandidieren – als Republikaner, aber er geriert sich auch als Vertreter der Tea Party. Für Bachmann und Sarah Palin brechen damit harte Zeiten an.

Vorwärts in die Vergangenheit:
Rick Perry auf dem Weg ins Weiße Haus

Das Gelände des Reliant Stadium in Houston, Texas, ist eines der größten seiner Art, wie eigentlich alles in Texas größer ist als irgendwo sonst. Alleine das Stadion fasst 70 000 Menschen, das Astrodome daneben noch einmal 50 000; davor liegt der größte Parkplatz der USA. Hier wurde erstmals *Astroturf* ausgerollt, dieses künstliche Rollgras, das beinahe echt aussieht und das zum Synonym für die Tea Party geworden ist. Der Footballclub der Houston Texans spielt hier, die »WrestleMania« wurde im Stadion ausgetragen, die Rolling Stones und Metallica traten hier auf. Im Frühjahr findet hier die »Houston Livestock Show and Rodeo« statt, die größte Viehschau der Welt. Hunderte von Kühen, Schafen und Pferden stehen in den Hallen, bestaunt von Kindern und Ranchern. An den Ständen gibt es Lederjacken und Indianerschmuck. Bloß Indianer sind keine zu sehen.

Am Abend galoppieren, zur Volksbelustigung, Cowboys aus Texas, Nebraska, South Dakota und Wyoming durch die Manege. Sie schwingen das Lasso, fangen bockende Pferde und ringen Stiere nieder. Cowgirls treten zum *barrel racing* an, wo sie ihre Vollblüter schnell und scharf um Fässer treiben, die nicht umfallen dürfen. Danach fangen sie eine Schar Kälber ein, die erschreckt durch die Manege sprinten. Alle sind Profis, auch die Pferde, die auf die Sekunde so lange bocken, wie der Auftritt dauert. Zwischendurch rollt ein Rodeoclown herein, der uns bespaßt. Draußen drehen sich Riesenräder; Imbissstände verkaufen *mountains of fries*, Berge von Pommes frites, »Outlaw Burgers«, gegrillte Truthahnbeine von der Größe eines Kinderschenkels und den größten Hotdog der Welt, zu Preisen, die ebenfalls rekordwürdig sind.

Houston ist eine moderne Großstadt, mit Hochhäusern, Highways und dem Kontrollzentrum der NASA, oder – wie es korrekt heißt – dem Lyndon B. Johnson Space Center, benannt nach dem aus Texas stammenden Präsidenten, das allein so groß ist wie eine Kleinstadt. Aber Texas hat auch eine andere Seite. Im Reliant Stadium treffen sich am 6. August 2011 mehr als 30 000 Christen zu »The Response«, einem Tag des Betens und des Fastens für eine »Nation in der Krise«. Rick Perry hat dazu eingeladen, der Gouverneur. Schon frühmorgens strömen Familien auf das Gelände, mit Bibeln bewaffnet und mit iPhones, mit denen sich Kerzenschein simulieren lässt. Christliche Rockbands spielen und Johnny Fernandez singt ›Hear us from Heaven‹. Der Anheizer ist Luis Cataldo vom International House of Prayer in Kansas City, Missouri, einer Kirche, die dem New Apostolic Movement nahesteht. Deren Anhänger glauben, so erklärte das Radio KUT aus Austin, dass Gott ihnen Prophezeiungen über Erdbeben oder Terrorattacken zukommen lasse. Deshalb meinen sie, Unglücke verhindern zu können. So behauptete ein Pfarrer der »Neuapostolen« einmal, dass ihre Gebete den Rinderwahnsinn in Deutschland beendet hätten. Manche glauben gar, dass Freimaurer – oder Mormonen – der Hexerei fähig oder dass Demokraten von vier Dämonen besessen seien, einer davon heiße Jezebel. Auch einer der Redner gehört dem New Apostolic Movement an: Mike Bickle. Er hat ein paar Wochen zuvor die populäre schwarze Showmasterin Oprah Winfrey eine »Vorbotin des Antichristen« genannt.

Die Gläubigen stehen dicht an dicht in der Manege, wo sonst die Cowboys reiten und die Pferde ausschlagen, während vor dem Stadion Männer das Schofar blasen, das traditionelle jüdische Horn. Die meisten sind leger gekleidet, in Jeans und T-Shirts, oft in Stars-and-Stripes-Outfit. Manche tanzen oder singen oder heben die Hände. Nicht alle sind weiß, aber viele. Pfarrer streifen herum und halten die Besucher zum Beten an. Der Event ist ökumenisch, aber in der Mehrheit sind Evangelikale. Alles wird auf riesigen Bildschirmen simultan übertragen, nicht nur im Stadion, sondern in mehr als tausend Kirchen in ganz Texas. Für Perry ist es eine unbezahlbare Reklame.

Der betende Cowboy

Um 10:27 Uhr erscheint der Superstar: Rick Perry; auf der gigantischen Leinwand ist er immens vergrößert. Stehende Ovationen. »Das Einzige, was wir mehr lieben als unser Land, ist Christus«, ruft er. Dann fängt er an, aus der Bibel zu zitieren. Das Buch Joel: »Kehrt um zu mir von ganzem Herzen, mit Fasten, Weinen und Klagen.« Er sieht »Angst in den Märkten und in den Hallen der Regierung« und er betet für Obama, für alle Gouverneure, das Militär, die Generäle und noch eigens für ein paar Soldaten in Afghanistan, die erst ein paar Tage zuvor gefallen sind. »Unsere Nation hat vergessen, wer uns erschaffen hat und wer uns beschützt!«

Auch Gouverneur Sam Brownback aus Kansas ist hier, während Rick Scott, Staatschef von Florida, Videogrüße sendet. Mehr Gouverneure kommen nicht. Dafür aber Pastor John Hagee, dessen Cornerstone Church in einem Vorort von San Antonio liegt. Sie zählt zu den *megachurches*, in die Zehntausende von Gemeindemitgliedern passen. Hagee, der Amerika eine »jüdisch-christliche Nation unter Gott« nennt, betet für die »Führer in Washington« und darum, dass die »Wolke aus Chaos und Konfusion«, die Washington verdunkelt habe, verfliege. Er betet auch für Gouverneur Perry, der den Mut habe zu beten, »so wie Abraham Lincoln in den dunkelsten Zeiten des Bürgerkrieges« (allerdings auf der anderen Seite).

Hagee ist ein christlicher Zionist, dessen Kirche viel Geld für Israel spendet. Aber er hat auch einmal gesagt, Gott habe Hitler gesandt, um die Juden zu zwingen, nach Israel zurückzukehren. Die Evangelikalen des Südens, von denen viele aus den *segregationists*, den Befürwortern der Rassentrennung, erwachsen sind, sind heute die eifrigsten Unterstützer von Israel. Das liegt daran, dass sie die Bibel wörtlich nehmen, vielleicht aber auch – so vermutet Walter Russell Read vom Council on Foreign Relations –, weil sie in den Israelis ihre Großväter wiedererkennen, die gegen die Indianer gekämpft haben. Umgekehrt solidarisieren sich viele Indianerstämme mit den Palästinensern. Derweil gibt es draußen vor dem Stadion Proteste, schwule Aktivisten sind darunter und Mitglieder der Bürgerrechtsorganisation ACLU (American Civil Liberties Union), deren Cessna mit dem Banner »Gouverneur: Halte die Trennung zwischen Staat und Kirche aufrecht« über dem Gelände kreist. Die Veranstaltung drinnen wird von der American Family Association (AFA) mit einer Million Dollar finanziert. Die AFA setzt sich mit allen Mitteln gegen Abtreibung, Pornographie und Schwulenrechte und eigentlich gegen Sex überhaupt ein; den Kampf führt sie über das Radio, das Internet, das Fernsehen (sogar mit Auftritten bei einem verhassten Feind wie CNN) und auf DVDs, die sie verteilt. Das Southern Poverty Law Center in Alabama hat die AFA als *hate group* aufgelistet, denn sie ist selbst für eine konservative christliche Organisation extrem. AFA hat gefordert, strafrechtlich gegen einen schwulen Abgeordneten von Arizona vorzugehen, sie hat behauptet, die Verfassungsrichterin Elena Kagan sei lesbisch, und sie hat zum Boykott von Pepsi, McDonald's, Ford und Disney aufgerufen, weil die schwulenfreundlich seien. Ihr kalifornischer Direktor Scott Lively behauptet in seinem Buch ›Pink Swastika‹, Rosa Hakenkreuz, Hitler und viele Nazis seien schwul gewesen. Und: Die NSDAP sei in einer Schwulenbar in München gegründet worden. Diese kruden Thesen werden über die Website WorldNetDaily.com eifrig weiterverbreitet. Die AFA hat aber auch gegen einen öffentlichen Auftritt von Hindus protestiert – da in der Verfassung stehe, Amerika sei eine Nation unter Gott, nicht unter mehreren Göttern – und gegen Moslems. Bei den Tea Party Rallys am Tax Day 2009, wo auch Perry auftrat, war die AFA einer der Sponsoren.

Perry, ein gebürtiger Methodist, ist heute Evangelikaler, und er soll der noch extremeren New Apostolic Reformation nahestehen. Im Juni 2009, so berichtete der Reporter Forrest Wilder, sei Perry von zweien ihrer Pfarrer besucht worden, die mit ihm gebetet hätten. Seitdem sei der Gouverneur »ihr Gefäß«. Eines ihrer beliebtesten Bibelstücke sei das alttestamentliche Buch Joel. Darin geht es um eine Krise und eine Dürre im alten Israel, verursacht durch eine »rebellische Nation«, die bereuen müsse.

Das Ziel der New Apostolic Reformation sei – so Wilder weiter –, die Regierung zu infiltrieren.

Fünf Tage nach dem Bet-Marathon erklärte Perry sein Interesse an der Präsidentschaft. Er sagte, Gott habe ihn berufen; und er überholte die ebenfalls von Gott berufene Michele Bachmann rasch in den Umfragen als Liebling der Tea Party. Aber seine zur Schau gestellte Frömmigkeit täuscht. Er ist ein eiserner Verfechter der Todesstrafe. Er hat fast 240 Menschen exekutieren lassen, auch dann, wenn die Beweislage fragwürdig war. Darunter waren Frances Newton, eine schwarze Frau aus Houston, die ihre Familie umgebracht haben soll, und Cameron Todd Willingham, der für den Feuertod seiner drei Kinder verurteilt wurde. Perry lässt auch Ausländer hinrichten, ohne vorher deren Konsulat zu benachrichtigen und die Inhaftierten über Rechtsbeistand aufzuklären. Der Internationale Strafgerichtshof in Den Haag hat 2004 gerügt, dass dies internationalen Abkommen widerspricht; es ging dabei um 51 Mexikaner, die in US-amerikanischen Todeszellen sitzen. Obama will darüber mit Mexiko verhandeln, aber Perry findet das empörend – und mit ihm die Tea Party, die darin den Vorboten für die *New World Order* wittert. Texas hat schon mal angefangen und 2011 bereits einen dieser Mexikaner exekutiert.

Auch nachdem er seine Kandidatur angekündigt hatte, blieb Perry der texanische Haudrauf. Er sagte, falls Notenbankchef Ben Bernanke in der Budgetkrise auf die Idee komme, frisches Geld zu drucken, dann wäre er ein Verräter, schob allerdings ein »beinahe« hinterher. Deshalb solle sich Bernanke hier bloß nicht sehen lassen, die Texaner würden ihn sonst »ziemlich hässlich« behandeln. Das letzte Mal hatten Politiker in Texas solche Drohungen ausgesprochen, als John F. Kennedy nach Dallas reiste. Das brachte Perry eine vorsichtige Kritik von Abraham Foxman ein, dem Vorstand der Anti-Defamation League (Bernanke ist Jude). Schon zuvor hatten jüdische Organisationen es Perry übel genommen, dass er im Reliant Stadium gesagt hatte, »ganz Texas« werde Jesus folgen. Anderseits ist auch Perry ein Verteidiger von Israel. Er war im September 2011 sogar eigens zur UN-Generalversammlung nach New York gereist, um der Presse mitzuteilen: Sollten die Palästinenser versuchen, einen eigenen Staat zu gründen, dann solle Israel ihr Gebiet annektieren. Und so wird ihm von jüdischer Seite einiges nachgesehen, was solche Sprüche anbelangt.

Perry, Texaner in der fünften Generation, ist tatsächlich der Cowboy, der George W. Bush zu sein vorgab. Nachdem er als Kandidat angetreten war, ließ er verbreiten, er habe beim Joggen einen Kojoten erschossen – er wollte seine Wähler wissen lassen, dass er selbst in der Trainingshose noch bewaffnet ist. Anders als der vier Jahre ältere Bush, der in Connecticut in eine Patrizierfamilie geboren wurde, stammt Perry von einer Ranch in Paint Creek, einem winzigen Dorf im fast menschenleeren Nordwesten von Texas. Sein Vater Joseph Ray, ein Weltkriegsveteran, züchtete Vieh und pflanzte Baumwolle; nebenbei war er Landrat. Die Familie war so arm, dass sie lange Zeit nur ein Plumpsklo hatte; Perrys Mutter Amelia nähte die Unterhosen selbst.

Während Bush in Yale und Harvard Jura studierte, belegte Perry Tierzucht an der A&M University, einer ländlichen Uni in der texanischen Tiefebene. Danach ging er als Pilot zur Airforce und flog – anders als George W. Bush – tatsächlich Einsätze in Europa und im Mittleren Osten, wenn auch keine Kampfeinsätze. Er verschwand auch nicht lautlos von der Bildfläche, als die Armee verpflichtende Drogentests einführte. Bush begann als Ölmanager, dann wechselte er in den Aufsichtsrat der Ölfirma Harken Energy, deren Aktien er rechtzeitig verkaufte, als er erfuhr, dass die Firma Verluste machen würde. Perry kehrte zur Farm seines Vaters zurück, um dort zu arbeiten, erst 1984 ging er in die Politik. Er wurde als Abgeordneter für Texas gewählt, als Demokrat, so wie sein Vater, sein Großvater und sein Ururgroßvater D. H. Hamilton, ein Soldat der Konföderierten. Er unterstützte Al Gore in den Vorwahlen von 1988 und wurde sogar Chairman von dessen Wahlkampfteam in Texas.

Als George W. Bush in die Politik ging und Abgeordneter in Texas werden wollte, verlor er, weil sein Gegenkandidat ihn als »Ostküstler« darstellte. Das könnte Perry nicht passieren. 1990

wechselte Perry zur GOP und kandidierte als Landwirtschafts-
minister gegen den populären demokratischen Amtsinhaber Jim
Hightower – und gewann. Er gewann auch die Wiederwahl,
wurde Lieutenant Governor, also Stellvertreter des Gouverneurs George W. Bush, und schließlich, als Bush nach Washington ging, trat er dessen Posten an. Heute, elf Jahre später, regiert
er Texas noch immer.

Viele sehen Perry als grobschlächtige Version von George W.
Bush. Beide haben den gleichen Akzent und den gleichen
Cowboygang, beide haben mit Abstand die meisten Gefangenen
exekutieren lassen. Und sie haben politisch viel gemeinsam:
Bush, angetreten als Präsident, den Außenpolitik nicht interessiert, führte Amerika in zwei Kriege – unter dem Motto: »Erst
schießen, dann fragen.« Das ist auch Perrys Agenda, der bereits
vor einem »aggressiven« Russland, einem zu erfolgreichen China und Indien, einem gefährlichen Iran und Nordkorea und vor
Venezuela gewarnt hat, das kommunistische Rebellen beherber-
ge. Beide sind Lieblinge der Southern Baptists und der Tea Party, Perry sowieso, aber auch Bush wurde von der Tea Party nie
für das Staatsdefizit kritisiert, das er aufgetürmt hat. Noch mehr
ähneln sie einander in den Methoden: Beide haben ein loyales
Netz von Unterstützern gewebt, das sie belohnen. Beide sind
rachsüchtig und kämpfen mit harten Bandagen. Bush etwa wurde Gouverneur, nachdem über die Amtsinhaberin Ann Richards
Gerüchte verbreitet worden waren, sie sei lesbisch.

Ob die Bush-Familie Perry unterstützt, ist umstritten; immerhin hat Perry einmal öffentlich gesagt, George W. Bush gebe
Steuergelder mit vollen Händen aus. Klar ist nur, wen die Bush-
Familie nicht mag, der hat es in Texas nicht leicht. Ross Perot,
der 1992 als texanischer Libertärer gegen George Bush sen. kandidiert hatte, sagte, das Bush-Wahlkampfteam habe ihm gedroht, mit retuschierten Fotos die Hochzeit seiner Tochter zu
sabotieren. Zudem habe ihm ein CIA-Agent in Dallas erzählt,
das Bush-Team wolle seinen Computer hacken. Bush, der zuvor
Direktor des CIA gewesen war, stritt alles ab. Aber Perot verlor
die Wahl.

Christliche Lobbys und apokalyptische Versionen

Nicht nur Perry wechselte von den Demokraten zu den Republikanern. Viele Southern Baptists, die während der Präsidentschaft von Jimmy Carter noch demokratisch gewesen waren, liefen zur GOP über. Dabei hatte sich die alte Garde der Evangelikalen wie der heute 93-jährige Billy Graham, Prediger an mehreren christlichen Universitäten und einer der einflussreichsten christlichen Führer der USA, parteipolitisch noch nicht festgelegt. Graham war zwar als Demokrat registriert, unterstützte aber auch gelegentlich republikanische Präsidenten, jedoch nicht die GOP als Partei, schon gar nicht bedingungslos. Zwölf Präsidenten suchten seinen Rat, auch Obama.

Das änderte sich mit Jerry Falwell, wie Graham TV-Evangelist aus dem Süden, der einer Kirche in Lynchburg, Virginia, vorstand. Falwells Aufstieg begann in den sechziger Jahren, als er sich gegen die Bürgerrechtsbewegung wandte. In seiner TV-Show interviewte er Segregationisten wie George Wallace, er unterstützte das Apartheid-Regime in Südafrika und lehnte schwarze Pfarrer wie Desmond Tutu und Martin Luther King ab. Zeit seines Lebens stand er den Birchern nahe, die vor der »Schattenregierung« und der *New World Order* warnten; nach dem Anschlag auf das World Trade Center erklärte er, New York habe das Attentat verdient, weil dort so viele Schwule, Feministinnen und Heiden lebten.

1979 gründete Falwell mit Morton Blackwell die Moral Majority (die von Graham nicht unterstützt wurde), eine der wichtigsten christlichen Lobbys der USA. Die Moral Majority trat gegen Abtreibung und Homosexualität, für eine starke Landesverteidigung und für Israel ein. Trotzdem unterliefen Falwell gelegentlich Ausrutscher; so sagte er einmal, ein Jude sei imstande, nebenbei so viel Geld zu verdienen wie ein Christ, der sich anstrenge. Falwell war immer mehr Politiker als Pfarrer. Er wollte, so wie später die Tea Party, politisch ihm genehme Abgeordnete und Senatoren in Ämter bugsieren und die Republikaner unterwandern. Er schaffte es, zwei Drittel der weißen Evangelikalen im Süden, die zuvor den Demokraten nahegestanden hatten, von Ronald Reagan zu überzeugen.

Genauso wie Falwell sich für Reagan engagiert hatte, kämpfte er als Vorstand der Organisation Citizens for Honest Government, dem auch ›NewsMax‹-Chefredakteur Chris Ruddy angehörte, gegen Clinton. Die Organisation streute Gerüchte, Bill Clinton sei in den Kokainhandel verwickelt. Aus diesem Dunstkreis stammt die apokalyptische Romanserie ›Left Behind‹ des Evangelikalen Tim LaHaye, wo der Antichrist die Macht in den USA an sich gerissen hat – eines der einflussreichsten Bücher in der Szene. Es ist letztlich eine christliche Version der »Turner Diaries«.

Zehn Jahre später trat die nächste Generation der Religiösen Rechten an, deren Führer Ralph Reed wurde. Reed war von vornherein ein Machtpolitiker, der sich das Pfaffenmäntelchen nur umhängte. Als zwanzigjähriger Student war er nach Washington gegangen, um für das College Republican National Committee zu arbeiten. Dort verbündete er sich mit zwei republikanischen Lobbyisten, Grover Norquist und Jack Abramoff, der eine ein Agnostiker, der andere ein orthodoxer Jude, die beide mit Ronald Reagan und Newt Gingrich aufsteigen sollten. Sein christliches Erweckungserlebnis hatte Reed zwei Jahre später, im September 1983, nachts in einem Pub. Er besuchte gleich am nächsten Tag eine Kirche und ward ein »wiedergeborener Christ«.

Reeds Durchbruch kam 1989, als er von Pat Robertson angeheuert wurde, dem Gründer der Christian Coalition. Robertson ist, wie alle bekannten Gesichter der Religiösen Rechten, ein TV-Evangelist und Republikaner, der aus einer Familie von Dixiecrats stammt. Er hat das Christian Broadcasting Network gegründet, wo er selbst auftritt, und den Bestseller ›The New World Order‹ geschrieben, wo er gegen Freimaurer, Illuminati und internationale Banker wettert. Aus der Politik hat er sich 1988 zurückgezogen, nachdem er als Präsidentschaftskandidat gegen George Bush sen. unterlag. Bald übertrug Robertson dem jüngeren Reed die Leitung der Christian Coalition. Anders als Falwell holte Reed auch Katholiken und schwarze Pfarrer in seine Organisation. 1997 machte er den offiziellen Schritt vom Lobbyisten zum Politiker, als er als Gouverneur von Georgia kandidierte. Aber er scheiterte an negativen Schlagzeilen. Sein Freund Abramoff war wegen Betrugs verurteilt worden: Er hatte Lobbygelder von Indianerstämmen, die einander wegen ihrer Casinopläne bekriegten, an Reed weitergeleitet, der wiederum im Wahlkampf Glücksspiele als »unchristlich« gebrandmarkt hatte. Nicht seine einzige Heuchelei: Er hatte vom Flugzeugbauer Boeing Wahlkampfspenden bekommen und mit diesen Geldern eine christliche *Grassroots*-Bewegung finanziert, die forderte, freien Handel mit China zuzulassen – im Interesse von Boeing.

Selbst vereint hatten Falwell, Robertson und Reed es nicht vermocht, dem aus Arkansas stammenden Clinton, der den reuigen Prediger ton der Southern Baptists trifft, die Mehrheit dieser Wähler abzunehmen. Der erste republikanische Präsident, der die Demokraten in diesem Wählersegment abhängte, war George W. Bush. Diesen Erfolg würden die Evangelikalen gerne bei den kommenden Wahlen wiederholen. Dazu aber brauchen sie eine starke Lobby in Washington. Doch die gibt es nun. 2009, mit dem Aufkommen der Tea Party, entstand eine christliche Dachorganisation, die sich für Familienwerte und eine starke Landesverteidigung einsetzt und die Republikaner unterstützt, insbesondere wenn sie der Tea Party nahestehen: die Faith and Freedom Coalition. Deren Mantra lautet: Amerika ist das großartigste Land der Welt. Gründer und Chairman ist der wieder-wiedergeborene Ralph Reed.

Die Religiöse Rechte ist nicht deckungsgleich mit der Tea Party, aber rund die Hälfte der Tea Partier stimmen mit ihren Wertvorstellungen überein. Auch mögen beide Gruppierungen dieselben Politiker: Rick Santorum, Mike Huckabee, Sarah Palin, Michele Bachmann, vor allem aber Perry. Dem raubeinigen Cowboy wird am ehesten zugetraut, sich in Washington durchsetzen zu können. Noch haben die christlichen Rechten keine Wahlempfehlung ausgesprochen, aber wenn sie sich zwischen Obama, Romney und Perry entscheiden müssen, wird Letzterer das Rennen machen.

Remember the Alamo!

Texas hat drei große Städte, in denen mehr als die Hälfte der 25 Millionen Texaner wohnen: Houston, Dallas Fort Worth und San Antonio. Die drei bilden das *Texas Triangle*, ein Dreieck in der grünen Tiefebene, mit Dallas Fort Worth im Norden, Houston im Südosten und San Antonio im Südwesten. Fort Worth ist eine alte Cowboystadt mit Grillrestaurants und Viehauftrieben für Touristen, während Dallas eine moderne Metropole mit Hochhäusern und Sportstadien ist. Die größte Attraktion von Dallas ist das Texas School Book Depository, ein Ziegelbau, von dessen 6. Stock aus John F. Kennedy erschossen wurde. Nahebei befand sich hier bis vor einigen Jahren das Conspiracy Museum. Dort erfuhr man, dass sich das Zentrum der Weltverschwörung in – wo sonst – New York City befinde, und zwar an der 345 East 46th Street (dort residierten damals das American Jewish Committee, die Anti-Defamation League, die Trilateral Commission und die Friedrich-Ebert-Stiftung). Der geheime Weltherrscher sei David Rockefeller. Auch Perry hat einmal, im Jahr 2007, eine Konferenz der »Bilderberger« in Istanbul besucht, das beschert ihm unter Verschwörungstheoretikern nicht viele Freunde. Vor den Toren der Stadt liegt die Ranch des berühmtesten, wenngleich fiktiven Sohnes von Dallas: J. R. Ewing, Ölbaron aus der TV-Serie ›Dallas‹.

Von Dallas aus führt die Interstate 45 gen Südosten nach Houston. Nach Südwesten verläuft die I-35 nach San Antonio. Neben der Interstate zockelt auf ausgeleierten Bahngleisen der Texas Eagle, der aus Chicago kommt. Die I-35 und der Texas Eagle passieren Waco. Hier haben im Februar 1993 FBI-Agenten sieben Wochen lang die Sekte der Davidianer belagert, deren Führer David Koresh sich einen Harem von 12- bis 14-jährigen Mädchen hielt. Nach einer Schießerei stürmte das FBI auf Befehl von Bill Clinton das Gelände mit CS-Gas, Panzern und Granatwerfern. Feuer brach aus und 76 Sektenmitglieder verbrannten, darunter zwanzig Kinder, zwei schwangere Frauen und Koresh selbst. Nicht weit weg davon liegt Crawford mit der

Ranch, auf der George W. Bush lebte, bevor er nach Dallas zog. Knapp hundert Meilen weiter südlich befindet sich Austin, mit dem prächtigen Texas State Capitol im Stil der italienischen Renaissance, wo Rick Perry regiert, und dem Herrenhaus Governor's Mansion, in dem er wohnt – oder vielmehr wohnen sollte, denn der Bau brannte 2008 bei einem Feuer ab und wurde noch nicht wieder gänzlich restauriert.

Die nächste Stadt an der I-35 ist New Braunfels, die Gründung eines deutschen Adeligen aus Mainz, wo es einen *historic district* mit vielen alten Häuschen, einer »Wursthalle«, einer »Musikhalle«, einer »Schlitterbahn« und einer traditionellen Gastwirtschaft gibt sowie sehr viel Kunstgewerbe. New Braunfels liegt kurz vor San Antonio, der ältesten Stadt von Texas, hundert Meilen nordöstlich der Grenze zu Mexiko. Am 2. März, dem Texas Independence Day, wird hier die »Schlacht um Alamo« gefeiert, die 1836 stattfand. Das Alamo ist eine rund 300 Jahre alte, weiß gekalkte Mission mitten in der Stadt, die im Krieg zwischen Texas und Mexiko als Fort diente; heute befindet sich ein Museum in dem Gebäude. Vor dem Museum steht eine kleine Bühne, Schauspieler in historischen Kostümen reden auf Spanisch und Englisch und spielen mexikanische Volksmusik. Es ist heiß. Neben mir sitzt ein bulliger Mann mit einem T-Shirt, auf dem steht: »My kid died for your freedom«, mein Kind starb für deine Freiheit.

Texas war im damaligen Krieg noch Teil von Mexiko, wie auch Kalifornien und das riesige Land dazwischen. Mexiko war ursprünglich eine spanische Kolonie gewesen, aber 1821 rebellierten die Mexikaner unter General Antonio López de Santa Anna gegen Spanien und gewannen. Die Spanier hatten die Amerikaner ermutigt, Texas zu besiedeln, um die Apachen zu bekämpfen. Aber nun war General Santa Anna Herrscher von Mexiko, und er stellte Forderungen an die Siedler: Sie sollten sich den Immigrationsgesetzen unterwerfen, Spanisch lernen, katholisch werden und Steuern zahlen – also ungefähr das Gleiche, was die USA heute von ihren Immigranten verlangen. Außerdem verbot Mexiko die Sklaverei. Im Jahr 1832 probten die *Texians*, wie sie genannt wurden, unter Sam Houston den Aufstand. Houston, ein schottisch-irischer Einwanderer, war der erste Gouverneur von Texas gewesen. Nachdem ihm seine Frau davongelaufen war, trat er zurück, ging zu den Cherokee, mit denen er früher schon gelebt hatte, und heiratete eine Cherokee-Frau. Aber drei Jahre später kehrte er nach Texas zurück, wo er zum Oberbefehlshaber der *Texians* gewählt wurde.

Die Schlacht um Alamo gilt als Wende im Krieg: Hier hatten sich im März 1836 hundert texanische Soldaten verbarrikadiert, gegen den Befehl von Houston übrigens, der glaubte, Alamo sei nicht zu halten. Und so war es auch: Mexikanische Soldaten unter Santa Anna, der die Armee anführte, stürmten das Alamo und metzelten fast alle Texaner nieder, darunter Davy Crockett, einen Politiker, Waldläufer und Volkshelden. (Über Crockett hat Hollywood mehr Filme gedreht als über die Titanic; in denen wurde er unter anderem von John Wayne, Johnny Cash und Billy Bob Thornton dargestellt.)

Nun schworen die Texaner Rache unter dem Motto: »Remember the Alamo!« Sechs Wochen nach der Schlacht sammelte Houston seine Armee zur Offensive. In der »Schlacht von San Jacinto«, an der Grenze von Louisiana, schlug Texas die Mexikaner. Santa Anna wurde gefangen genommen und gezwungen, Texas abzutreten. Erst ein Jahr später wurde er nach Mexiko zurückgeschickt; er zog sich auf seinen Landsitz in Veracruz zurück. Sam Houston, der die Unabhängigkeitserklärung unterzeichnet hatte, wurde zum Präsidenten der *Republic of Texas* gewählt. Houston hatte von Anfang an vor, Texas an die Vereinigten Staaten anzuschließen, es gab jedoch starke innenpolitische Gegner, die lieber autonom bleiben und die Indianergebiete im Südwesten erobern, Kalifornien annektieren und das Gebiet von Texas bis zum Pazifischen Ozean ausdehnen wollten. Letztlich setzte sich Houston aber durch. Unter Präsident James Polk, einem Demokraten, wurde Texas 1845 der 28. Staat der USA. Aber noch heute fühlt sich Texas im Herzen unabhängig.

Mexiko jedoch sah den Anschluss als Affront, es brach die diplomatischen Beziehungen zu den USA ab. Aber Polk hatte ohnehin vor, den ganzen Westen zu erobern, nach der Doktrin des »Manifest Destiny«, wonach es die göttliche Bestimmung der USA sei, sich über den gesamten Kontinent bis zum Pazifischen Ozean auszudehnen, eine Philosophie, aus der sich der *American Exceptionalism* herleitet.

Polk sandte Trüppchen von Aufklärern und Soldaten in den Wilden Westen und nach Kalifornien; gleichzeitig drängte er Mexiko, alle Gebiete nördlich des Rio Grande abzutreten. Dafür wollte er 25 Millionen Dollar zahlen. Mexiko war damals politisch instabil und Regierungen wechselten einander ab; aber keine davon wollte Territorium aufgeben. 1846 griff die mexikanische Kavallerie einen Stoßtrupp der US Army im Tal des Rio Grande an. Am 13. Mai erklärte Polk Mexiko den Krieg, wegen des »Angriffs auf amerikanischem Boden«, wie Polk sagte, obwohl es umstritten war, zu welchem der beiden Länder das Gebiet gehörte. Klar war, dass Polk die Provokation gesucht hatte.

Der Kongress hatte dem Mexikanisch-Amerikanischen Krieg zwar zugestimmt – der letztlich ein Angriffskrieg war, um das Territorium zu erweitern –, aber die Repräsentanten waren sich darüber lange nicht einig gewesen. Die Demokraten hofften, bei einem Sieg mehr Sklavenstaaten in der Union zu haben, was ihre Position gestärkt hätte. Die Whigs waren aus diesem Grund dagegen. Es dauerte nur zwei Monate, bis die US Army in das damals noch mexikanische Kalifornien vorgestoßen war. Als sie zwei Jahre später, im Februar 1848, Mexico City erobert hatte, kapitulierte Mexiko und verlor danach mehr als die Hälfte seines Territoriums.

Die USA gewannen dadurch alles Land westlich von Texas mit Ausnahme einiger weniger Indianerterritorien, darunter das spätere Oklahoma. Damit setzte sich ein Treck von landsuchenden Siedlern in Planwagen nach Westen in Bewegung. Washington schloss nun mit den Südstaaten den *Compromise of 1850*: Texas gab ein großes Areal an die Bundesregierung ab, das Teile des heutigen New Mexico einschloss (mit Ausnahme von El Paso), auch Teile von Colorado, Wyoming, Kansas und Arizona. In diesen Gebieten war Sklaverei nicht erlaubt – anders als in Texas, in dem schwarze Sklaven dreißig Prozent der Bevölkerung ausmachten. Dafür erließ Washington Texas alle Schulden. Aber die *Texians* sollten sich nicht lange an der neuen Freiheit erfreuen: Nur elf Jahre später, im Jahr 1861, nachdem Abraham Lincoln als Präsident gewählt worden war, erklärte Texas den Austritt aus der Union und schloss sich den *Confederate States of America* unter Jefferson Davis an. Sam Houston, der seine Loyalität zur Union wahrte, trat als Gouverneur zurück und Texas rüstete für den Bürgerkrieg auf.

Das Städtchen Madisonville liegt an der I-45, zwischen Dallas und Houston. Hier, am Lake Madisonville, stellt eine kleine Schar von Texanern eine Schlacht des Bürgerkriegs nach: den Kampf um El Camino Real, den Weg des Königs, einen alten Indianerpfad, der von Louisiana durch Texas bis nach Mexico City führt und heute besser bekannt ist unter dem Namen »Old San Antonio Road«. Die Schlacht um El Camino Real hat es nicht wirklich gegeben. Anders als im *Old South* spielen die Texaner eine fiktive Schlacht nach, nämlich: was gewesen wäre, falls die Unionstruppen im Bürgerkrieg in Texas einmarschiert wären. Die Feds wären, da sind sich die Texaner sicher, zurückgeschlagen worden. Bei ihrem *re-enactment*, sagt Major Dyson Nickle, der die Schlacht leitet, gewinnen am Samstag die Yankees, am Sonntag, also im entscheidenden Kampf, wird natürlich Texas siegen.

Die »Re-enacter« haben ihr Lager direkt am See aufgeschlagen. Zelte stehen hier, Kinder rennen herum und Hunde, vom Schäferhund bis zum Dackel. Dyson hat sein Pferd mitgebracht: Midnight, ein großer schöner Rappe, der nur auf ihn hört. Er lässt eines der Mädchen mal reiten. »Das Pferd muss wissen, wer der Boss ist«, mahnt Dyson. Midnight wirft sie nach zehn Minuten ab. Für das *Civil War re-enactment* kleiden sich die Freizeitkämpfer in historische Uniformen. »Natürlich wird nicht scharf geschossen«, erklärt Dyson. Die Pistolen seien nur mit Pulver geladen, nicht mit Kugeln. »Und wir schießen in die Luft, weil auch ein Pulverschuss aus nächster Nähe Verbrennungen verursachen kann.« Einer von Dysons Soldaten, ein junger Mann, hat ein großes, scharfes Messer dabei, ebenfalls ein historisches Design. Ich darf es anfassen, aber bitte vorsichtig!

Dyson interessiert sich für Geschichte. In Texas, erzählt er, gab es während des Bürgerkriegs zwar keine Scharmützel, aber Texas hat Truppen nach Georgia und Tennessee geschickt, um gegen die Yankees zu kämpfen. »Dabei wollten die meisten einfachen Leute im Süden die Sezession gar nicht, das haben ihnen die Sklavenbesitzer eingeredet, vor allem die in South Carolina.« Warum haben dann so viele mitgekämpft? »Weil sie den armen Weißen gesagt haben, wenn die Sklaven frei werden, dann ziehen sie in dem Häuschen neben euch ein.« Es habe übrigens damals einen reichen Texaner gegeben, der im Vertrauen auf den Sieg des Südens schon mal ein paar Dutzend Sklaven gekauft und sie nach Texas gebracht habe, weil er dachte, nach dem Krieg seien sie viel wert. »Das war natürlich eine Fehlkalkulation.«

Nach dem verlorenen Bürgerkrieg durchlebte Texas eine anarchische Phase, in der Veteranen die Dörfer plünderten. 1870 wurde der Staat als einer der ersten wieder in die Union aufgenommen. Kurz darauf beschloss Texas die Segregation der öffentlichen Schulen und erließ eine *poll tax*, was hieß, nur wer Steuern zahlte, durfte wählen. Bis weit ins 20. Jahrhundert blieben Demokraten an der Macht.

Viele Texaner haben deutsche Vorfahren, und nach dem Zweiten Weltkrieg kam nochmals ein Schub. »In vielen Kriegsgefangenenlagern gab es deutsche Soldaten, die arbeiteten dann hier auf den Farmen«, erzählt Dyson. »Man dachte damals erst, das seien Monster, aber dann haben wir gemerkt, das sind nur junge Soldaten.« Ein paar von denen seien geflüchtet und hätten texanische Frauen geheiratet. »Ich kenne ein paar Familien, die wie aus dem Nichts erst 1946 aufgetaucht sind, mit Namen, die es vorher nicht gab.« Fast 80 000 deutsche Kriegsgefangene waren nach dem Zweiten Weltkrieg alleine in texanische Lager gebracht worden, mehr als 400 000 waren es insgesamt.

Inzwischen dämmert es. Ein paar Frauen kochen Abendbrot am offenen Feuer, danach wird das Geschirr in Holzbottichen abgewaschen. Es soll ja authentisch sein (oder zumindest fast: auch Männer waschen ab). Es gibt Rippchen, Brot, Kartoffeln und Suppe. Ich sitze neben einem von Dysons Freunden, der mir erzählt, dass seine größte Sorge die derzeitige Lage in Mexiko ist. »Dort herrschen Mord und Totschlag«, sagt er. »Es gibt Städte, die gänzlich von Drogenbaronen regiert werden, die entführen sogar kleine Kinder und hängen sie als Warnung auf.« Deshalb seien auch viele von der Immigration von Mexikanern nicht so begeistert.

Dyson ist kein Tea Partier, aber er ist Republikaner, wenngleich kein überzeugter. »Ich wähle den Politiker, der am wenigsten Schaden anrichtet«, sagt er und fügt hinzu, das sei nicht Obama. Rick Perry findet er aber auch nicht so toll. »Der hat in seiner unendlichen Weisheit zugesicherte Bundesmittel für die Infrastruktur verfallen lassen«, sagt er. Dann steht Dyson auf, denn es kommen noch mehr Freunde, mit Pferden, die sie auf Anhänger geladen haben. »Jetzt, wo es mit der Wirtschaft so schlecht läuft, ist es für viele schwer, bei uns mitzumachen«, sagt Dyson. »Es gibt welche, die versetzen den Schmuck ihrer Frau, damit sie sich das Benzin leisten können.«

Eine Hand wäscht die andere: Was man Sponsoren schuldig ist

Jobs sind auch für Perry ein wichtiges Thema. Er sagt gerne, dass in seiner Zeit als Gouverneur in Texas mehr als eine Million neue Jobs entstanden seien, während überall sonst Arbeitsplätze verloren gegangen seien. Und das liege daran, dass Texas wenig Bürokratie und geringe Steuern habe. Texas hat zwar tatsächlich geringe Gewerbesteuern und keine staatliche Einkommenssteuer. Aber trotzdem sind die meisten dieser Jobs, so schrieb die ›Washington Post‹, im öffentlichen Dienst oder beim Militär entstanden – Texas hat immer noch viele Militärbasen. 2009 etwa bekamen das Militär und die NASA der ›Washington Post‹ zufolge allein in Texas 227 Milliarden an Bundesmitteln. Andere

Jobs wurden mithilfe der Stimulus-Gelder aus Washington geschaffen, von denen Texas 25 Milliarden Dollar erhielt. Und während die Zahl der texanischen Jobs im öffentlichen Sektor um 6,4 Prozent stieg, ging sie im privaten Sektor um 0,6 Prozent zurück. Die Arbeitslosigkeit in Texas liegt bei über acht Prozent.

Ein Gutteil dieses Wachstums liegt an der Immigration. In den letzten zehn Jahren kamen fünf Millionen Einwanderer, meist aus Mexiko, weshalb der Staat Stellen für Lehrer, Polizisten und Verwaltungsangestellte schuf. Und von den Jobs im privaten Sektor sind viele im Mindestlohnbereich; hier liegt Texas (mit Mississippi) an erster Stelle, auch deshalb, weil Arbeitgeber nicht verpflichtet sind, Gewerkschaftler einzustellen. Ein Viertel aller Texaner ist nicht krankenversichert. Texas hat innerhalb der USA eine der höchsten Raten an Kinderarmut und Teenager-Schwangerschaften und es hat das ineffizienteste *food stamps program* (staatliche Essensmarken für Arme).

Perry findet, dass Texas damit auf dem richtigen Weg ist. Seinem Buch ›Fed Up!‹ zufolge ist Amerika bereits im New Deal entgleist. Damals hätten ein »arroganter Präsident Roosevelt, ein dreister Kongress und ein gefügiger Supreme Court« dafür gesorgt, dass die Bundesregierung Mindestlöhne und Kontrollen für die Industrie einführte, die Gewerkschaften schützte, die Wall Street regulierte und die Renten für ältere Amerikaner garantierte. Dabei sei die Social Security, die Rente, ein »Ponzi scheme«, ein betrügerisches Pyramidensystem, das auf ganzer Linie versagt habe und abgeschafft gehöre oder wenigstens in die Hände der Bundesstaaten. Starker Tobak, aber erst, als Perry seine Kandidatur erklärte, gab es einen Aufschrei – viele Wähler der Republikaner, und gerade die, die bei den Vorwahlen ihre Stimme abgeben, sind Rentner. Seine Konkurrenten, allen voran Bachmann, schlachteten den Fauxpas gründlich aus. Perry ruderte schnell zurück: Er habe das eher theoretisch gemeint. Sollte er Präsident werden, werde er die Rente nicht abschaffen.

Aber Perry hat durchaus auch gute Jobs geschaffen – für gute Freunde. In Texas gibt es, so berichtet die ›New York Times‹, über 600 Agenturen, Kommissionen und Behörden, viele davon eigentlich unnütz, aber wichtig für den Gouverneur, der auf diese Weise Förderer seiner politischen Karriere mit Posten versorgen kann. Fast ein Viertel der 81 Millionen Dollar, die Perry für seinen letzten Wahlkampf als Gouverneur eingesammelt habe, stamme von Leuten, die er in Aufsichtsräte und in staatliche Kommissionen gesandt habe, so die ›Times‹. 150 Großspender, die ihm insgesamt 37 Millionen Dollar gegeben haben, hätten anschließend entweder Steuernachlässe, staatliche Aufträge oder eine Ernennung durch Perry erhalten. Darunter war beispielsweise Harold Simmons, ein Milliardär aus Dallas, der Perry etwas mehr als eine Million Dollar gab und der vom Gouverneur die Genehmigung für eine Atommülldeponie bekam – ohne Ausschreibung. Eine Ingenieursfirma aus Houston, die Perry über 320 000 Dollar spendete, erhielt mehrere Verträge vom Staat, außerdem wurde ihr Chef James Dannenbaum von Perry in den Aufsichtsrat der University of Texas berufen.

Der Gouverneur schuf auch zwei staatliche Töpfe für die Wirtschaftsförderung. Mehr als ein Viertel der Firmen, die daraus Gelder von insgesamt 16 Millionen Dollar bekamen, haben ihrerseits an Perry oder die Republican Governors Association gespendet, deren Vorsitzender er ist. Dabei trifft der Gouverneur selbst die Entscheidung über diese Förderung, nicht etwa ein unabhängiges Gremium, wie es in anderen Staaten üblich ist. Am liebsten aber vergibt Perry Posten bei der Texas A&M University, deren Absolvent er ist. So hievte er Wendy Lee Gramm sowohl in die Texas Tax Reform Commission als auch in den Aufsichtsrat der A&M – beides gut bezahlte Posten. Ihr Gatte Phil Gramm, Senator in Washington, hatte von seinen Spendengeldern 610 000 Dollar für Perrys Wahlkampagne im Jahr 2002 abgegeben.

Was gerade konservative Texaner ihrem Gouverneur Perry besonders übel nehmen, ist ein Gesetz von 2007, das Schulmädchen ab dem Alter von zwölf Jahren zu einer Impfung mit dem umstrittenen Medikament »Gardasil« verpflichtete, das gegen Gebärmutterhalskrebs helfen soll. Der Lobbyist des Impfstoffherstellers Merck, Mike Toomey, ist ein früherer Mitarbeiter von

Perry und heute laut ›Wall Street Journal‹ dessen Spendensammler für seine Präsidentschaftskandidatur. Nach einem öffentlichen Aufschrei kassierte das Parlament in Austin das Gesetz wieder. Perry entschuldigte sich dafür: Ihm sei nicht klar gewesen, dass die Bürger bei der Vorsorge gefragt werden wollten. Bachmann machte dies Perry in einer der Debatten zum Vorwurf, aber der Gouverneur reagierte patzig: Er habe von Merck 5000 Dollar für den Wahlkampf erhalten, wer glaube, dass er dafür käuflich sei, beleidige ihn. Wie zu erwarten, wurde er dafür mit Hohn übergossen: »Wie teuer ist er denn?«, fragten Ron-Paul-Anhänger auf dessen Foren. Dabei stimmt die Zahl noch nicht einmal: Fox News zufolge waren es mindestens 29 500 Dollar.

Eine noch größere Nähe pflegt Perry zur Ölindustrie. Die hat in Texas allein im Jahr 2006 Subventionen von 1,4 Milliarden Dollar erhalten, wie das dafür zuständige Amt für Rechnungsprüfung ausrechnete. In seiner Zeit als Gouverneur hat Perry rund elf Millionen Dollar an Wahlkampfspenden von Ölbaronen eingenommen – dafür tut er ihnen den Gefallen und nennt den Klimawandel eine »komplett unbewiesene Theorie« mit gefälschten Beweisen, so ähnlich wie die Evolution. Wahrscheinlich sind da dieselben Fälscher am Werk, die heimlich Dinosaurierskelette im Grand Canyon vergraben haben (wie manche Evangelikalen glauben). »Perry«, meint Leon Smith, der Chefredakteur des ›Iconoclast‹ aus Crawford, der langjährigen Heimat von George W. Bush, »ist in der Hand der Konzerne und der Ölindustrie«, Perry wusste immer schon, wo der Speck hängt. Als er noch Demokrat war, stimmte er für eine Steuererhöhung von 5,7 Milliarden Dollar, die größte in der Geschichte von Texas, und versuchte, ein Gesetz durchzubringen, das die Saläre der Abgeordneten und Senatoren verdreifachte.

Aber Perry kann nicht nur geben, sondern auch nehmen: Er hat in Texas eine Initiative durchgesetzt, die sich gegen *trial lawyers*, Anwälte in Zivilverfahren richtet, die er für Jobkiller hält. Die Gesetze wurden so geändert, dass der Verlierer eines Prozesses die Kosten für das Gericht und den gegnerischen An walt übernehmen muss. Damit will Perry Schadensersatzprozesse gegen Firmen, vor allem aber gegen Ärzte eindämmen. Praktischer Nebeneffekt: *Trial lawyers* gehören, neben Gewerkschaften und den Hollywood-Studios, zu den treuesten Spendern der Demokraten.

Perry geriert sich als der eigentliche Kandidat der Tea Party, und tatsächlich erfreut er sich dort vieler Sympathien. Aber er hat auch Feinde. Wes Benedict, der Washingtoner Direktor der Libertären Partei, hält den früheren Al-Gore-Wahlhelfer für einen Demokraten im Wolfspelz, während Doug Bandow vom gleichfalls libertären Cato Institute ihn die »Reinkarnation eines Know-Nothing Neokonservativen« nennt. In seinem Heimatort Paint Creek mögen sie ihn nicht mehr, weil er, der Karriere wegen, zu den Republikanern gewechselt ist. Und das Tea-Party-Fußvolk fürchtet, dass er ihnen als Präsident die Rente kürzen wird – was er bestritten hat –, und mehr noch kritisieren sie seine Haltung zur Immigration. Perry hat sich gegen den Grenzzaun zu Mexiko ausgesprochen, er unterstützt Einwanderung generell und er lässt die Kinder von illegalen Einwanderern in Texas studieren – zu den gleichen Gebührensätzen wie amerikanische Texaner. Er warf Kritikern gar vor, die hätten »kein Herz«.

Auch das republikanische Establishment ist skeptisch; Washington befürchtet, dass der texanische Cowboy keine Wählermehrheit bekommen könnte. Karl Rove, ein führender republikanischer Stratege, ebenfalls aus Texas, der lange als »Bushs Gehirn« galt, findet den Gouverneur »nicht präsidiabel«, besonders nach dessen Bemerkungen über Fed-Chef Bernanke. Bei der GOP gucken sich manche nach anderen Kandidaten um. Jeb Bush war im Gespräch, der Bruder von George W. Bush, Marco Rubio, ein Senator aus Florida, Paul Ryan, der Wisconsin im Repräsentantenhaus vertritt und der bei den Budgetverhandlungen des Sommers führend war, Mitch Daniels, der Gouverneur von Indiana, und Chris Christie, der Gouverneur von New Jersey.

Christie gilt seit Anfang 2010 als republikanischer Hoffnungsträger, seit er den Demokraten Jon Corzine abgelöst hat, einen früheren Goldman-Sachs-Banker, der nach einer auch für die

Staatskasse kostspieligen Liebesaffäre abgewählt worden war. Christie, der zuvor Generalstaatsanwalt war, trat in New Jersey als Anti-Korruptions-Kämpfer an. Der recht übergewichtige Politiker, dessen vorderstes Anliegen die Bekämpfung der Gewerkschaften im öffentlichen Dienst ist, hat das robuste Auftreten und die klare Sprache, die Konservative mögen. Er ist das Ostküstenäquivalent zum texanischen Cowboy: der Tough-Talker im Tony-Soprano-Stil. Und als Gouverneur eines großen Staates hat er Regierungserfahrung. Aber auch er hat Schwachpunkte. Ihm wird vorgeworfen, dass er als Generalstaatsanwalt zu milde gegenüber Wirtschaftskriminellen war, wenn die den Republikanern nur hinreichend nahestanden. Und seine Beliebtheit in New Jersey hat schwer nachgelassen, nachdem er knapp drei Milliarden Dollar an Bundesgeldern für einen dringend benötigten Eisenbahntunnel von New Jersey nach Manhattan zurückgegeben hat. Zur Realisierung des »Hudson River Rail Tunnel Projekts« hätte Christie aber für den Straßenbau vorgesehene Komplementärmittel des Staates umlenken müssen, und das wollte er nicht.

Damit dürfte er auf der Linie der eisenbahnfeindlichen Tea Party liegen, nicht aber mit seinen Bemerkungen zu den Anti-Scharia-Gesetzen, die er für »schwachsinnig« hält und für »unamerikanisch«; er hat sogar einen Richter ernannt, der Moslem ist. Er glaubt auch nicht, dass die globale Erwärmung von liberalen Klimaforschern erfunden wurde, um Autofahrer zu ärgern. Und was Immigration angeht, ist er fast auf der Linie von Perry: Auch er findet, dass die Kinder illegaler Immigranten studieren dürfen sollten, nur eben ohne staatliche Studienzuschüsse. Einer Klage von 26 Staaten gegen ObamaCare vor dem Supreme Court hat er sich ebenfalls nicht angeschlossen.

Christie wird von vielen Republikanern bedrängt, die Angst haben, mit Perry oder Romney gegen Obama zu verlieren. Einer davon ist Michael Gerson, Redakteur des Murdoch-eigenen ›Weekly Standard‹ und Kolumnist bei der ›Washington Post‹ – übrigens einer derer, die auf jener Kreuzfahrt im Sommer 2008 Sarah Palin in Alaska besuchten. Manche einflussreichen Republikaner fragen sich, was sie denn noch tun müssten, um Christie zu überzeugen, doch anzutreten. In New Jersey hat sich – so berichtete die ›New York Times‹ – eine informelle Gruppe gegründet, »Draft Christie«, rekrutiert Christie, die den Gouverneur bewegen will, mit ihrer finanziellen Unterstützung gegen Obama zu kandidieren. Deren enthusiastischster Vertreter ist der ›Times‹ zufolge Kenneth G. Langone, der Gründer der Baumarktkette Home Depot, der wie Christie Italo-Amerikaner ist und zuvor schon Rudy Giuliani unterstützt hat, außerdem gehören dazu die Hedgefonds-Manager Paul E. Singer, David Tepper und Daniel S. Loeb sowie Charles Schwab, Vorstand der gleichnamigen Investmentberatung, der Investor Stanley F. Druckenmiller und – wer hätte das gedacht? – David H. Koch. Christie selbst allerdings betonte immer wieder, er habe kein Interesse an der Präsidentschaft, zuletzt bei einem Auftritt in Kalifornien im September 2011, wo er sagte, er habe es »nicht in sich«. Allerdings: Es ist durchaus möglich, dass einer der anderen Kandidaten ihn bittet, sein Vizepräsident zu werden.

Die A&M University, Agricultural and Mechanical University, ist ein heller, großer Campus in College Station, einer Kleinstadt fast in der Mitte des *Texas Triangle*, am George Bush Drive (benannt nach dem Älteren). Hier befinden sich auch das Barbara Bush Parent Center und die George Bush Presidential Library in einem vergleichsweise schlichten, aber formschönen Gebäude aus hellem Marmor. Zu den Förderern der Bücherei gehören die Herrscher von Kuwait und die Familie von Bandar bin Sultan bin Abdul-Aziz Al Saud, dem früheren saudischen Botschafter in den USA. In einem Saal laufen Filme über das Leben von Bush. In einer Ausstellung über chinesische Kunst hängen Plakate, welche die »ewige Freundschaft mit China« preisen.

Die A&M wurde 1876 für die Söhne von Farmern und Ranchern eröffnet, die dort Viehzucht, Landwirtschaft und Militärwesen studierten. Seit den sechziger Jahren sind Schwarze und Frauen zugelassen, aber die A&M blieb konservativ. Über die *Aggies*, ihre Studenten, werden gerne Witze gemacht (»Warum tragen Aggies Schuluniformen aus Polyester? Weil es weit und breit keine jungfräuliche Schafwolle mehr gibt.«).

Auch Perry ist ein *Aggie*. 1968, während Schwarze um ihre Rechte kämpften und die Innenstädte brannten, war er *Yell Leader* an der Uni, eine Art männlicher Cheerleader bei Sportwettkämpfen, der mit Gebrüll das Team anfeuerte. In den Semesterferien ging er Bibeln verkaufend von Tür zu Tür. Er war auch Mitglied des universitätseigenen Corps of Cadets, einer Art paramilitärischer Truppe der Uni. Beim Corps habe er jene Disziplin gelernt, die ihm geholfen habe, das Studium zu beenden und zur Airforce zu gehen, sagte er bei seiner Antrittsrede als Gouverneur: »Ich war nicht besonders geeignet für ein Leben außerhalb des militärischen Apparats.« Denn Perry schlug gerne über die Stränge, vor allem, wenn er sich an jemandem rächen wollte: Einmal – so berichtete die ›Texas Tribune‹ – sperrte er in den Weihnachtsferien Hühner in die Stube eines Kommilitonen, über den er sich geärgert hatte. Der Gestank blieb wochenlang in den Räumen. Ein anderes Mal warf er wasserfeste Feuerwerkskörper in die Toiletten, die explodierten, sobald ein Erzfeind das WC benutzte. »Perry suchte sich die, die er nicht mochte, sorgfältig aus«, sagte John Sharp, ein Kommilitone und späterer Senator, der ›Texas Tribune‹. »Wenn es dich traf, dann konntest du sicher sein, dass dich jeder andere ebenfalls hasste.«

Ich wohne bei Patrick und David, zwei Professoren, die an der A&M lehren und im nahen Städtchen Bryan wohnen. Heute ist hier eine *Gallery Night*, wo Galerien in alten Lofts ausstellen und Wein ausschenken. Texas hat auch eine liberale, manchmal gar anarchistische Tradition. Ann Richards, als Gouverneurin die Vorgängerin von George W. Bush, war liberale Demokratin. Janis Joplin kommt aus Texas, der Musiker Woody Guthrie, der Sänger Kinky Friedman, der Journalist Dan Rather und die Kolumnistin Molly Ivins, die Bush den Spitznamen »shrub« verpasste, Gebüsch. Houston hat sogar eine offen lesbisch lebende Bürgermeisterin, Annise Danette Parker.

David versucht, für mich einen Republikaner zum Gespräch aufzutreiben, aber hier im Szeneviertel findet er nur einen Libertären, den er kennt, Brad. Brad sagt, er sei gegen die Demokraten, weil die für *big government* stünden. David meint, Bush habe den Regierungsapparat doch noch viel mehr aufgeblasen. Brad verzieht das Gesicht, als habe er Zahnschmerzen, und sagt, ja, das habe ihm an Bush auch nicht gefallen. Wer sein Lieblingspräsident war, interessiert mich. »Bill Clinton.« Dann schneit Andy herein, der aus Deutschland emigriert ist und Biologie lehrt. »Wir haben hier viel Lebensqualität, ein schönes, großes Haus, aber die Religiosität geht mir auf den Keks«, sagt er. So gebe es Kollegen, die in ihren Dissertationen Jesus für seine Hilfe dankten. »Und einige A&M-Professoren akzeptieren die Evolutionstheorie nicht.« Sie verlangten, dass in den Lehrbüchern an der Uni und in Schulen die biblische Schöpfungsgeschichte als gleichwertig dargestellt werde. »Für einen Wissenschaftler ist das unmöglich.«

Nicht in Texas. Im September 2009 hat das zuständige Board of Education tatsächlich angefangen, eine Überarbeitung der Schulbücher zu diskutieren. Und während Tea Partier und Waffen tragende NRA-Mitglieder in Austin draußen vor der Tür demonstrierten, setzte sich drinnen, im Capitol, die Mehrheit der Republikaner durch. Nun wird die nächste Generation von Schulbüchern den texanischen Kindern die Überlegenheit des Kapitalismus beibringen und die gloriose Rolle der Konföderation im Bürgerkrieg; dafür wird der Atheist Thomas Jefferson weggelassen. Der Sklavenhandel sollte sogar in »Atlantic triangular trade« umbenannt werden (das geschah dann aber doch nicht). Texanische Schüler sollen auch die Kehrseite der Bürgerrechtsbewegung kennenlernen, wie die gewalttätigen Black Panther. Hingegen darf die positive Rolle von Joseph McCarthy nicht zu kurz kommen, zu würdigen ist aber auch die Reagan Revolution, die Heritage Foundation, die Moral Majority und, natürlich, die NRA.

Was Texas tut, wirkt sich in ganz Amerika aus, denn Schulbuchverlage drucken nur Bücher, die ihnen große Staaten mit vielen Schulen abnehmen. Das heißt, Oklahoma oder Nebraska kaufen texanische Schulbücher. Dabei ist Texas nicht gerade ein

Vorbild, was die Schulbildung angeht. Der ›Washington Post‹ zufolge steht der Staat an letzter Stelle, was die Zahl der Erwachsenen mit Highschool-Abschluss angeht, und an 44. Stelle – von fünfzig –, was die staatlichen Ausgaben pro Schüler anbelangt.

Am liebsten würden die christlichen Rechten, aber auch die Tea Party, das Department of Education in Washington ganz abschaffen und christliche Privatschulen fördern, was schon Jerry Falwell forderte. Eines der Vehikel dazu sind *vouchers*, vom Staat oder der Kommune ausgegebene Gutscheine, mit denen begabte, aber finanziell schlecht gestellte Schüler auf private Schulen gehen können oder auch auf sogenannte *charter schools*, öffentliche Schulen, bei denen die Eltern den Lehrplan und die Klassenbelegung mitbestimmen können. De facto geht es um verdeckte Segregation, denn auf diese Weise hält man arme schwarze Kinder von solchen Schulen fern.

Am nächsten Morgen besuche ich eine *megachurch*, die Central Baptist Church. Da Bryan klein ist, hat die *megachurch* hier nur 4000 Plätze und sie ist sogar halb leer – aber immerhin hochmodern ausgerüstet. Der Pfarrer läuft in Jeans und T-Shirt auf einer Art Bühne auf und ab, ein Mikrofon in der Hand, und wird dabei auf einen großen Bildschirm projiziert; so wirkt er mehr wie ein Conferencier in Las Vegas als ein Mann Gottes. Seine Predigt ist aber streng konservativ: Er redet erst über das Militär – gut! –, dann über Sex mit jungen Mädchen – nicht so gut! – und dann über Homosexualität – gar nicht gut, das sei eine Sünde, denn die verstoße gegen die Gebote Gottes. Man müsse aber Gott gehorchen, sonst ergehe es einem wie den alten Israeliten, die von Gott abgefallen und dafür bestraft worden seien. Eine Frau, die mich als »gefallene Seele« erkennt, ergreift während des Gottesdienstes meine Hand. Auf dem Rückweg höre ich im Radio einen der vielen christlichen Sender; der Pfarrer schimpft über CNN und nennt es »Chicken Noodle Network«.

Weil die Kirche in Texas schon um zehn anfängt, bin ich vor dem Mittagessen wieder bei Patrick und David. David erzählt mir, dass er im Gemeinschaftsraum der Uni CNN nicht laufen lassen kann, weil seine Studenten den Sender für linksradikal halten. Wenn es nach denen ginge, würden sie Fox News gucken, das will er aber nicht – und so schaltet er Bloomberg TV an. »Das ist zwar langweilig, aber da werden sie wenigstens nicht indoktriniert.« David findet, dass die Religiöse Rechte viel zu viel Einfluss auf die Politik habe. Perry habe beispielsweise ein »Sonogramm-Gesetz« verabschiedet, wonach Frauen vor einer Abtreibung gezwungen würden, sich ein Ultraschallbild des Fötus anzusehen und sich dessen Herzschlag anzuhören. Dazu wird – ohne Betäubung – eine Sonde in die Vagina geschoben. Das soll auch bei Opfern von Vergewaltigung und Inzest gemacht werden. »Er will Frauen bestrafen«, sagt David. »Er ist einfach nur ein Sadist.« Schon zuvor hatte Perry die Abtreibungsgesetze in Texas verschärft und die Mittel für die Organisation Planned Parenthood gestrichen. Denn Planned Parenthood, sagte der republikanische Abgeordnete Jon Kyl, verwende neunzig Prozent seiner Mittel, um Abtreibungen zu finanzieren. Als ihm vorgehalten wurde, dass dies weit übertrieben sei, meinte er, dies sei nicht als »faktisches Statement« gemeint gewesen.

Perry steht in der Abtreibungsfrage nicht allein. Alle Politiker, welche die Stimmen der Tea Party abgreifen wollen, versuchen, derartige Gesetze durchzusetzen, in den Bundesstaaten und in Washington. Das sind vor allem Rand Paul, Ron Paul und Michele Bachmann sowie Jim DeMint, Senator aus South Carolina, der für ein Verbot der Abtreibung ist, selbst wenn das Leben der Mutter in Gefahr ist. Zudem haben mehr als zwanzig Staaten – von Iowa bis Florida – Abtreibungen nach der zwanzigsten Woche verboten und gleichzeitig eine obligatorische Beratung und längere Wartezeiten eingeführt. Für Frauen auf dem Land heißt das, sie müssen mehrmals in die nächste Großstadt fahren, womöglich Hunderte von Meilen.

In Alaska, Mississippi, Oklahoma, South Dakota und West Virginia müssen die Berater den Frauen erzählen, Abtreibung verursache Brustkrebs. In Oklahoma, North Dakota, Idaho, Missouri, Kentucky und Utah dürfen private Krankenversicherer keine Abtreibung mehr bezahlen. Virginia will 17 von 21 Abtreibungskliniken schließen, angeblich aus baurechtlichen Gründen. Und auch Scott Walker in Wisconsin lehnt Abtreibung kategorisch ab. Er will es außerdem Apothekern freistellen, ob sie die Pille verkaufen, und er will die Abgabe von Verhütungsmitteln an Minderjährige verbieten.

Doch der konservative Rollback der Tea Party beschränkt sich nicht nur auf Verhütung und Abtreibung. Mississippi hat Sexualerziehung in den Schulen eingeführt, die bei der Aufklärung in Fragen der Verhütung einzig auf Abstinenz setzt. In Georgia wird gar ein Gesetz debattiert, wonach nicht nur illegale Abtreibungen, sondern auch Fehlgeburten, bei denen »menschliches Zutun« im Spiel war, mit dem Tod oder lebenslanger Haft bestraft werden sollen. Und selbst wenn Frauen Kinder bekommen, passt das manchen christlichen Politikern nicht: Mike Huckabee kritisierte die Schauspielerin Natalie Portman, weil sie mit dem Vater ihres Kindes nicht verheiratet ist.

Gegen die Schwulenehe ziehen die Tea Partier und die Religiösen Rechten genauso zu Felde, am liebsten wollen sie die bundesweit verbieten. Dazu soll ein Verfassungszusatz dienen, den auch Rick Perry unterschreiben will. Plötzlich spielen also Schwüre, für *states' rights* einzutreten, keine Rolle mehr. Dabei haben gerade Republikaner in dieser Hinsicht mit vielen Skandalen zu kämpfen: Da gab es Larry Craig, Senator aus Idaho, der auf einer Flughafentoilette beim »Füßeln« mit einem Zivilpolizisten erwischt wurde; dann den Evangelikalenführer Ted Haggard, der sich von einem Mann »massieren« ließ; Bob Allen, einen Abgeordneten aus Florida, der einem Zivilpolizisten im Park anbot, ihn gegen Entgelt oral zu befriedigen; sowie Mark Foley, der anzügliche SMS an junge männliche Büroboten im Kongress sandte. Und im Weißen Haus arbeitete unter Bush ein Reporter mit Pseudonym Jeff Gannon, der nie so recht nachweisen konnte, wo er veröffentlichte, aber gleichzeitig Callboy war.

Auch über Perry heißt es immer mal wieder, er sei schwul und überkompensiere nur. Ein anonymer Aktivist – womöglich einer seiner Konkurrenten – hat per Anzeige jedem Mann Geld geboten, der von einer sexuellen Begegnung mit Perry berichten könne.

Es ist gut möglich, dass Perry gar nicht so fromm ist. Bis 1995 besaß er Anteile an einer Videofirma, die Hardcorepornos herstellt. Es gibt Gerüchte, dass seine Frau gedroht habe, ihn wegen Untreue zu verlassen (was Perry bestreitet). Und Fred Zeidman, ein Anwalt aus Houston, der Perry lange kennt, meinte, als er nach dessen Frömmigkeit befragt wurde: »Von uns kann sich keiner daran erinnern, dass er jemals besonders gläubig war.« Er fügte milde hinzu: »Aber vielleicht ist es uns bloß nicht aufgefallen.«

Und auch die »Civil War re-enacter« in Madisonville sind nicht sonderlich beeindruckt von den Kreuzzügen ihres Gouverneurs. »Wieso verbringen unsere Politiker so viel Zeit damit, die Schwulenehe zu bekämpfen?«, fragt Dyson spitz. »Wie viele Jobs schafft das eigentlich?« Dann muss er los, um gegen die Feds zu Felde zu ziehen. Ich ärgere mich später, dass ich ihn nicht gefragt habe, ob ich mal auf seinem Pferd Midnight reiten darf, aber wer weiß, ob ich in Texas überhaupt krankenversichert wäre.

Populisten und Nashörner:
Was die Tea Party mag und was nicht

Palos Verdes liegt wunderschön, hoch über dem tiefblauen Meer. Weiß getünchte Villen stehen entlang gewundener Straßen, mit Palmen, Zitronenbäumen, Agaven, Blütenranken und sattgrünem, bewässertem Rasen. Die alte spanische Gründung ist heute eine wohlhabende kalifornische Gemeinde, ein Vorort von Los Angeles, aber weit weg von den Hochhäusern der Downtown. Hier wohnen June und Robert Bacon, ein älteres Ehepaar, die ihr ganzes Leben in Kalifornien verbracht haben.

Die Bacons sind besorgt über den Kurs, den Kalifornien und eigentlich das ganze Land eingeschlagen hat. »Die Gewerbesteuern sind viel zu hoch«, sagt Robert Bacon. »Die Industrie wandert ab, es gibt kaum noch Luft- und Raumfahrtunternehmen oder Autobauer. Nissan war die letzte größere Fertigung, und die sind wegen der Steuern nach Tennessee gegangen.« Ein pensionierter Richter, der bei den beiden zu Besuch ist, stimmt zu. »Und mit Brown wird es noch schlimmer«, knurrt er. »Brown wird garantiert die Steuern erhöhen.« Jerry Brown ist der neue, demokratische Gouverneur von Kalifornien, der Arnold Schwarzenegger abgelöst hat. Brown, ein ausgesprochener Linker, war schon mal von 1975 bis 1983 Gouverneur. Er hat Kalifornien nach Reagan saniert, aber das möchten Konservative heute nicht so gerne wahrhaben.

Ich frage vorsichtig, ob Steuern denn nicht notwendig seien für die Infrastruktur. Auf diese Frage hat der Richter gerade noch gewartet. »Wir bräuchten all diese Ausgaben nicht, wenn wir nicht so viele illegale Immigranten hätten!«, sagt er. »Die kosten uns Milliarden an Steuergeldern, für Schulen, für Krankenhäuser und vor allem für Gefängnisse!« Die Bacons nicken. June Bacon hatte für Browns konservative Gegenkandidatin gestimmt, Meg Whitman, die frühere eBay-Chefin, die heute Hewlett Packard leitet. »Die ist wenigstens eine gute Businessfrau.«

Der Richter hingegen macht sich vor allem Sorgen um die Kriminalität, obwohl die heute viel geringer ist als in den Siebzigern. »Als ich noch in Los Angeles gearbeitet habe, konnte man nicht vom Gerichtsgebäude zur U-Bahn laufen, ohne erschossen zu werden. Und das wird unter Brown wieder so werden.« Dann fügt er hinzu: »Aber Schwarzenegger war auch nicht viel besser. Der war ein echter RINO.« Ein heimlicher Demokrat also, ein Republican In Name Only. Und die mögen Tea Partier gar nicht. In New Orleans trat ein von den kalifornischen Republikanern gegründeter RINO Hunters' Club auf, der Aufkleber verteilte mit der Aufforderung, RINOs zu jagen.

Los Angeles ist, wie viele kalifornische Städte, eine alte spanische Gründung. Als die USA 1848 Kalifornien annektierten, war L.A. eine spanische Mission, umgeben von Hütten, in denen gerade mal ein paar Hundert Mestizen lebten. Sie lag zwischen dem heutigen Chinatown und der Cineasten bekannten Downtown mit der alten Union Station, dem wolkenkratzerartigen Rathaus, den historischen Hotels und dem Haus der ›Los Angeles Times‹, deren frühere Besitzer, die Chandlers, zu den Oligarchen gehörten, die L.A. lange beherrschten. 1876 erreichte die Eisenbahn von Chicago die Stadt, kurz darauf wurde Öl gefunden. Aber erst ab 1913 begann L.A. richtig zu wachsen, als der Ingenieur William Mulholland ein Aquädukt aus dem San Fernando Valley legte, das Wasser in die Wüstenstadt am Meer brachte. Leider trocknete das Valley dadurch aus; eine Geschichte, die der Film ›Chinatown‹ erzählt.

Heute ist Los Angeles ein riesiges städtisches Areal, so groß wie das Kosovo, dessen unzählige Orte und Vororte oft wenig miteinander zu tun haben. Die Downtown, lange No-go-Area, findet langsam wieder zur alten Pracht zurück: mit der Walt-Disney-Konzerthalle, der neuen Cathedral of Our Lady of the Angels und den glitzernden Hochhäusern des Financial District. Nahebei sind Little Tokyo, Little Armenia und Koreatown. Im Osten liegt Pasadena, im Süden Long Beach, der größte Frachthafen der USA, Anaheim mit Disneyland, aber auch Watts und South Central, wo schwarze, salvadorianische und mexikanische Gangs die Straßen beherrschen. Der letzte große Aufstand war hier Anfang der Neunziger, als vier weiße Polizisten den schwarzen LKW-Fahrer Rodney King fast totschlugen. In den tagelangen Krawallen, die folgten, nachdem die Polizisten freigesprochen worden waren, starben 53 Menschen.

Aber der Grund, warum die Tea Party Kalifornien und besonders L.A. nicht mag, liegt im Westen der Stadt. Hier kam 1913, im selben Jahr, als Mulholland das San Fernando Valley austrocknete, ein junger Regisseur an, Cecil B. DeMille. Er sollte im Auftrag der New Yorker Filmmogule Jesse Lasky, dem Gründer von Paramount, und Samuel Goldwyn einen Drehort für den ersten amerikanischen Western suchen: ›The Squaw Man‹. Eigentlich wollte DeMille das neue Studio in Flagstaff, Arizona, eröffnen, aber das fand er dann doch nicht geeignet. Und so wählte er Hollywood.

Die Scheune, die DeMille mietete, ist nunmehr ein Museum auf einem Hügel oberhalb des Hollywood Boulevards. Die Film- und Fernsehindustrie hat sich heute über halb Los Angeles ausgebreitet. Südlich des Sunset Boulevard liegt Paramount Pictures, in Culver City sind Sony Pictures und die 20th Century Fox, in Burbank drehen Disney, Warner Bros. und Universal. Aber Hollywood ist, so glauben viele Tea Partier, ein Sündenbabel und eine Bastion der Liberalen. Denn aus Hollywood kommen nicht nur viele Parteispenden für die Demokraten. In viele Filme – von ›Ice Age‹ über ›Brokeback Mountain‹ bis zu ›Avatar‹ – seien auch heimlich liberale Botschaften eingewebt.

Viele Filmstars der Traumfabrik leben in den Villenvierteln, die sich von Beverly Hills und Bel Air bis nach Venice Beach und Santa Monica erstrecken. Eines dieser Viertel ist Brentwood. Hier, in einer ausladenden mediterranen Villa mit Pool und Tennisplatz, lebt der »Terminator«: Arnold Schwarzenegger. Mittlerweile ohne seine Frau Maria, denn die packte die Koffer, als sie erfuhr, dass er mit der Haushälterin ein Kind hat. Aber nicht deshalb haben sich die Republikaner von ihm abgewandt. Schwarzenegger gilt als RINO par excellence. Schwarzenegger hat, das nehmen ihm seine kalifornischen Parteifreunde übel, eine Demokratin der berühmten Kennedy-Familie geheiratet, Maria Kennedy Shriver, er hat mit den Demokraten mehrmals den Haushalt von Kalifornien beschlossen, die Steuern erhöht, wenngleich bescheiden, er hat eine umweltfreundlichere Verkehrspolitik durchgesetzt und sich nicht wirklich gegen die Schwulenehe ausgesprochen. Und seine ganze Erscheinung, sein Akzent, sein Zigarrenrauchen, sein Popograbschen, wirkt für den durchschnittlichen Tea Partier beunruhigend europäisch. Das mögen sie schon gar nicht.

Schwarzenegger ist der bekannteste, aber nicht der einzige prominente RINO. Der New Yorker Bürgermeister Michael Bloomberg zählte dazu, bis er die Mitgliedschaft bei den Republikanern aufgab. Auch der frühere Außenminister der Bush-Regierung, Colin Powell, gilt als herausragender RINO. Sogar John McCain, der Senator aus Arizona, wird von manchen Hardlinern für einen RINO gehalten. Letztlich sind die RINOs von heute für die Tea Party das, was für die Goldwater-Republikaner die Rockefellers waren.

Aber die Tea Party lehnt nicht nur die RINOs und die Hollywood-Liberalen ab, eigentlich mag sie ganz Kalifornien nicht, einen Staat, der zu mehr als einem Drittel hispanisch ist, vor allem im Süden. In Phoenix wurde eine Delegierte aus Kalifornien mit den Worten begrüßt: »Sie Ärmste, gut, dass Sie von dort entkommen konnten.« In Kalifornien kann man das Phänomen des *white flight* beobachten, den Wegzug von konservativen mittelständischen Weißen nach Nevada, Idaho oder Arizona.

Verdächtige Mormonen

San Diego liegt im Süden von Los Angeles, und eigentlich ist die ganze südliche Küste von Kalifornien eine einzige lang gestreckte Stadt, von Santa Barbara, wo Ronald Reagan zuletzt wohnte, bis zur mexikanischen Grenze. San Diego ist eine Hafenstadt mit einem großen Militärflugplatz und einem berühmten Zoo. Im Vorort La Jolla residiert einer der bekanntesten RINOs Ame-

rikas: Mitt Romney. Und er ist gerade dabei, sich gemütlich ein-
zurichten. Im Sommer 2011 hat er seine Zwölf-Millionen-Dol-
lar-Villa abreißen lassen, die ihm zu klein war. Nun lässt er ein
vier Mal so großes Landhaus am Meer bauen. Es ist eines seiner
beiden Ferienhäuser, denn hauptsächlich lebt er in einem Vorort
von Boston. Das brachte ihm Kritik ein, nicht nur von Linken,
die fanden, es zeige, wie abgehoben der Multimillionär sei, das
meinten sogar Parteifreunde. Aber er brauche das größere Haus,
sagte er, denn er habe fünf Söhne, alle verheiratet, und 16 Enkelkinder. Immerhin: Der Mormone hat nur eine Frau.

Romney wollte bereits 2008 für die Republikaner nominiert
werden, unterlag damals aber knapp McCain. Danach sicherte
er dem Senator aus Arizona seine Loyalität zu, in der Hoffnung,
dass der ihn als Vizepräsident mit nach Washington nehmen
würde. Stattdessen entschied sich McCain für Sarah Palin. Nun
hofft Romney auf eine zweite Chance, und inzwischen klingt er
schon fast lächerlich konservativ – er bewundert nicht nur offen
Ronald Reagan, eine Pflichtübung für alle, die bei den Republikanern etwas werden wollen, er forderte beispielsweise auch einmal, die Zahl der Insassen in Guantanamo Bay zu verdoppeln.

Aber Romney ist bei der Tea Party als RINO noch verhasster
als Schwarzenegger. Denn während Arnie schon Geschichte ist,
hat Romney sehr gute Chancen auf die Präsidentschaft. In den
meisten Umfragen führt er das Feld an, noch vor Rick Perry.
Aber die beiden unterscheiden sich wie die Zwillinge in ›Twins‹,
dem Film mit Arnold Schwarzenegger und Danny DeVito. Perry
ist ein bauernschlauer evangelikaler Südstaatler, Romney ist gebildet, Mormone und aus dem Norden. Perrys Vater war Demokrat und arm, Romneys Vater war Republikaner und Vorstands-
vorsitzender von American Motors, außerdem Richard Nixons
Bauminister und Gouverneur von Michigan. Perry stand immer
im Sold der öffentlichen Hand, entweder beim Militär oder bei
der Staatsregierung, Romney hingegen war zwar ebenfalls Gouverneur, der von Massachusetts, vor allem aber ist er ein Geschäftsmann, der die Olympischen Winterspiele in Salt Lake
City erfolgreich gemanagt hat und der mit Bain Capital eine Pri-

vate-Equity-Gesellschaft besitzt, mit der er zum Multimillionär wurde.

Bain Capital verdient Geld, indem mithilfe von privaten Investoren Firmen gekauft, ausgeschlachtet und stückchenweise weiterverkauft werden. Dabei werden, wenn nötig, Fabriken geschlossen, Jobs vernichtet und Konkurse angemeldet, so ähnlich wie es Richard Gere alias Edward Lewis im Blockbuster ›Pretty Woman‹ getan hat, allerdings ohne reuiges Ende. Tatsächlich identifiziert sich Romney so sehr mit seiner Firma, dass er einem Fragesteller bei einer Wahlveranstaltung einmal zurief: »Konzerne sind auch Menschen!« In Kansas City schloss Bain Capital eine Fabrik, während die Schwesterfirma Bain & Company von einer Bundesbehörde Schulden erlassen bekam. Und in einer Fabrik in Indiana, die Bain Capital aufgekauft hatte, wurden 250 Arbeiter entlassen und einige davon später zu geringeren Löhnen wieder eingestellt.

Nicht nur die Demokraten werden damit im Wahlkampf punkten, auch Donald Trump hat Romney bereits vorgeworfen, dass der gar keine Jobs schaffe. Und einer von Perrys Strategen meinte, Amerika brauche keinen Präsidenten, der Arbeitsplätze aus Amerika nach Übersee verschiebe und damit reich werde. Dabei sollte man doch eigentlich vermuten, dass die Tea Party als Partei der fiskal konservativen Freunde der freien Märkte mit Romneys geschäftlicher Strategie kein Problem hat. Noch mehr aber macht ihm die Tea Party zum Vorwurf, dass er in Massachusetts »RomneyCare« eingeführt hat, eine kostenpflichtige Krankenkasse für alle. Und die Staatsregierung subventioniert auch noch die *working poor*, die sich die Beiträge nicht leisten können. RomneyCare wurde mit den Stimmen von Republikanern und Demokraten beschlossen, auch mit der Unterstützung der grauen Eminenz Ted Kennedy. Das Programm ist in Massachusetts beliebt, und es funktioniert. Das ist wahrscheinlich der Hauptgrund, warum Romney von Tea Partiern angefeindet wird.

Tea Partier werfen Romney überdies vor, er hänge sein Mäntelchen nach dem Wind. Und zu einem gewissen Grad stimmt das auch. Massachusetts hat unter dem Druck von politischen Aktivisten und Gerichten die Schwulenehe erlaubt; Romney hat als Gouverneur darauf mit einer Reihe von widersprüchlichen Verordnungen reagiert, die weder diejenigen zufriedenstellten, die darin ein Menetekel für das baldige Kommen des Satans sehen, noch die, für welche die Schwulenehe eine Grundsatzfrage der rechtlichen Gleichstellung ist. Er war erst für das Recht von Frauen auf Abtreibung, dann verbot er die Pille danach. Er hat einmal behauptet, er sei zeit seines Lebens Mitglied der National Rifle Association gewesen, während er der Waffenlobby tatsächlich erst beigetreten ist, nachdem er beschlossen hatte, sich um die Nominierung als Präsidentschaftskandidat zu bewerben. Trotzdem hat die Abneigung der Tea Party gegen Romney etwas Irrationales. Denn Rudy Giuliani, der offen für Schwulenrechte eintrat und drei Mal verheiratet war, bleibt von deren Zorn verschont. Vielleicht hat der Hass gegen Romney auch etwas mit seiner Vergangenheit zu tun: Sein Vater George Romney hat sich in den sechziger Jahren, als Barry Goldwater Präsident werden wollte, öffentlich gegen den Befürworter der Rassentrennung gewandt. Mitt, damals noch ein junger Praktikant, der für seinen Vater als Wahlkampfhelfer arbeitete, stand ihm zur Seite.

Und noch mehr spielt Romneys mormonischer Glaube eine Rolle, der bei Konservativen und speziell bei Evangelikalen nicht sonderlich beliebt ist. Nach Umfragen würde rund ein Viertel der Republikaner keinen Mormonen wählen. Robert Jeffress, Pfarrer einer Megachurch in Dallas und Perry-Unterstützer, erklärte gar, die Evangelikalen sähen die Mormonen als Anhänger eines Kults. Er fügte hinzu, Romney sei aber noch ein bisschen besser als Obama, der nach »unbiblischen Prinzipien« regiere. Es wird vermutet, dass Perry hinter diesem Statement steckt.

Der Mythos von Kalifornien als dem »goldenen Staat« entstand in Sacramento. Sacramento bestand ursprünglich nur aus einer Farm, die John Sutter angelegt hatte, ein Immigrant aus der Schweiz, der 1839 in das Tal des Sacramento River zog. Bald entstanden hier Mais- und Weizenfelder; Hunderte von Landarbeitern, viele davon deutsche Immigranten, hüteten Sutters Kühe und Schafe auf Indianerland. Sutter hatte es erst mit billigeren indianischen Sklaven versucht, aber von denen waren zu viele gestorben. Bald entstand ein kleines Dorf mit einer Schmiede, einer Bäckerei, einer Apotheke, einer Weberei, einer Schreincrei und einer Waffenkammer.

1848, als Kalifornien an Amerika fiel, fand Sutters Vorarbeiter an der Sägemühle ein mittelgroßes Nugget. Sutter bat ihn, das für sich zu behalten, aber der kleine Sohn seiner Köchin verriet das Geheimnis an ein paar durchreisende Männer. Es folgte der *goldrush*, unsterblich gemacht durch Charlie Chaplins Film. Glückssucher und Goldgräber, erst zu Hunderten, dann zu Hunderttausenden, zogen aus ganz Amerika nach Kalifornien. Auf der Suche nach Gold gruben sie Sutters Felder um, vergifteten den Sacramento River mit säurehaltigen Abfällen vom Goldabbau und legten im Suff Feuer in den Wäldern. Von den einst 300 000 kalifornischen Indianern überlebten keine 10 000. Sutter kehrte, nachdem seine Farm zerstört war, an die Ostküste zurück.

Zur Hauptstadt wurde Sacramento 1854, damit wurde die Stadt wohlhabend und bürgerlich. Ein klassizistisches Kapitol aus weißem Marmor wurde errichtet, dessen Kuppel mit einem goldenen Dach gekrönt ist. Hier herrscht heute Jerry Brown, dessen »Dream Act« kalifornische Schulen für die Kinder illegaler Immigranten öffnete. Das »Gold« aber, das Kalifornien heute reich macht, wird im Silicon Valley geschürft. Das Valley ist eigentlich eine endlose Folge von Vororten und campusartigen Hightech-Fabriken entlang dem Highway 101, zwischen San Francisco und San José. Hier sitzen Start-ups, IT-Unternehmen und Computerbauer wie Apple, Yahoo, Cisco, Google und eBay. Mitten im Valley liegt die Kleinstadt Palo Alto, wo die Stanford University residiert und Firmen wie Hewlett Packard und, bis vor Kurzem, Facebook. Die meisten Bewohner sind weiß, aber es gibt eine große asiatische Minderheit, wie überall in Nordkalifornien. Auch ein prominenter RINO ist in Palo Alto aufgewachsen, der ebenfalls seinen Hut als Präsidentschaftskandidat in den Ring geworfen hat: Jon Huntsman.

Huntsman ist ein Reagan Republican und eigentlich ein Traumkandidat. Als junger Mann hat er für die Ikone der Konservativen gearbeitet, danach ging er für George Bush sen. als Diplomat nach Singapur. Seine Kandidatur hat er wie zuvor schon Reagan im Liberty State Park angekündigt, mit der New Yorker Freiheitsstatue im Hintergrund. Das hat ihm bei Mitgliedern der Tea Party nichts genutzt. Aber auch der echte Reagan würde ja heute vor deren Augen keine Gnade finden.

Huntsman ist ebenfalls Mormone, er ist der frühere Gouverneur von Utah. Dort fing er 2004 an zu regieren; 2008 wurde er mit überwältigender Mehrheit wiedergewählt, nachdem er trotz Steuersenkungen den Haushalt ins Plus gesteuert hatte. Wie Romney hat Huntsman einen berühmten Vater, Jon Huntsman sen., Gründer der Huntsman Corporation. Das ist ein Chemiekonzern mit einem Jahresumsatz von neun Milliarden Dollar mit Sitz in Salt Lake City. Huntsman sen. legte den Grundstein für seinen Reichtum, als er den Styroporcontainer für den Big Mac erfand. Amerikanischer geht es nicht. Der 51-jährige Huntsman jun. war Vorsitzender der Huntsman Corporation, der Huntsman Cancer Foundation und der Huntsman Family Holdings Company.

Huntsman hat noch mehr Kinder als Romney – sieben – und seine Familie ist noch ein bisschen reicher als die des Konkurrenten. Man sollte meinen, dass der Kandidat, der auch für moderate Demokraten wählbar wäre und bei den Libertären vom Cato Institute beliebt ist, aus Sicht der Tea Party ein Glücksfall sei, aber weit gefehlt. Denn er hat mehrere fatale Fehler: Er glaubt an Evolution und globale Erwärmung, er warnt gar davor, dass die GOP keine Anti-Wissenschaftspartei werden dürfe. Ihm fehlen die innerparteilichen Kontakte zu den Parteistrategen. Und er war, das ist das Schlimmste, Obamas Botschafter in China. Er nannte den Präsidenten sogar einen »bemerkenswerten Führer«. Das hat ihn bereits bedenklich in die Nähe des als Kommunisten verdächtigen Amtsinhabers gebracht. Dass der Mormone, der seine Missionsjahre in Taiwan verbracht hat, auch noch Mandarin spricht, lässt ihn erscheinen, als werde er aus China ferngesteuert. Um das Maß voll zu machen, haben er und seine Frau ein chinesisches Mädchen adoptiert (und ein indisches). Zudem hat er als Gouverneur schwule Lebensgemeinschaften unterstützt. »Wen wir hier vor uns haben«, spottete das ›New York Magazine‹, »ist Nelson Rockefeller II.«

Salt Lake City ist wie eine Perle in der Wüste; eine weiße Stadt mit schnurgeraden Alleen, die auf einen gigantischen Tempel zulaufen. Die Stadt wurde um 1847 weitab der Zivilisation und von Washington gegründet, an einem riesigen Salzsee am Fuß der Rocky Mountains, im damals noch unerforschten Indianerland. Der Urahn der Mormonen, der Kirche Jesu Christi der Heiligen der Letzten Tage, wie sie offiziell heißt, war Joseph Smith. Dem New Yorker war eines Nachts im Traum ein Engel namens Moroni erschienen und hatte ihm den Weg zu einem goldenen Buch gewiesen. Nach jahrelanger Suche fand Smith das Buch, und er übersetzte im Verborgenen dessen Weisheiten; der Engel nahm danach das Buch wieder an sich und verschwand spurlos.

Das ›Buch Mormon‹ schreibt die Bibel in Nordamerika fort; es lehrt, dass die Stämme Israels ins heutige Amerika gezogen sind, ihre vom Glauben abgefallenen Nachkommen seien die Indianer. Smith scharte zwölf Apostel um sich, darunter Parley Pratt, einen der Ahnen von Huntsman, übrigens auch von Romney. Pratt, der wie alle frühen Mormonen ein Polygamist war, wurde jedoch von dem Ehemann einer seiner zwölf Frauen erschossen (und zum Märtyrer erklärt). Die Mormonen suchten erst in Missouri und dann in Illinois einen Ort für ihre neue Kirche. Aber aus beiden Staaten mussten sie flüchten, nachdem mehrere ihrer Mitglieder, darunter Smith, gelyncht worden waren.

Nach Smiths Tod übernahm Brigham Young die Führung. Young geleitete die Gemeinde nach Utah, weitab von jeglicher Zivilisation. Die Mormonen wollten endlich in ihrem eigenen Staat frei leben. Aber das war nur von kurzer Dauer. 1848, als die ersten Goldsucher durch Utah zogen, fiel der gesamte Westen des Kontinents an die USA. Washington war von einem autonomen Kleinstaat auf dem neu gewonnenen Territorium nicht begeistert; 1857 schickte Präsident James Buchanan Truppen. Young gelang es zwar, einen richtigen Kampf zu vermeiden. Aber die Mormonen wurden gezwungen, sich Washington zu unterwerfen. Als Utah 1896 ein Staat wurde, gaben sie die Polygamie auf, wenngleich sie von vereinzelten Sekten heute noch praktiziert wird. Auch Romneys Großvater war ein Polygamist. Er war sogar Anfang des letzten Jahrhunderts mit seinen Frauen nach Mexiko geflüchtet, um der Verfolgung durch die Bundesregierung zu entgehen. Dort wurde auch George Romney geboren. Übrigens: Als Romney gegen Nixon um die Nominierung der Republikaner kandidierte, bildete sich keine Birther-Bewegung, die es in Frage stellte, ob er überhaupt Amerikaner sei.

Mormonen glaubten nicht nur, dass Indianer abgefallene, von Gott gestrafte Ur-Gläubige seien, sie hielten auch lange daran fest, dass Schwarze nicht in den Himmel kommen könnten (den mormonischen Himmel). Erst 1978 wurde es (männlichen) Afroamerikanern erlaubt, Priester zu werden. Mormonen halten sich für Christen, diese Einschätzung wird von den christlichen Kirchen aber nicht geteilt. Insbesondere die Evangelikalen sind den Mormonen spinnefeind und das gilt nicht nur für Pfarrer Jeffress. Das ist eigentlich erstaunlich, denn beide Glaubensgemeinschaften sind einander nicht unähnlich, etwa was die Behandlung der Schwarzen und die Liebe zu den Israeliten angeht. Mormonen sind strikt gegen die Schwulenehe, lehnen Alkohol und Drogen ab und halten Familienwerte hoch. Andererseits mögen die Evangelikalen ja auch keine Moslems.

Romney, nach seinem mormonischen Glauben befragt, betont stets, dass es bei der Präsidentschaftswahl nicht um Religion gehe, während Huntsman seine religiösen Wurzeln nonchalant herunterspielt. Er sagte einmal in einem Interview, er sei in Los Angeles in eine lutherische Schule gegangen, seine Frau sei eine Episkopalin gewesen, seine Kinder seien auf einer katholischen Schule gewesen; und seine Adoptivtochter aus Indien sei eine Hindu. Das macht ihn bei der Tea Party natürlich noch verdächtiger. Der einzige Mormone, den sie mögen, ist Glenn Beck.

Aber der ist ja auch ein Konvertit. Beck allerdings mag die Huntsmans, er hält Huntsman sen., den Vater des Kandidaten, für den einzigen Mann in Amerika, der den Charakter eines George Washington habe. Die beiden RINOs wiederum sind einander nicht sonderlich grün. Huntsman glaubt – so schrieb das ›New York Magazine‹ –, dass Romney prinzipienlos sei, während Romney Huntsman für einen Spielverderber hält, der ihm den Weg zur Präsidentschaft verbaut.

Superschnellzug nach Nirgendwo

San Francisco symbolisiert, mehr noch als Hollywood, alles, was die Tea Party an den kalifornischen Liberalen hasst. In den sechziger Jahren war hier, in Haight-Ashbury, das Herz der Hippie-Bewegung, an der Berkeley University tobte der Protest gegen den Vietnamkrieg so heftig, dass der damalige Gouverneur Ronald Reagan die Nationalgarde schickte. In den siebziger Jahren kämpften die Schwulen an der Castro Street um gleiche Rechte; und mit Harvey Milk hatte San Francisco den ersten offen schwulen Stadtrat, dessen Lebensgeschichte mit Sean Penn in der Hauptrolle verfilmt wurde (den die Tea Party noch weniger mag als Milk). 25 Jahre später gab es hier mit Gawin Newsom den ersten Bürgermeister, der schwule Paare auch ohne Rechtsgrundlage verheiratete. Auch Nancy Pelosi, die frühere Fraktionsvorsitzende der Demokraten und für die Tea Party ein rotes Tuch, hat ihren Wahlkreis in San Francisco.

San Francisco, malerisch auf einer Halbinsel zwischen zwei gewaltigen Hängebrücken gelegen, ist die zweitgrößte Stadt Kaliforniens, aber sie wird von der Eisenbahn links liegen gelassen. Der Coast Starlight, der von Seattle kommt, hält nur in der Schwesterstadt Oakland und braucht dann an der pittoresken Küste entlang zwölf Stunden nach Los Angeles. Aber das soll sich ändern. Die California High Speed Rail Authority will einen Hochgeschwindigkeitszug bauen lassen, einen *bullet train*, wie dieser hier genannt wird, nach dem Superman-Motto »Faster than a speeding bullet«, schneller als eine Gewehrkugel. Der Zug soll San Francisco und L.A., eine Strecke wie von Hamburg nach München, in zweieinhalb Stunden verbinden. Er soll 43 Milliarden Dollar kosten. Schwarzenegger hat das Projekt unterstützt, er tat an einem seiner letzten Amtstage den ersten symbolischen Spatenstich. Auch Brown steht dahinter. Aber Kalifornien braucht dazu Geld aus Washington. Viel Geld. Die Obama-Regierung hat Kalifornien vier Milliarden Dollar versprochen, und amerikaweit waren eigentlich bis vor Kurzem in den nächsten zehn Jahren 53 Milliarden Dollar für den Streckenausbau vorgesehen. Hier allerdings hat der 2010 neu gewählte Kongress mit seiner republikanischen Mehrheit sein Veto eingelegt.

Selbst das wäre nur ein Tropfen auf den heißen Stein. Amerika befindet sich, was die Eisenbahn betrifft, in den fünfziger Jahren. Weite Teile des Netzes sind nicht elektrifiziert, der einzige schnelle Zug ist der Acela von New York nach Washington, D.C. Und auch der schafft nur das Tempo eines deutschen Regionalexpress. Aber nicht nur Bachmann ist gegen einen Hochgeschwindigkeitszug, auch Sarah Palin. Palin trat im September 2011 in Iowa auf und rief dabei der Menge zu: »Wir sind völlig pleite, und Obama denkt, Solarziegel und echt schnelle Züge würden uns wie durch Zauber retten! Nun schreit er, fahrt alle mit dem bullet train in den Konkurs!« Mehrere der Tea Party nahestehende Gouverneure haben zugesagte Bundesgelder für den Ausbau nicht angenommen und damit den Zug kalt gestoppt. Darunter sind nicht nur Scott Walker in Wisconsin, sondern auch John Kasich in Ohio und Rick Scott in Florida.

Nun hat die Tea Party tatsächlich eine technikfeindliche Ader – ihre Politiker mögen auch die NASA nicht, Solarenergie und Windräder –, aber hinter dieser Kampagne steckt – so schreibt die ›National Review‹ – eine konzertierte Aktion der Tea Party in Florida und mehrerer Think-Tanks. Das sind namentlich Cato, die libertäre Reason Foundation und die Heritage Foundation, vereint in der American Dream Coalition. Diese Think-Tanks hatten eine Flut von skeptischen Artikeln und Gutachten veröffentlicht, Seminare veranstaltet und Journalisten über die hohen Kosten und die Nutzlosigkeit des Zugverkehrs aufgeklärt. Derweil hat die Tea Party in Tampa, Florida, die Gruppe »No Tax For Track« gegründet, keine Steuer für Gleise. Die organisierte im September 2010 eine Rally, auf der wiederum die Experten der American Dream Coalition sprachen. Danach wandte sich eine Mehrheit der Wähler in Tampa gegen den Hochgeschwindigkeitszug. Floridas Gouverneur Scott stoppte den Bau. Er wollte die 2,4 Milliarden Dollar aus Washington stattdessen für den Ausbau zweier Highways verwenden. Und vorerst hat der Kongress dem Hochgeschwindigkeitszug den Geldhahn abgedreht.

Catos Experte in Sachen Hochgeschwindigkeitszug ist Wendell Cox, der auch für Heritage, das Goldwater Institute und die American Highway Users Alliance schreibt, den Verband der Autobahnfans, der in den dreißiger Jahren von General Motors gegründet wurde. Cox moniert, dass zehn Milliarden Dollar bei Weitem nicht reichten, die ganze USA mit *bullet trains* zu versorgen – was auch niemand behaupt hat –, zudem könne man in Europa sehen, dass der laufende Betrieb nicht kostendeckend sei. Deshalb solle Washington diese Gelder besser in Straßen und Flughäfen stecken.

Dorthin fließt aber bereits jetzt das Gros der Subventionen. So verschlingt alleine die bundesstaatliche Flugaufsicht FAA mehr als 16 Milliarden Dollar pro Jahr. Dazu kommen die Kosten für die Flughäfen; so hat beispielsweise der Ausbau des Flughafens von Los Angeles den Steuerzahler zwölf Milliarden Dollar gekostet. Auch der Flugzeugbauer Boeing bekommt fördrale Subventionen in Milliardenhöhe. Selbst Provinzflüge werden mit 110 Millionen Dollar im Jahr bezuschusst, vornehmlich in ländlichen, konservativen Staaten wie Montana. Die Zeitung ›USA Today‹ recherchierte einmal, dass ein Flug von Lewistown nach Billings – die Strecke einer Autofahrt von zwei Stunden – den Passagier nur 88 Dollar kostet. Die Bundesregierung subventioniert diesen aber mit 1343 Dollar: pro Person. Dagegen protestierten bisher weder die Tea Party noch die Republikaner aus Montana. Und auch der Straßenbau profitiert von Steuergeldern. Mehr als fünfzig Milliarden Dollar im Jahr kosten die Interstates, ein Straßennetz, das in den fünfziger Jahren unter Präsident Dwight D. Eisenhower entwickelt wurde, der sich das als Oberbefehlshaber der US-Truppen von den deutschen Autobahnen abgeguckt hatte.

Die Libertären lehnen ein staatliches Zugnetz ab, weil sie Infrastruktur grundsätzlich privatisieren wollen; sie wollen auch, dass der Ausbau von Highways durch Mautstationen finanziert wird. Republikaner hingegen sind gegen den *bullet train*, weil sie ihre Wahlkämpfe mit den Spenden der Flugzeugbauer und der Luftfahrtindustrie bestreiten. Und für die Tea Party sind Züge – deren Technik aus Deutschland, Frankreich und Japan kommt – unamerikanisch. Ihrer Ansicht nach wollen Amerikaner individuell von Los Angeles nach San Francisco reisen und nicht im Kollektiv (man fragt sich, warum die Flugzeuge dann voll sind). Als in China bei einem Zugunfall 32 Menschen umkamen, posteten Tea Partier die Nachricht hochgemut auf ihren Websites, zum Beweis, dass ein ausländisches Gefährt nichts tauge. Aber vielleicht widerstrebt es auch Leuten, die einander alle halbe Stunde versichern müssen, dass Amerika das großartigste Land der Welt ist, in einen Zug aus dem alten Europa zu steigen.

Züge haben aber noch aus einem anderen Grund einen schlechten Ruf in den USA. Öffentlicher Nahverkehr gilt hier als Transportmittel für Arme und Schwarze. Und das ist auch tatsächlich so, vor allem in Großstädten, wo viele Afroamerikaner oder Hispanics wohnen. Für manche Weißen dort existieren Busse gar nicht. Danach befragt, versichern sie einem felsenfest, dass es in ihrer Stadt keinerlei öffentlichen Nahverkehr gebe, auch wenn der Bus gerade auf der Straße an ihnen vorbeifährt.

Die Tea Party, das Ausland und die europäischen Populisten

Für viele amerikanische Konservative ist alles, was entfernt ausländisch wirkt, ein rotes Tuch. Beispielsweise Fußball. Während der Weltmeisterschaft in Deutschland, als alle Welt feierte, schmollte die vereinte Prominenz von Tea Party und Neokonservativen. »Ich hasse Fußball, wahrscheinlich deshalb, weil der Rest der Welt es so sehr mag«, meinte Glenn Beck auf Fox News. Auch G. Gordon Liddy echauffierte sich, der für Richard Nixon seinerzeit den Watergate-Einbruch inszeniert hatte. Er hält Fußball für eine Erfindung südamerikanischer Indianer, die mit den abgeschlagenen Köpfen ihrer Feinde gekickt haben sollen. Für Dan Gainor, rechter Kolumnist und ebenfalls Dauergast auf Fox News, ist die Ausbreitung von Fußball in den Grundschulen ein Menetekel dafür, dass Amerika »immer brauner wird«, und er meint damit, dass immer mehr Einwanderer aus Mexiko oder den Philippinen kommen. Und Marc Thiessen vom neokonservativen Think-Tank American Enterprise Institute steuerte bei, Fußball sei ein »sozialistischer Sport« für arme Leute in Europa.

Europa ist für konservative Amerikaner ein Kontinent, in dem dekadente Weltkriegsverlierer leben; und dass Obama dort beliebter ist als George W. Bush, erfüllt sie mit Misstrauen – dem Präsidenten gegenüber, aber auch den Europäern, die sie allesamt für Kommunisten und Sozialisten halten. Anders als in den dreißiger Jahren, als der rechte Flügel und die Großindustrie in Amerika noch von Hitlers Law-and-Order-Politik und seinem Antikommunismus schwärmten, lehnen Konservative heute Nazis als übermächtige »Sozialstaatler« ab. Rick Santorum, ein Präsidentschaftskandidat der Tea Party, erklärte wahrhaftig im Sommer 2011 zum Jahrestag der amerikanischen Invasion in der Normandie von 1944 in seiner Rede: Damals hätten 60 000 amerikanische Soldaten alles riskiert, um für die Freiheit zu kämpfen – auch selbst für ihre Krankenversicherung sorgen zu dürfen (statt unter ObamaCare gezwungen zu werden). Davon abgesehen, dass die US Army damals nicht gegen die Barmer Ersatzkasse in den Krieg gezogen ist, sind US-Soldaten selbstverständlich über die Armee staatlich krankenversichert.

Speziell die Franzosen sind eine Zielscheibe amerikanischen Ärgers, seit sie sich für ihre Rettung im Zweiten Weltkrieg undankbar gezeigt und sich dem Irakkrieg verweigert haben. Die antifranzösische Stimmung konnte sich gut mit der antideutschen Stimmung im Ersten Weltkrieg messen. So wie damals »Sauerkraut« in *liberty cabbage* umbenannt wurde, hieß es nun *freedom fries* statt *french fries*. Französischer Rotwein wurde vor TV-Kameras in den Gully gekippt und Witze über die *cheese-eating surrender monkeys* machten die Runde. Nach dem Motto: Wie viele Franzosen braucht es, um Paris zu verteidigen? Keine Ahnung, es wurde noch nie versucht.

Aber es gibt durchaus Europäer, die von amerikanischen Konservativen gemocht werden. Der Liebling der Neocons ist Italiens Silvio Berlusconi; eigentlich erstaunlich für Leute, die Mussolini für einen Liberalen halten, denn Berlusconi steht immerhin noch links vom Duce (hoffentlich). Befürworter der Rassentrennung wie der Council of Conservative Citizens, bei deren Treffen Südstaatler wie Haley Barbour auftreten, pflegen Kontakte zur Front National in Frankreich, auch zur rechtspopulistischen Vlaams Belang in Belgien und der United Kingdom Independence Party, die ebenfalls gegen Immigration kämpft. Rechtspopulisten von Finnland, Dänemark, Schweden, der Schweiz und Österreich, übrigens auch Thilo Sarrazin, genießen bei der Tea Party Sympathie. Aber deren Liebling ist Geert Wilders, der Vorsitzende der Freiheitspartei in den Niederlanden, dessen prozionistischer, immigrationsfeindlicher Antiislamismus ihrer politischen Haltung entspricht.

Wilders wird von den Tea Partiern gegen die Political Correctness verteidigt, die ihrer Ansicht nach in Europa, übrigens auch in Amerika, zu hoch gehängt wird. Die Tea Party Patriots forderten Amerika auf, die Strafprozesse gegen Wilders, der vor einer Arabisierung Europas warnt, genau zu beobachten, damit dieser nicht seines Rechts auf Redefreiheit beraubt werde. Auch die Tea Party in Williams, Arizona, lobte Wilders für seinen Einsatz in den Niederlanden, das endlich die Idee einer multikulturellen Gesellschaft aufgegeben habe, welche ohnehin nicht funktioniere. Ins gleiche Horn stieß ein Blogger der Seite »Teabook«, der die seiner Meinung nach allzu liberale ›New York Times‹ kritisierte, weil die Wilders als Rassisten denunziere. Wilders ist oft in den USA, zuletzt war er im Frühjahr 2011 in Nashville, Tennessee. Die der Tea Party nahestehende Tennessee Freedom Coalition hatte ihn eingeladen, einen Vortrag über die Gefahren des Islam zu halten.

Seinen größten Auftritt aber hatte Wilders am Jahrestag des Anschlags auf das World Trade Center, am 11. September 2010. Damals kämpfte die Tea Party gegen eine geplante Moschee und ein islamisches Kulturzentrum nahe Ground Zero. Zwar ist das Grundstück ein paar Blocks entfernt, aber deren Sympathisanten stellten es so dar, als werde die Moschee auf den Grundrissen der Twin Towers gebaut. Dagegen zogen mehrere antiislamische Blogs zu Felde, allen voran das von David Yerushalmi, dem Anwalt aus Brooklyn, der hinter den Anti-Scharia-Gesetzen steckt, aber auch Jihadwatch.org von Robert Spencer und Pamela Gellers Blog »Atlas Shrugs« (in Anlehnung an den bekannten Roman von Ayn Rand). Geller, die glaubt, Obama sei ein »Drittweltler«, der islamistischen Herren diene, ist die frühere Herausgeberin des ›New York Observer‹. Die Journalistin hat nach einer Millionenscheidung zwei Vereine gegründet: »Stop the Islamization of America« und »American Freedom Defense Initiative«.

Die Moschee war zwar von den New Yorker Behörden genehmigt worden und die Betreiber sind moderate Moslems. Aber Geller und Spencer machten aus der »monster mosque«, wie sie diese nannten, ein Drama, in das Politiker der Tea Party einstimmten: Sarah Palin tweetete an die »friedlichen New Yorker«, die Moschee am Ground Zero abzulehnen, »falls ihr glaubt, der katastrophale Schmerz sei zu frisch, zu real«. Der unvermeidliche Newt Gingrich sattelte noch einen drauf. Es dürfe keine Moschee am Ground Zero geben, solange in Saudi-Arabien keine Kirche oder Synagoge stehe.

In den folgenden Wochen pilgerten Tausende zum Bauplatz, um gegen die Moschee zu protestieren. Und auch Wilders erhob seine Stimme dagegen. Mit einem Megaphon stand er an der Baugrube und leitete einen Sprechchor, der »No mosque here«, keine Moschee hier, brüllte. Er war nicht der einzige Europäer. Die English Defense League war ebenfalls mit einem Dutzend Männern vertreten, die die King-George-Flagge trugen. Ursprünglich ein Emblem von Fußball-Hooligans, dient die Flagge heute oft »England-den-Engländern-Gruppierungen«, die gegen die Einwanderung von Moslems und dunkelhäutigen Menschen aus den früheren Kolonien kämpfen, als Kennzeichen. Pamela Geller hieß die English Defense League in New York willkommen. Eine seltsame Wendung für eine Tea Party, die ihre Wurzeln im Widerstand der freiheitsdurstenden Amerikaner gegen die Briten verortet.

Noch eine europäische Populistin gewinnt gerade die Herzen der Tea Party: Marine Le Pen, die taffe, blonde Führerin des französischen Front National und Tochter des französischen Rechtsaußen Jean-Marie Le Pen, die sich gegen Einwanderung und Sozialhilfe für Immigranten ausspricht. Anders als ihr Vater bemüht sich Marine Le Pen erfolgreich, antiislamische französische Juden in die Partei zu holen. Le Pen sei »keine Sarah Palin«, sagt Jim DeMint, der erzkonservative Senator aus South Carolina, und er meint das als Lob. Sie stehe wirklich für »change you can believe in«, eine echte Veränderung, »sie ist eine richtige Lady, vor allem, wenn man sie mit dem Clownpaar Palin und Bachmann vergleicht«. Marine Le Pen wiederum plante, im November 2011 in die USA zu reisen und Ron Paul zu treffen, dessen Ansichten über den Goldstandard sie teilt.

Dass diese Zuneigung auch fatal enden kann, hat sich beim tragischen Anschlag von Norwegen gezeigt, als Anders Behring Breivik, Blogger und Scharfschütze, im Sommer 2011 in Oslo und auf der Insel Utoya 77 Menschen tötete, darunter viele Kinder und Jugendliche. Breivik sah seine Tat als Fanal gegen die Immigrationspolitik der in Norwegen regierenden Sozialdemokraten, die auf der Insel ihr jährliches Ferienlager organisiert hatten, gegen die »multikulturellen Eliten« und den »kulturellen Marxismus«, der Europa beherrsche. Breivik wollte, wie er damals schrieb, eine »europäische Tea Party« schaffen. Und Breiviks bekanntester Tweet – »eine Person mit wirklichem Glauben hat die Stärke von Hunderttausenden, die nur Interesse haben« – ähnelt dem Sam-Adams-Spruch, den Tea Partier gerne zitieren: »It does not require a majority to prevail, but rather an irate, tireless minority keen to set brush fires in people's minds.« – Es ist keine Mehrheit nötig, sich durchzusetzen, besser ist eine zornige, nimmermüde Minderheit, die das Feuer in den Gedanken der Menschen entflammen will.

Breivik war von den antiislamischen Webseiten, die der Tea Party eine Plattform bieten, beeinflusst, darunter die von David Yerushalmi. In seinem 1500-Seiten-Manifest zitiert Breivik aber auch Spencers Website »Jihadwatch« und das Blog »Gates of Vienna«, dessen Betreiber aus dem US-Bundesstaat Virginia namentlich nicht bekannt ist, sowie Gellers Blog »Atlas Shrugs« und den Verein »Stop the Islamification of Europe«. Und auch für die English Defense League hatte Breivik warme Worte. Ins gleiche Horn wie der Massenmörder stößt der norwegische Blogger Fjordman, der selbst für Gates of Vienna und Atlas Shrugs geschrieben hat und der Multikulturalismus für totalitär hält.

Geller distanzierte sich nach dem Attentat von Breivik; schuld an der Gewalt seien die islamistischen *supremacists*, schrieb sie. Die Krone aber setzte Glenn Beck der Debatte auf, als er ein paar Tage nach dem Massenmord sagte, dieses Jugendcamp erinnere ihn an die Hitlerjugend, weil dort Kinder indoktriniert würden. Wie es der Zufall will, betreibt auch Becks *9/12 project* ein Sommercamp für Kinder, und zwar in Tampa, Florida. Dort werden Kinder erst veranlasst, still in einem kargen Raum zu sitzen, dieser Raum symbolisiert Europa. Dann nehmen sie an einem Hindernislauf teil, um zuletzt in einem hell dekorierten Partyraum anzukommen, wo rot-weiß-blaues Konfetti geworfen wird: Willkommen in der Neuen Welt.

Die Tea Party hat nicht nur Probleme mit Moslems in Amerika (oder Europa), sie mag auch den ganzen Mittleren Osten nicht sonderlich. Zwar sind ihre Anhänger skeptisch, was die Kriege im Irak, in Afghanistan und in Libyen anbelangt – dagegen haben sich Bachmann und andere Tea Partier explizit ausgesprochen –, aber dabei geht es hauptsächlich um die dort verschwendeten Steuergelder. Empathie für die Menschen haben sie genauso wenig wie die Neokonservativen, sie finden es eher empörend und sozusagen als Verstoß gegen den *American Exceptionalism*, dass die sich gegen die Besatzung wehren. Der Einzige, der sich aus echter Überzeugung gegen diese Kriege ausgesprochen hat, ist Ron Paul. Der aber wird von der Tea Party marginalisiert, die lieber christliche Dschihadisten wie Perry und Bachmann auf den Schild hebt, die sich überdies den Wahlkampfspendern aus der Rüstungsindustrie verpflichtet fühlen.

Populärrassisten und Fettnapfsucher: Wohin geht die Tea Party?

Die Tea Party begann als Protestbewegung gegen Milliardensubventionen für Banken, hohe Steuern und hohe Staatsschulden und in Sorge um eine schwierige Ökonomie. Mittlerweile hat sie sich als Partei gegen hispanische Immigranten und *affirmative action*, also Bevorzugung von ethnischen Minderheiten auf den Universitäten und dem Arbeitsmarkt, etabliert, sie ist gegen Abtreibung und Schwulenehe, für Sozialabbau, Bürgerkriegsrevisionismus und Kirchenbesuch. Und letztlich geht es ihren Mitgliedern darum, einen ungeliebten schwarzen Präsidenten aus dem Amt zu kegeln, einen, der intellektuell, fremd und ausländisch wirkt.

Einige langjährige republikanische Karrierepolitiker haben sich der Tea Party angeschlossen oder sie tun zumindest so, um Wähler zu gewinnen oder vielleicht auch bloß Käufer für ihr neuestes Buch oder ihre DVDs. Aber es gibt auch Republikaner, die fürchten, dieser Zirkus aus Populärrassisten, bibeltreuen Fundamentalisten, *New-World-Order*-Verschwörungstheoretikern und fettnäpfchensuchenden Sprücheklopfern schade der Partei. Ihre Stimmen sind leise, nur wenige Prominente sind dabei und womöglich werden sie sich bis zur Wahl am 6. November 2012 nicht durchsetzen, aber sie versuchen es.

Zu diesen zählt Grover Norquist, der Reagan-Ökonom und Verfechter nicdriger Steuern, der heute mit einer Moslemin verheiratet ist. »Entweder sind wir eine republikanische Partei, die für alle ethnischen Gruppen und Religionen offen ist, oder aber wir gehen unter«, erkannte er. Insbesondere das Schwulenbashing der Religiösen Rechten will Norquist nicht mitmachen – aus grundsätzlichen, aber auch aus taktischen Erwägungen. Denn das werde, glaubt er, der GOP langfristig schaden. Norquist gehört dem Beirat der Organisation »GOProud« an, einem Schwulenverband innerhalb der Republikaner, er wirbt schon des Längeren um die Stimmen konservativer Schwuler, und er hat kürzlich gar Ann Coulter als Beraterin angeworben, die sich seitdem für eine »rechte Judy Garland« hält.

Und auch bei den Mormonen bewegt sich etwas. Die Kirche Jesu Christi der Heiligen der Letzten Tage unterstützte 2008 die sogenannte »Proposition 8«, die Volksabstimmung in Kalifornien, wonach die gerade erst genehmigte Schwulenehe wieder verboten wurde (inzwischen wurde die Volksabstimmung ihrerseits vom kalifornischen Verwaltungsgericht kassiert). Heute haben die Mormonen ihren ersten offen schwulen Priester: Mitch Mayne, der als Assistent des mormonischen Bischofs in San Francisco arbeitet. Und nicht nur das: Mayne soll explizit die Beziehungen zwischen der mormonischen Kirche und der schwulen Community verbessern. Und selbst Jerry Falwell hatte gegen Ende seines Lebens erkannt, dass es sich nicht gut macht, als Schwulenhasser in die Geschichte einzugehen.

Andere Konservative warnen, dass die Tea Party die Republikaner wegen ihrer xenophoben Attitüde in die Sackgasse führen werde. Dazu zählt David Frum, der für George W. Bush die Wendung »Axis of Evil« erfand und dessen »Frum Forum« Tea-Party-Kritikern heute eine Plattform bietet. Der bekannteste Abweichler aber ist Charles Johnson, der Betreiber des Blogs »Little Green Footballs«, das lange als ultrarechte Bastion galt. Doch als Sumpfblüten wie Geller und Beck aufkamen, hat sich der bekennende Libertäre auf Obama-Kritiker eingeschossen. In einem Blog vom November 2009 erklärte er, dass er keine Verschwörungstheorien und keine Hassreden der Rechten mehr unterstützen wolle.

Johnsons Umschwung wurde ausgerechnet durch die europäischen Freunde der Tea Party bewirkt. Der Blogger erfuhr von einer Anti-Dschihad-Veranstaltung in Brüssel, zu der Geller und Spencer gefahren waren, und er entdeckte auf der Teilnehmerliste den belgischen Politiker Filip Dewinter. Dewinter ist Chef der Vlaams Belang, Nachfolgeorganisation des rechtspopulistischen Vlaams Bloc. Die Geschichte von Vlaams Belang, stellte Johnson fest, reiche »zurück bis zur falschen Seite im Zweiten Weltkrieg« (rechte Flamen hatten damals die Nazis unterstützt; es gab ein flämisches Infanteriebataillon der Wehrmacht), zudem verbreite die Partei Hetzparolen und »opportunistische Bösartigkeiten« aller Art. So habe Vlaams Belang in marrokanischen Zeitungen inseriert, um die Leute dort zu warnen, nach Belgien zu kommen. Dewinter selbst hatte gesagt, dass die multikulturelle Gesellschaft in Flandern zu einer »multikriminellen Gesellschaft« geführt habe. Der Kampf gegen den Islamofaschismus, sagte Johnson zur ›New York Times‹, sollte es nicht notwendig machen, sich mit dem Faschismus der älteren Sorte zu identifizieren.

Und ähnlich, wie es manche Libertäre in Amerika gruselt, wenn sie sich im europäischen Zerrspiegel erblicken, ergeht es wohl auch den europäischen Populisten. Sie empfinden den religiösen Fundamentalismus und die verklemmte Sexualmoral der amerikanischen Rechten als abstoßend. Wilders etwa hat der Tea Party bisher verschwiegen, dass er für Schwulenrechte eintritt, und er weiß wohl, wieso.

Die Tea Party wird in den kommenden Wahlen mindestens drei Kandidaten stellen: Rick Perry, Michele Bachmann und Herman Cain, und vielleicht werden auch Rick Santorum und Newt Gingrich noch im Rennen sein. Auch Ron Paul hat so viele potenzielle Wähler wie nie zuvor, wenngleich sich das Establishment der Tea Party und Finanziers wie die Koch-Brüder von ihm abgewandt haben. Selbst moderate Republikaner, die 2012 antreten wollen, biedern sich nun bei der Tea Party an, vornehmlich Mitt Romney, der inzwischen sogar Reden bei deren Demonstrationen hält. »Die Tea Party ist keine Abweichung vom regulären republikanischen Gedankengut«, sagte Romney bei einem Zeitungsinterview in New Hampshire. »Sie umfasst das reguläre republikanische Gedankengut.« Er fügte hinzu: »Ich werde mich nicht von Leuten distanzieren, die an eine schlanke Verwaltung glauben, denn daran glaube ich ebenfalls.«

Sollte einer dieser Kandidaten gewinnen, könnte Amerika zu einem Land werden, das noch repressiver ist, als es unter George W. Bush war. Die Tea Partier reden viel von Freiheit, aber sie haben keine Probleme mit dem Kontrollstaat, der nach dem *Patriot Act* entstanden ist, mit drei Millionen Inhaftierten, die Hälfte davon schwarz, mit der Todesstrafe und einem Militär, das Drohnen auf Todesmissionen schickt. Ihr Freiheitsbegriff reduziert sich darauf, weniger Steuern zu zahlen und weniger Sozialabgaben zu finanzieren, ihre Gegner sind Linke, Gewerkschaftler, Feministinnen, schwule Aktivisten und die Interessenvertreter von Schwarzen und Immigranten.

Außenpolitisch tritt die Tea Party für einen starken Staat ein, Kriege gegen Iran und Syrien wären nicht ausgeschlossen. Natürlich erklären und führen auch demokratische Präsidenten Kriege, mehr sogar als Republikaner, doch fehlt ihnen das religiöse Wahnelement, das die Tea Partier auszeichnet. Immerhin haben dort Religiöse Rechte Einfluss, die an das baldige Armageddon und den Untergang der Welt nicht nur glauben, sondern beides herbeisehnen.

Wie sich die amerikanische Politik entwickeln wird, ist völlig offen. Dank ihrer Radikalität verliert die Tea Party Zustimmung, aber das Gleiche gilt für Präsident Barack Obama, der die Probleme mit der Wirtschaft schwer in den Griff bekommt. Mehr werden wir im November wissen.

Amerikas Neue Rechte im Bild

Roger Ailes

Joe Arpaio

Michele Bachmann

Glenn Beck

Andrew Breitbart

Herman Cain

Chris Christie

Ann Coulter

Newt Gingrich

Mike Huckabee

Jon Huntsman

Charles Koch

David Koch

Rush Limbaugh

Rupert Murdoch

James O'Keefe

Sarah Palin

Ron Paul

Rick Perry

Mitt Romney

Rick Santelli

Rick Santorum

Donald Trump

Scott Walker

Literatur

Bücher

Beck, Glenn: Broke: The Plan to Restore Our Trust, Truth and Treasure. Publisher: Threshold Editions (October 26, 2010)

Bunch, Will: The Backlash: Right-Wing Radicals, High-Def Hucksters, and Paranoid Politics in the Age of Obama. HarperCollins e-books (August 31, 2010)

Crocker, H. W.: The Politically Incorrect Guide to the Civil War (The Politically Incorrect Guides). Publisher: Regnery Publishing (October 21, 2008)

Farah, Joseph: The Tea Party Manifesto: A Vision for an American Rebirth. Publisher: WND Books; 1st edition (July 4, 2010)

Goldberg, Jonah: Liberal Fascism: The Secret History of the American Left, From Mussolini to the Politics of Meaning. Publisher: Doubleday (January 8, 2008)

Goldberg, Michelle: Kingdom Coming: The Rise of Christian Nationalism. Publisher: W. W. Norton & Company (May 22, 2007)

Hayek, Friedrich: The Road to Serfdom. Publisher: Routledge (2007)

Huckabee, Mike: A Simple Government: Twelve Things We Really Need from Washington (and a Trillion That We Don't!). Publisher: Sentinel HC (February 22, 2011)

Johnston, Levi: Deer in the Headlights: My Life in Sarah Palin's Crosshairs. Publisher: Touchstone (September 20, 2011)

Lemann, Nicholas: Redemption: The Last Battle of the Civil War. Publisher: Farrar, Straus and Giroux; 1st edition (August 21, 2007)

Lepore, Jill: The Whites of Their Eyes: The Tea Party's Revolution and the Battle over American History. Princeton University Press; Reprint edition (August 21, 2011)

McGinniss, Joe: The Rogue: Searching for the Real Sarah Palin. Publisher: Crown (September 20, 2011)

O'Hara, John M., and Michelle Malkin: A New American Tea Party: The Counterrevolution Against Bailouts, Handouts, Reckless Spending, and More Taxes. Capstone (January 12, 2010)

O'Keefe, Eric: WHO RULES AMERICA The People Versus the Political Class, Publisher: Citizen Government Foundation (January 30, 1999)

Painter, Nell Irvin: The History of White People. Publisher: W. W. Norton & Company; Reprint edition [Kindle Edition] (April 18, 2011)

Paul, Rand: The Tea Party Goes to Washington. Publisher: Center Street (February 22, 2011)

Perry, Rick: Fed Up!: Our Fight to Save America from Washington. Publisher: Little, Brown and Company (November 15, 2010)

Rand, Ayn: Atlas Shrugged. Publisher: Plume; Reprint edition (August 1, 1999)

Roberts, David: Once They Moved Like The Wind : Cochise, Geronimo, And The Apache Wars. Publisher: Touchstone; First Touchstone Edition (July 19, 1994)

Robertson, Pat: The New World Order. Publisher: Thomas Nelson (March 17, 1992)

Shannon, Jake: Tea-O-Conned: The Hijacking of Liberty in America: Exposing the Neoconservative Infiltration and Takeover of the 21st Century Tea Party Movement, CreateSpace (August 28, 2010)

Skousen, W. Cleon: The Five Thousand Year Leap: 30 Year Anniversary Edition with Glenn Beck Foreword. Publisher: American Documents / PowerThink Publishing; 1st edition (March 13, 2009)

Street, Paul und Anthony DiMaggio: Crashing the Tea Party: Mass Media and the Campaign to Remake American Politics, Paradigm Publishers (May 30, 2011)

Suskind, Ron: Confidence Men: Wall Street, Washington, and the Education of a President Publisher: Harper; 2nd edition (September 20, 2011)

Unger, Nancy: Fighting Bob La Follette: The Righteous Reformer. Publisher: Wisconsin Historical Society Press; 2nd edition (August 11, 2008)

Wolff, Michael: The Man Who Owns the News: Inside the Secret World of Rupert Murdoch. Publisher: Broadway; Reprint edition (May 4, 2010)

Zernike, Kate: Boiling Mad: Inside Tea Party America. Publisher: Times Books; 1st edition (September 14, 2010)

Artikel

Kapitel 1:

http://www.citypages.com/content/printVersion/17190/

http://www.newyorker.com/reporting/2011/08/15/110815fa_fact_ lizza

http://www.rollingstone.com/politics/news/michele-bachmanns-holy-war-20110622

http://www.nytimes.com/2011/06/22/us/politics/22bachmann.html? pagewanted=all

http://www.dailymail.co.uk/news/article-2013089/Michele-Bachmann-signed-marriage-pact-suggesting-black-families-better-slavery.html

http://www.dailymail.co.uk/news/article-2014289/Michele-Bachmann-says-gays-Satan-homosexual-life-bondage.html

http://mediamatters.org/research/201009290035

http://www.thenation.com/article/161883/michele-bachmann-husband-ex-gay-therapy?rel=emailNation

http://www.nytimes.com/2011/07/17/us/politics/17bachmann.html ?_r=1&scp=2&sq=Bachmann&st=cse

http://online.wsj.com/article/SB1000142405270230381210457643783 0202611222.html

http://www.thedailybeast.com/articles/2011/07/04/white-suprema-cists-running-for-political-office-in-2012-in-growing-numbers.html

http://www.nytimes.com/2010/02/16/us/politics/16teaparty.html

http://www.nytimes.com/2010/11/28/magazine/28FOB-idealab-t.
html?pagewanted=all

http://www.thedailybeast.com/newsweek/2011/08/07/michele-
bachmann-tea-party-queen-for-america.html

http://news.salon.com/2010/05/03/tea_party_populism_history/

Kapitel 2:

http://www.americanthinker.com/2007/11/the_ron_paul_
campaign_and_its.html

http://www.nytimes.com/2007/07/22/magazine/22Paul-t.
html?ref=magazine

http://www.ronpaul.com/

http://www.ronpaul2012.com/

Kapitel 3:

http://topics.nytimes.com/top/reference/timestopics/subjects/i/
immigration-and-emigration/arizona-immigration-law-sb-1070/
index.html

http://www.nytimes.com/2011/09/29/us/alabama-immigration-
law-upheld.html?ref=opinion

http://www.bbc.co.uk/news/world-us-canada-13998977

http://www.cbsnews.com/8301-503544_162-20010460-503544.
html

http://www.fairus.org/site/PageServer

http://www.nytimes.com/2011/01/06/us/06immig.html

http://www.latimes.com/news/printedition/opinion/la-oe-
ho10mar10,1,3646198.story?coll=la-news-comment

http://query.nytimes.com/gst/fullpage.html?res=9E05EEDB113
CF933A25753C1A9669D8B63&pagewanted=all

http://forward.com/articles/139688/

http://www.phoenixnewtimes.com/2010-12-09/news/what-s-mom-worth-when-a-woman-became-deathly-ill-in-sheriff-joe-arpaio-s-cells-guards-and-nurses-ignored-her-agony/

Kapitel 4:

http://mediamatters.org/research/201009290023

http://www.fair.org/index.php?page=4082

http://www.foxnews.com/story/0,2933,352537,00.html

http://www.rollingstone.com/politics/news/how-roger-ailes-built-the-fox-news-fear-factory-20110525?link=mostpopular1

http://edition.cnn.com/video/#/video/politics/2011/07/01/nixon.fox.news.origin.cnn?iref=allsearch347-284-6619

http://www.youtube.com/watch?v=Wq8jM8yaawg

http://thinkprogress.org/media/2009/03/25/37039/from-drudge-to-fox/

http://www.observer.com/2002/08/coultergeist/

http://www.politico.com/news/stories/0110/32138.html

http://www.nytimes.com/2010/10/03/magazine/03beck-t.html?adxnnl=1&pagewanted=all&adxnnlx=1317789071-LmYQJcr5dPy37kBvZujhgw

http://www.newyorker.com/talk/comment/2010/11/29/101129taco_talk_hertzberg

http://nymag.com/news/media/36617/

http://www.nytimes.com/2011/06/27/business/media/27breitbart.html?pagewanted=all

http://nymag.com/news/media/64305/
http://www.nytimes.com/2010/10/02/us/politics/02murdoch.html?pagewanted=all

http://www.nytimes.com/2011/07/11/business/media/newsmax-a-compass-for-conservative-politics.html?pagewanted=all

http://nymag.com/news/media/roger-ailes-fox-news-2011-5/

http://www.rollingstone.com/politics/news/how-roger-ailes-built-the-fox-news-fear-factory-20110525

Kapitel 5:

http://www.nytimes.com/2010/02/28/opinion/28rich.html

http://thecaucus.blogs.nytimes.com/2011/06/06/paul-revere-sarah-palin-and-wikipedia/

http://www.newyorker.com/talk/comment/2011/05/02/110502taco_talk_hertzberg?printable=true#ixzz1LuoHGks1

http://www.wnd.com/?pageId=94377

http://www.nytimes.com/2011/05/01/weekinreview/01conspiracy.html?pagewanted=all

http://www.nytimes.com/2011/05/13/nyregion/feeling-deceived-over-homes-that-were-trump-in-name-only.html?ref=nyregion

http://www.newyorker.com/reporting/2008/10/27/081027fa_fact_mayer

http://www.newyorker.com/reporting/2008/09/22/080922fa_fact_gourevitch

http://www.nytimes.com/2008/10/24/us/politics/24palin.html?pagewanted=all

http://www.nytimes.com/2010/11/21/magazine/21palin-t.html?pagewanted=all

http://www.vanityfair.com/politics/features/2009/10/levi-johnston200910

Kapitel 6:

http://www.portfolio.com/news-markets/national-news/portfolio/2008/07/16/Countrywide-Deals-Exposed/

http://www.youtube.com/watch?v=zp-Jw-5Kx8k

http://www.nytimes.com/2009/04/16/us/politics/16taxday.html?scp=4&sq=gingrich%20santelli&st=cse

http://www.washingtonpost.com/lifestyle/style/grover-norquist-the-anti-tax-enforcer-behind-the-scenes-of-the-debt-debate/2011/07/12/gIQAPGNSBI_story.html

http://www.nytimes.com/2011/03/23/us/23detroit.html

http://www.cbsnews.com/stories/2009/03/04/opinion/main 4843055.shtml

http://www.nytimes.com/2011/08/02/opinion/the-tea-partys-war-on-america.html?_r=1&scp=1&sq=nocera%20terrorist %20tea%20party&st=cse

Kapitel 7:

http://www.sourcewatch.org/index.php?title=Sarah_Scaife_ Foundation

http://motherjones.com/politics/2011/08/wisconsin-recall-americans-prosperity-dark-money

http://www.alec.org/AM/Template.cfm?Section=Home

http://host.madison.com/ct/news/opinion/column/john_nichols/ article_3a783dbe-6a8c-11e0-9bdd-001cc4c03286.html

http://americanmajorityaction.org/uncategorized/sam-adams-alliance-american-majority-1-organization-amongst-tea-party/

http://www.dailypaul.com/158599/the-koch-bros-love-herman-cain-hate-ron-paul

http://www.nytimes.com/2004/03/11/garden/where-the-boldface-bunk.html

http://online.wsj.com/article/SB114687252956545543.html?mod= googlenews_wsj

http://online.wsj.com/article/SB100014240527487042883045761709 74226083178.html

http://www.bloomberg.com/news/2011-02-23/koch-funneled-1-2-million-to-elect-governors-battling-unions.html

http://www.charleskochinstitute.org/associate-program/partner-organizations/

http://thinkprogress.org/politics/2010/10/20/124642/beck-koch-chamber-meeting/

http://www.thenation.com/article/161973/alec-exposed-koch-connection

http://nymag.com/news/features/67285/

http://www.newyorker.com/reporting/2010/08/30/100830fa_fact_mayer

http://www.newyorker.com/archive/2005/08/01/050801fa_fact_cassidy

http://thecaucus.blogs.nytimes.com/2008/07/19/the-sam-adams-project/

http://www.newsmax.com/InsideCover/koch-industries-new-yorker/2010/08/26/id/368519

http://www.opensecrets.org/orgs/summary.php?id=D000000186

http://www.forbes.com/forbes-400/

Kapitel 8:

http://www.youtube.com/watch?v=hLLDn7MjbF0

http://www.youtube.com/watch?v=Wq8jM8yaawg

http://www.nytimes.com/2007/12/12/magazine/16huckabee.html?pagewanted=all

http://www.npr.org/templates/story/story.php?storyId=128505089

Kapitel 9:

http://www.slate.com/articles/news_and_politics/recycled/2007/05/the_devil_and_jerry_falwell.html

http://www.cato.org/pub_display.php?pub_id=13558

http://www.nytimes.com/2011/08/15/opinion/the-texas-unmiracle.html?_r=1&hp

http://www.haaretz.com/print-edition/news/u-s-jewish-leaders-republican-candidate-rick-perry-s-bernanke-outburst-not-anti-semitic-1.379207

http://slatest.slate.com/posts/2011/08/21/rick_perry_s_texas_jobs_boom_comes_from_big_government.html?from=rss/&wpisrc=newsletter_slatest

http://www.star-telegram.com/2011/08/14/3290105/rick-perry-the-man-from-paint.html

http://www.texastribune.org/texas-people/rick-perry/perry-aggie-years/

http://www.texastribune.org/texas-politics/2012-presidential-election/rick-perry-democrat-years/

http://www.texasobserver.org/cover-story/rick-perrys-army-of-god

http://thinkprogress.org/romm/2011/08/17/298288/rick-perry-big-oil-climate/

http://articles.latimes.com/2011/aug/16/nation/la-na-0816-perry-donors-20110816

http://politics.salon.com/2011/08/19/rick_perry_porn/

http://www.time.com/time/magazine/article/0,9171,1218060,00.html

http://www.washingtonpost.com/business/economy/perry-criticizes-government-while-texas-job-growth-benefits-from-it/2011/08/18/gIQAPPZQSJ_story.html

http://www.texasobserver.org/cover-story/rick-perrys-army-of-god

Kapitel 10:

http://nymag.com/news/politics/jon-huntsman-mitt-romney-2011-8/

http://www.downsizinggovernment.org/dodging-high-speed-bullet-train

http://www.usatoday.com/news/washington/2007-12-30-cheap-flights_N.htm

http://www.nationalreview.com/articles/264268/death-high-speed-rail-program-ronald-d-utt

http://www.forward.com/articles/140341/

http://politics.salon.com/2011/06/14/tea_party_summer_camp/

http://www.nytimes.com/2011/07/25/us/25debate.html?ref=world&
pagewanted

http://www.time.com/time/nation/article/0,8599,1906025,00.html

http://www.nytimes.com/2010/10/10/nyregion/10geller.html?page-
wanted=all&gwh=ED3DCF8D81C8A4902DA526E586CF310C

http://www.nytimes.com/2011/09/27/nyregion/some-of-the-men-
pushing-a-chris-christie-run-for-president.html?ref=
christopherjchristie

http://www.nytimes.com/2010/01/24/magazine/24Footballs-
t.html?pagewanted=all&gwh=56CE74A2CC9B54CAACF44FC147
A61FF5

http://littlegreenfootballs.com/article/38923_Oslo_Terrorist_Linked_
to_EDL_and_European_Branch_of_Pamela_Gellers_Hate_Group

Namenregister